burda

K 610

Handarbeiten leicht gemacht

BAND 3

Projektleitung: Helga Burg
Bearbeitung: Christian Einig
Einbandgestaltung: Norbert Schäfer
Druck: Burda GmbH, Offenburg
Printed in West Germany
ISBN 3-88978-008-3

burda

Handarbeiten leicht gemacht

BAND 3

Gobelin-, Bargello-, Kelimstickerei, Stoff- und Seidenmalerei

Ausführliche Lehrgänge zu den einzelnen Techniken mit über 100 der schönsten Modelle aus burda-Sonderheften, alle farbig abgebildet. Zu den Modellen genaue Anleitungen, Zählmuster und originalgroße Musterzeichnungen.

Handarbeiten leicht gemacht,
ein unentbehrliches Nachschlagewerk der schönsten und beliebtesten Handarbeitstechniken in vier Bänden:

BAND 1

Stricken, Häkeln, Sticken
Erscheinungstermin Frühjahr 1984

BAND 2

Hardanger-, Durchbruch-, Richelieustickerei, Patchwork, Applikationen, Quilting, Teppichknüpfen, Weben
Erscheinungstermin Frühjahr 1984

BAND 3

Gobelin-, Bargello-, Kelim-Stickerei, Stoffdruck, Stoffmalerei, Batik, Seidenmalerei
Erscheinungstermin Sommer 1984

BAND 4

Kunststricken, Brügger und Irische Häkelei, Brügger Bändchenspitze, Occhi, Klöppeln, Makramee
Erscheinungstermin Herbst 1984

Handarbeiten leicht gemacht

umfaßt insgesamt vier Bände, von denen Ihnen der dritte hier vorliegt. In ihm gibt es, wie in den anderen Bänden, ausführliche Lehrgänge zu den Handarbeitstechniken und über 150 schöne Modelle zum Nacharbeiten. Auch hier wird der umfangreiche Farbteil durch genaue, einfach beschriebene Anleitungen, Zählmuster und Musterzeichnungen ergänzt, so daß selbst dem Anfänger das Nacharbeiten leicht von der Hand geht.

In Handarbeiten leicht gemacht Band 1 haben wir die Grundtechniken des Strickens, Häkelns und Stickens veranschaulicht.

In Handarbeiten leicht gemacht Band 2 wurden die übrigen Grundtechniken vorgestellt: Teppichknüpfen, Weben, Applikation, Patchwork, Quilting sowie Hardanger- und Richelieustickerei.

Handarbeiten leicht gemacht Band 3 nun wird Sie mit den weiterführenden Techniken wie Bargello-, Kelim- und Gobelinstickerei sowie Stoffdruck und -malerei, Batik und Seidenmalerei vertraut machen und Ihnen zu diesen Techniken wieder eine Vielfalt von Anregungen bieten.

Handarbeiten leicht gemacht Band 4 schließlich ist eine Fundgrube für die Freunde besonders feiner Handarbeiten. Aber auch als Anfänger wird es Ihnen mit Hilfe der ausführlichen Lehrgänge und Anleitungen gelingen, Kostbarkeiten wie Kunststricken, Brügger und Irische Häkelei oder Occhispitzen herzustellen.

Handarbeiten leicht gemacht ist ein unerläßliches Buch für alle, die gern handarbeiten oder es lernen wollen. Mit insgesamt über 500 Modellen wird es über Jahre hinweg eine Fundgrube für Ihre eigenen Arbeiten sein.

INHALT

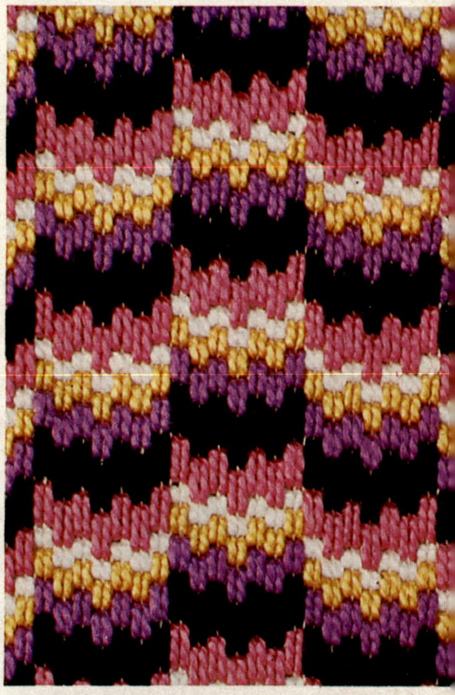

GOBELIN

darunter eine Auswahl der schönsten Bilder und Wandbehänge mit klassischen und modernen Motiven, prachtvolle Stuhl- und Sesselbezüge, aparter Tischschmuck, außergewöhnliche Ideen für Garderobenrückwände und Türbespannungen, schöne Accessoires und hübsche Kleinigkeiten

BARGELLO

darunter viele Kissen in den typischen überlieferten Mustern, Teppiche, Taschen und andere modische Accessoires, Tischdecken für Eilige in der sogenannten „Spartechnik", außergewöhnlicher Wandschmuck im Stil der „Op-Art"

KELIM

ꞏeite 62-65 Lehrgänge
ꞏeite 66-83 Modelle

arunter eine Vielfalt von herrlichen eppichen und Tischläufern nach klasꞏischen Vorlagen, Wandbehänge nd Teppiche im Folklore-Stil, heraldiꞏche Muster für Sesselbezüge, eppiche und Kissen, Tischdecken und iele schöne Kissen

STOFFDRUCK UND BATIK

Seite 86- 91 Lehrgänge
Seite 92-107 Modelle

darunter eine Reihe hübscher Bilder mit naiven, modernen und traditionellen Motiven, hübsche Sets und Tischdecken, Paravents und individuelle Kleidungsstücke

SEIDENMALEREI

Seite 110-111 Lehrgänge
Seite 112-129 Modelle

darunter grafische Motive auf Kissen und Bildern, fröhliche Motive aus der naiven Malerei, edle Kissen und Bilder aus dem Jugendstil, aparte Ideen für Tischdecken, Babywiegen, Bucheinbände und Brillenetuis, ausgefallene Kleidungsstücke und 2 Meisterwerke aus der Heimat der Seidenmalerei

Seite 132 Bezugsquellennachweis
Seite 133-164 Anleitungsteil

GOBELIN

LEHRGANG Sticken/Gobelin

Für jede Sticktechnik ist der Rahmen eine nützliche Hilfe, ganz gleich, ob nach einer Vorzeichnung gestickt wird oder ein „Zählstich" auszuführen ist. Ohne Rahmen geht es grundsätzlich dann nicht, wenn beim Sticken durch straffes Anziehen des Fadens das Gewebe eingehalten wird.

Sticken im Rahmen

Geübte Stickerinnen benutzen auch für die einfachste Kreuzstichstickerei den Rahmen. Wer nur ab und zu zur Sticknadel greift, wird den Stoff nur dann in den Rahmen spannen, wenn die Sticktechnik es unbedingt erfordert. Das ist immer dann der Fall, wenn auf einen schütter gewebten Stoff gestickt wird, wenn die Stiche einer Plattstichstickerei oder Nadelmalerei große Zwischenräume überspringen, wenn auf poröses Siebleinen Ajourmuster gestickt werden sollen, deren Effekt allein auf straffem Anziehen des Fadens beruhen. Beim Sticken im Rahmen sind beide Hände gleichmäßig in Tätigkeit: Die rechte Hand führt die Nadel von oben nach unten durchs Gewebe, und die linke Hand faßt die Nadel und führt sie von unten wieder zurück an die Oberfläche (Abb. 1). Dieser stete Wechsel der Nadel von Hand zu Hand erfordert, wenn die Stickerei einwandfrei ausfallen und zeitsparend vorwärtsgehen soll, einige Übung. Rahmen und Sticktrommeln (Ausnahme Rahmen Abb. 9, S. 12) von Klass, Reutlingen.

1

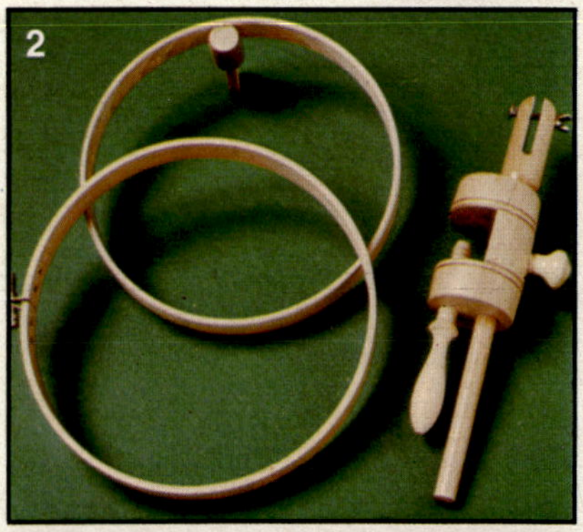

2

3

Sticktrommel

Eine Sticktrommel besteht aus 2 Holzreifen, von denen der innere, etwas kleinere, mit einer Schraubzwinge zu verbinden ist, Abb. 2. Über diesen Reifen wird der Stoff gelegt. Der äußere Reifen ist mit einer „Verstellschraube" ausgestattet, damit kann die Spannung reguliert werden, Abb. 3. Da der innere Reifen durch ein Gelenk mit der Schraubzwinge verbunden ist, Abb. 4a, kann man die Trommel beim Sticken in die günstigste Lage verstellen (mit ca. 15, 18, 21, 25, 27 und 30 mm Ø erhältlich).

Das Gelenk zwischen innerem Reifen und Haltevorrichtung ermöglicht es, die eingespannte Stickerei in die bequemste Schräglage zu verstellen

4a

Stickrahmen

Für großflächige Stickereien ist ein Rahmen praktischer als die Sticktrommel. Der Stoff muß nicht so oft umgespannt werden, und die wesentlich größere Stickfläche ermöglicht es, den Fortgang der Arbeit besser zu übersehen.

Ein Stickrahmen besteht in der Regel aus 4 Leisten, von denen die untere und obere mit Gurten versehen sind, an denen der Stoff befestigt wird. Die seitlichen Leisten sind entweder mit Löchern oder Schlitzen ausgestattet: letztere ermöglichen stufenloses Verstellen der Stickfläche.

Stickrahmen sind mit (Abb. 1) und ohne Haltevorrichtung (Abb. 6) erhältlich, und zwar 60 und 80 cm breit. Kleinere Rahmen gibt's 40 x 40 und 50 x 50 cm groß (Gessmann). Für 80 cm breite Rahmen ist ein Ständer, ca. 90 cm hoch, lieferbar, Abb. 4. Seitlich angebrachte Streben ermöglichen es, den Rahmen mit kleinerem oder größerem Neigungswinkel einzustellen.

4

Stoff in den Rahmen spannen

Der Rahmen wird in seine Bestandteile zerlegt und mit reißfestem Garn der fadengerade umgelegte Stoff an einen der Gurte mit Überwendlingsstichen genäht, Abb. 5. Das wird auch an der gegenüberliegenden Stoffseite wiederholt, wobei natürlich wieder darauf zu achten ist, daß der Stoffrand dem Fadenlauf folgend umgelegt werden muß. Dann kann zunächst eine Leiste an den seitlichen Holmen befestigt werden.

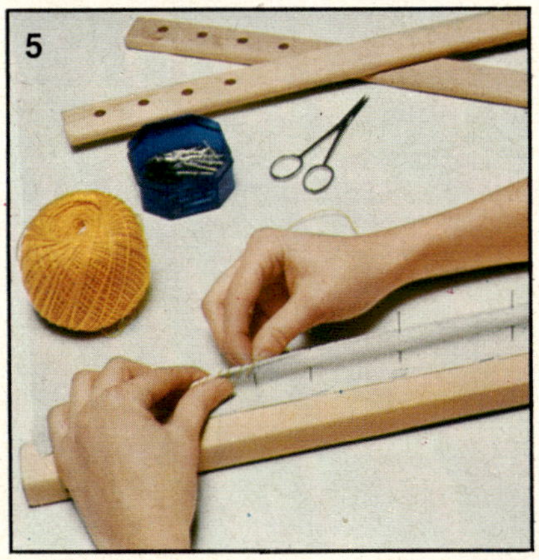
5

6

Für Kinder gibt's kleine Rahmen, 40 x 40 cm oder 50 x 50 cm groß

Ist der Stoffabschnitt größer als der Rahmen, muß er so weit gleichmäßig und glatt um die Leiste gewickelt werden, bis sie mit exakt gleichmäßigem Abstand zur bereits befestigten Leiste eingesetzt werden kann.

Arbeitet man mit einem 80 cm breiten Rahmen, sollte einem beim Einspannen jemand helfen. Vier Hände können die Spannung müheloser und schneller regulieren als zwei Hände.

Nun muß der Stoff noch seitlich an den Holmen befestigt werden, ebenfalls bei gleichmäßiger Spannung und mit überwendlichen Stichen. Man beginnt damit am besten in der Mitte des Stoffrandes und achtet darauf, daß der Fadenlauf von Schuß und Kette exakt rechtwinkelig bleibt, Abb. 4. Bei empfindlichen Stoffen wird ein Streifen aus mehrfach gefaltetem Seidenpapier aufgeheftet (die Stiche greifen durch Papier und Stoff, Abb. 6), der verhindert, daß durch die gleichmäßige Anspannung des Fadens im Stoff allzu große Lücken entstehen.

Eine passionierte Gobelinstickerin aus Bern arbeitet an einem Rahmen, der älter als 100 Jahre ist. Statt eines Spannringes hält ein Lederriemen den Stramin über der Trommel. Auch im Allerheiligen-Museum in Schaffhausen/Schweiz ist so ein Stickrahmen aufbewahrt.

Wird z. B. ein Filetnetz eingespannt, verfährt man genauso, lediglich mit dem Unterschied, daß das Netz mit Hexenstichen auf die Gurte genäht und seitlich der Netzgrund über die Holme gelegt und mit großen Stichen festgehalten wird, Abb. 8.

Muß die Spannung für eine kleinere Stickerei, deren Gesamtfläche in den Rahmen paßt, nicht allzu straff sein, kann man sich wie folgt behelfen: Die seitlichen Leisten mit Schrägstreifen umwickeln, daran und an den beiden Gurten den umgelegten Stoff mit Stahlstecknadeln befestigen (Nadeln quer zu den Leisten einstecken).

Umspannen des Stoffes

Ist die eingespannte Stickerei ausgeführt, muß der Stoff aus dem Rahmen gelöst und von neuem wie vorher beschrieben eingespannt werden. Die fertige Stickerei wird eingerollt und evtl. durch Seidenpapier oder ein Stück dünnen Stoff geschützt.

7

8

Tip: Will man nur mit einer Hand sticken, so daß Ein- und Ausstich in einem Arbeitsgang erfolgen, darf der Stramin nicht straff eingespannt sein (siehe Abb. 7). Beim Sticken befindet sich die linke Hand unter dem Stramin, und speziell der Zeigefinger der linken Hand bleibt unter der Ein- und Ausstichstelle, um damit der rechten Hand die Nadelführung zu erleichtern.

Gobelinstickrahmen

Für großflächige Gobelinstickereien gibt es Spezialrahmen mit drehbaren Querholmen, die das Umspannen erübrigen. Der Rahmen lt. Abb. 7 (Klass-Art. 335 – ohne Haltevorrichtung Art. 332) ist 60, 80 und 100 cm breit lieferbar; Höhe 25 cm. Der Rahmen lt. Abb. 9 (DMC-Art. M. 002) mißt in der Breite 75 cm. Der Stramin muß ca. 5 cm schmaler sein, als der Rahmen breit ist (das heißt die Breite der Seitenleisten ist abzurechnen) bzw. darf er zwar schmaler – keinesfalls aber breiter sein. Die Länge des Stramins ist nicht begrenzt; überschüssige Länge kann man um einen der Querholme wickeln.

Im Rahmen lt. Abb. 7 sind die Holme mit Gurten versehen, auf die der Stramin mit Hexenstichen aufgenäht wird – an beiden Seiten exakt fadengerade. Danach den Stramin bis auf Rahmenhöhe aufwickeln, die Holme seitlich festschrauben; beim Befestigen des 2. Holmens die Spannung regulieren. Die Querstangen im Rahmen der Abb. 9 ruhen in Kunststoffhülsen und sind der Länge nach halbiert. Eine Kappe abschrauben, die Stangenhälften herausnehmen. Auf die flache Seite einer Stangenhälfte wird der Stramin mit Reißnägeln in kurzen gleichmäßigen Abständen befestigt, Abb. 9a. Klar, daß dabei der Stramin straffgehalten werden muß. Danach die 2. Hälfte der Stange exakt darüberlegen und in die Kunststoffhülse schieben. Der Stramin gleitet dabei durch den Schlitz in die Hülse. Danach die Kappe wieder aufschrauben und den Holm in den seitlichen Leisten befestigen. Die obere Stange zunächst nur locker einsetzen und den Stramin bis zur gleichmäßigen Spannung aufrollen, siehe dazu auch Abb. 9b.

Die seitlichen „Gelenke" ermöglichen die Einstellung in die bequemste Stickposition. Beim Vernähen des Fadens kann der Rahmen nach vorn umgelegt werden, siehe Abb. 9c. Ist die eingespannte Straminfläche bestickt, werden die Schrauben beider Holme gelockert, die bestickte Fläche aufgewickelt (evtl. mit Seidenpapier abdecken), der Stramin durch das Anziehen der Schrauben wieder gleichmäßig gespannt – es kann weitergestickt werden.

9a

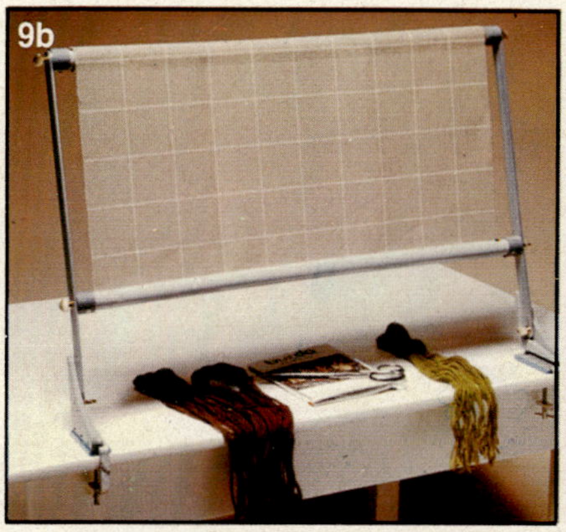
9b

9c

Gobelin

Gobelin zählt zu jenen Stickereien, bei denen der Grundstoff vollständig überstickt wird. Die Garnstärke richtet sich daher grundsätzlich nach der Fadendichte des Gewebes.

Grundstoff

Stickunterlage ist in der Regel ein- oder zweifädiger Stramin aus mehrfach gezwirnter Baumwolle. Zweifädige Qualitäten sind 60 cm breit zu haben; die feinste Sorte mit 8 (Abb. 7), die weitmaschigste mit 2½ Stichlöchern (Abb. 6) pro Zentimeter. Für Kissen, Taschen, Bilder und für Möbelbezüge, die mit Kelimwolle gestickt werden, gibt es einen Stramin mit Spezialbindung: 58, 137 und 183 cm breit in Fachgeschäften erhältlich. Vor allem für Möbelbezüge sollte man nur diesen Spezialstramin verwenden. In den Abb. ist dieser Stramin abgebildet.

„Grobgobelin" stickt man mit Sudanwolle auf Sudanstramin, den es mit 18 und 21 Stichlöchern auf 10 cm in 90 und 100 cm Breite gibt – teils durch dunkle Markierungen in Felder mit 10 x 10 Fadenkaros unterteilt – eine wertvolle Hilfe beim Auszählen!

Welcher Stickfaden für welchen Stramin?

Die nachfolgende Tabelle gibt Auskunft über die Fadenstärke gemäß der Fadendichte bzw. Stichlochzahl. Geringe Differenzen zwischen Stickunterlage und -faden (d. h., wenn der Faden den Stramin nicht lückenlos ausfüllt) können durch das Vorspannen des Stickfadens behoben werden, siehe Abb. 14.

Stichzahl/1 cm	Stickmaterial
7 und 8 Stiche	Twist, 4fädig
6 Stiche	Twist, 6fädig
5 Stiche	Twist, 6fädig über vorgespannten Faden oder Zephirwolle
4 Stiche	Kelimwolle
3½ Stiche	Kelimwolle über vorgespannten Faden
3 und 2½ St.	Kelimwolle, 2fädig

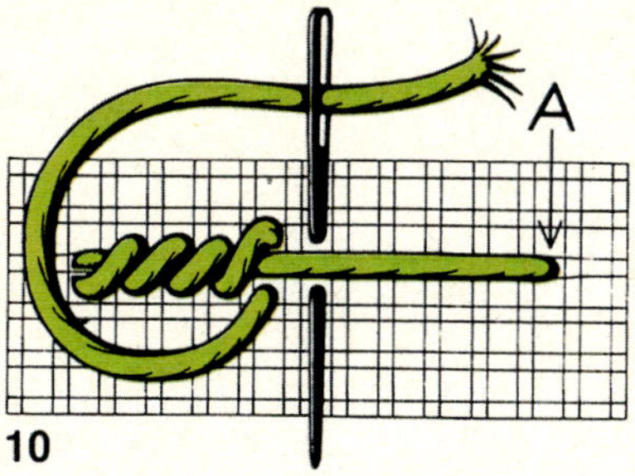

10

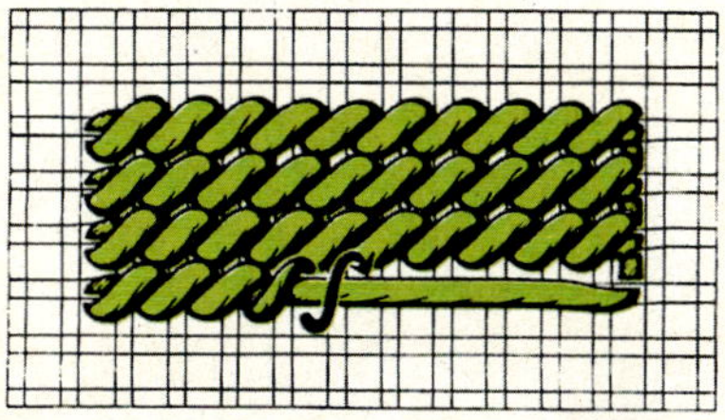
11

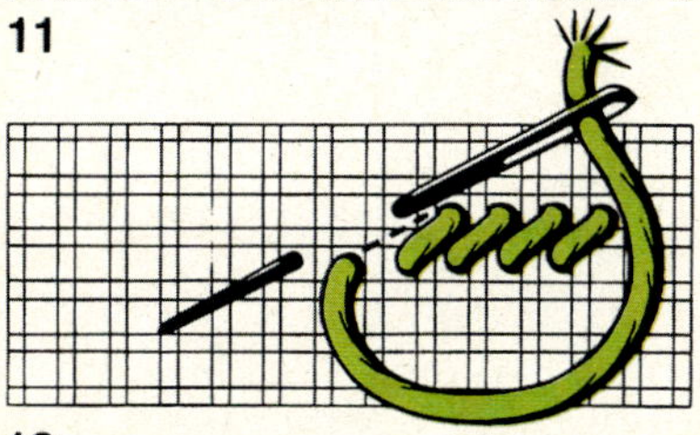
12

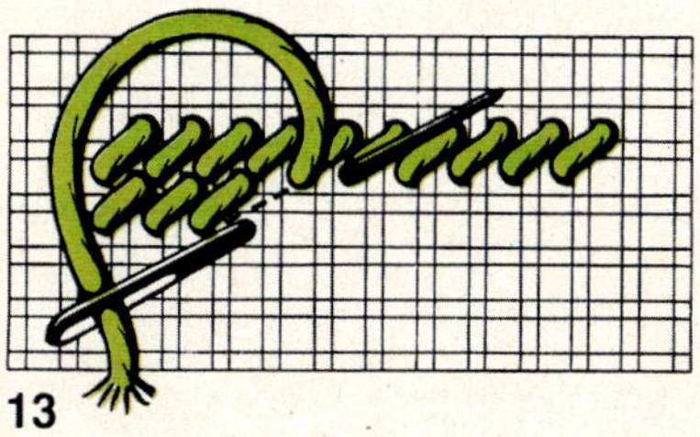
13

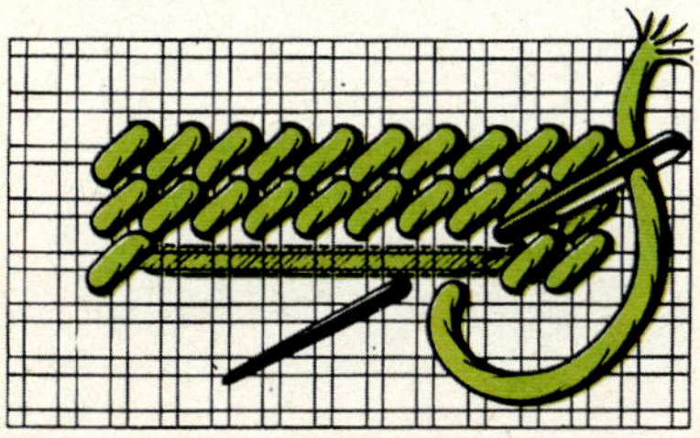
14

Wichtig: Beim Sticken mit Zephir- und Kelimwolle darf der Faden keinesfalls länger als 60 cm sein, denn der weiche Wollfaden wird allmählich dünner, je häufiger er durch den Stramin geführt worden ist. Bei zu langen Fäden schließlich so dünn, daß die Stiche den Stramin nicht mehr einwandfrei ausfüllen.

Man stickt mit einer Nadel ohne Spitze. Als Orientierung einige Tips:
Für Kelimwolle Nadelstärke Nr. 18, für die dünnere Zephirwolle Nr. 20 und für sechsfädigen Twist Nr. 22.

Der einfache Gobelinstich

Der einfache Gobelinstich ist ein halber Kreuzstich. Er umfaßt ein doppeltes Fadenkreuz des Stramins. Die Stichrichtung muß innerhalb einer Arbeit stets die gleiche sein, in der Regel von links unten nach rechts oben gerichtet.

Abb. 10 zeigt den Stich über vorgespannten Faden (A = Anfang, mit dem Vorspannen wird gleichzeitig der Fadenanfang vernäht). In der Stickprobe der Abb. 17 wird der Fadenanfang durch die senkrecht verlaufenden, auf der Rückseite entstehenden Verbindungsstiche gesichert. Abb. 11 und 18: Jede folgende Reihe steht über oder unter der vorhergehenden Reihe. Das Fadenende muß in den Verbindungsstichen der Rückseite vernäht werden, Abb. 19.

Der Perlstich

Auch beim Perlstich entstehen auf der Oberseite schräg nach rechts gerichtete Halbstiche; der Verbindungsstich auf der Rückseite reicht jedoch über 2 Stichbreiten. Dadurch ist es möglich, Perlstich auf einfädigen Stramin zu sticken. Wie eine von rechts nach links führende Reihe zu sticken ist, zeigt Abb. 12, eine von links nach rechts führende Perlstichreihe Abb. 13. Auch über vorgespannten Faden kann gestickt werden, Abb. 14.

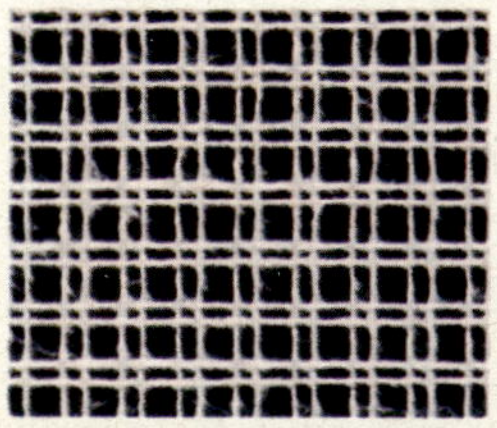
15

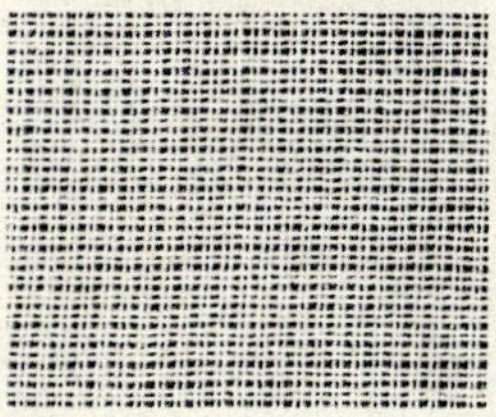
16

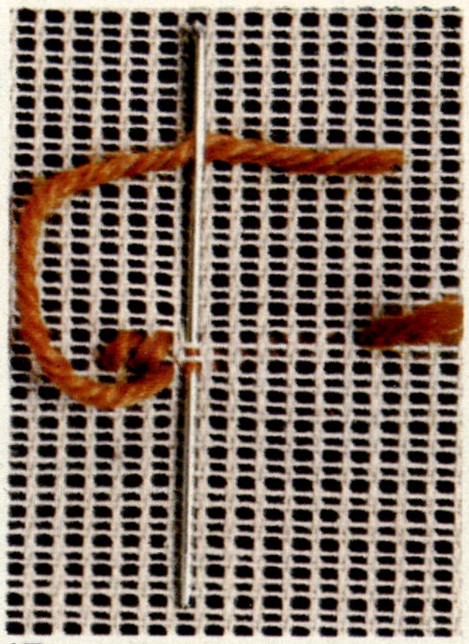
17

18

19

01

02 Wie in einem Zaubergarten stehen die Figuren auf dem blumenreichen Hintergrund. Der Gobelin wird mit Kelim-Wolle gestickt ca. 48 x 75 cm, mit Sudan-Wolle ca. 90 x 140 cm groß. Beide Gobelinwollen von AMC.

Stilvoll wohnen mit edlen Gobelins

01 Eine reizvolle Ergänzung zum großen Behang ist dieses kleine Modell (ca. 41 x 52 cm). Es heißt »Le don du coeur« (Die Gabe des Herzens). burda Zählmuster 519.

03 Dies ist einer von sechs Behängen aus der Serie „Die Dame mit dem Einhorn“, burda Zählmuster 721.

Bezugsquellennachweis auf Seite 132.

Eine Augenweide für Stickexperten: Gobelins

04

Diese drei aufwendigen Gobelins werden nach burda Zählmustern gestickt

04-06 Als Stickvorlage für die farbenprächtige Hirschjagd (ca. 60 x 75 cm) gibt es das Zählmuster 644. Die Flußlandschaft in Frühlingsstimmung (ca. 87 x 66 cm) entsteht nach Zählmuster 645. Auch dieser vielfarbige Gobelin wird nach dem burda Zählmuster 642 angefertigt.

05

06

07

Blumenbouquets mit Tradition

07 Die zierlichen Motive auf dieser Doppelseite unterscheiden sich nicht nur farblich, sondern auch in der Größe. Beide eignen sich gut zum Besticken von Stühlen und Sesseln. Die zarte Stickerei, die wir in Omas Truhe entdeckten, ist mit Sticktwist gestickt und 15 x 15,5 cm groß. Sie läßt sich leicht auch mit groberem Material sticken oder durch Weglassen des einen oder anderen Blättchens verkleinern.

08 Dieses ist der zweite Strauß (35 x 30 cm) mit Tradition. Die Vorlage für das Muster stammt aus der Alt-Wiener-Mustersammlung. Für Sitz und Schemel wird das ganze Bouquet gestickt, für die Rückenlehne ein Blütenzweig weggelassen.

08

Elegantes für schöne Räume

10

Das Arrangement des Stuhlbezuges kann man auch als Einzelmotiv sticken

09 Für diese wunderschönen alten Stühle ist ein selbstgestickter Gobelinbezug der ideale Schmuck. Ob als Einzelstück oder gar in einer Gruppe: Mit einem solchen Kunstwerk werden Sie die Bewunderung aller Bekannten erringen. Das Motiv ist, mit Kelim-Wolle gestickt, 53 x 42 cm groß.

10 Die aparte Gobelinstickerei (54,5 x 54,5 cm) können Sie entweder als Mittelstück in eine schwere Chintz- oder Shantusindecke einsetzen oder als Mitteldecke ohne Stoffeinfassung verwenden. Sie wird dann mit Taft gefüttert. Als Abschluß dient eine Posamentenborte.

Im Detail des Eckmotivs zeigen sich ganz deutlich die zarten Farbabstufungen

Abendstimmung am Meer

13 Das Bild (50 x 60 cm) wurde nach einem Original des Malers P. S. Kroyer gestickt. Die Dame mit ihrem Hund ist versunken in den Anblick der letzten Sonnenstrahlen, die sich auf der Meeresoberfläche spiegeln.

Prachtstücke in Gobelintechnik

Das Wort „Gobelin" ist ein französischer Familienname und wurde ursprünglich nur für feingewirkte Bildteppiche angewendet. Auf Verordnung von Minister Jean Baptiste Colbert (1619-1683) wurde in Paris eine staatliche Manufaktur für Bildwirkerei eingerichtet, und weil diese Manufaktur im Hause der Färberfamilie Gobelin untergebracht war, ging der Name allmählich auf alle Erzeugnisse dieser Technik über.

11 Die Mandelblüten auf dunkelblauem Fond sind von einem gleichfarbigen Samtrahmen und einer goldfarbenen Posamentenborte umgeben. Auch für einen größeren Läufer oder einen Klingelzug eignet sich dieses elegante Motiv, denn es läßt sich beliebig verlängern. Auf braunem oder grünem Fond ist es genauso effektvoll.

12 Auf dieser Garderobenrückwand von etwa 60 x 170 cm Größe sind mehr als 80 verschiedene Rosen zu sehen. Der Stickerin ist es gelungen, mit sehr viel Fantasie alle Rosen unterschiedlich zu gestalten. Um Ihnen das Nachvollziehen dieser extravaganten Garderobenrückwand zu erleichtern, geben wir nur die Zählmuster für fünf verschiedene Rosenmotive vor, die Sie beliebig anordnen können. Selbstverständlich lassen sich mit diesen Rosen auch andere Gegenstände wirkungsvoll dekorieren.

11

12

14

15-18

Streifzug durch den Garten

14 Auf unifarbenem Untergrund kommt dieser zarte Strauß bestens zur Geltung. Der kontrastfarbig gestickte Rahmen gibt dem Kissen (36,5 x 31 cm) eine besondere Note.

15-18 Mit den Sträußchen auf den Nadelkissen (10 x 10 cm) können sie auch gut Döschen, Täschchen, Taschentuchbehälter und andere liebenswerte Kleinigkeiten schmücken.

19 Eine solch ausgefallene Türbespannung unterstreicht Ihren ganz persönlichen Wohnstil. Die Abstände zwischen den vier verschiedenen Blütenarrangements, die etwa 30 x 30 cm groß sind, können Sie ganz beliebig wählen. Etwas Ausdauer brauchen Sie jedoch für diese außergewöhnliche Stickerei.

20

21

22

Blumig Geranktes

20 Zartblaue Ranken umgeben die Sträußchen auf dem Bezug dieses gemütlichen Sessels. Wer würde sich da nicht gerne hineinkuscheln. Das Beziehen einer solch edlen Sitzgelegenheit überläßt man am besten dem Fachmann.

21 Die Iris, auch Schwertlilie genannt, auf diesem Buchzeichen (5,5 x 21,5 cm) zeigt sich in drei verschiedenen Farbstellungen. Sie können sie noch in beliebig vielen anderen Farbnuancen sticken, auch als Einzelmotiv.

22 Fantasievolle Blumenmotive ranken sich auf der Mitteldecke (80 x 80 cm) mit üppiger Spitze. Wer es dezenter liebt, stickt alle Blüten nur in einer Farbstellung, die genau mit der farbharmonie des Raumes übereinstimmen sollte.

23

Die Rose, Königin der Blumen

23 Das Muster für diese bezaubernde Umhängetasche (22,5 x 27 cm) entstand etwa zwischen 1810 und 1820. Bei den Blumenentwürfen jener Zeit spielte die Rose die wichtigste Rolle.

24 + 25 Kleiderbügel hat man nie genug, und sie sind außerdem immer ein willkommenes Geschenk. Sticken Sie mit verschiedenen Fondfarben, z. B. Dunkelblau, Lila oder Hellbeige, auch bei gleichem Blumenmuster erreichen Sie unterschiedliche Wirkungen.

26 In der Fondfarbe zu den Kleiderbügeln passend können Sie den Bürstenbezug besticken. Auch hierfür gibt's, wie für die Bügel, schon vorgefertigte Holzformen, die man beziehen kann, oder Sie kaufen das komplette Handarbeitsmaterial im Handel.

24

25

26

27

28

Die dezenten Farben beider Blumenbouquets unterstreichen noch die Feinheit der klassischen Muster.

27 Das Motiv auf dieser Tasche ist 20 x 19,5 cm groß und kann auch den Einband einer Schreibmappe oder ein Kissen wirkungsvoll zieren.

28 So zart bestickt wird das Täschchen (9,5 cm ∅) für die Puderdose zum erlesenen Schmuckstück. Man stickt mit Sticktwist auf schwarzen Seidenkrepp.

29

Prächtige Blumenbilder

30

31

29 Das Veilchenbild, voll zarter Poesie, hat einen Durchmesser von 10 cm. Wir haben es mit Stickgarn (Schürer) auf Stramin (Zweigart) gestickt.

30 Die Rosenblüte ist ein klassisches Gobelinmotiv von bleibender Schönheit. Unser Modell hat einen Durchmesser von 7 cm, ideal als kleine Aufmerksamkeit von Wert und Geschmack.

31 Auf einem edlen dunkelblauen Fond, der sich eine Nuance heller als Rahmenleiste wiederholt, ranken sich auf diesem Gobelinbild von 77 x 58 cm Größe Blätter, Beeren, Blüten und Gräser. Wenn zu Ihrer Einrichtung kein Blau paßt, können Sie auch einen anderen, ruhigen dunklen Farbton – etwa Dunkelbraun oder ein ganz tiefes Weinrot – für den Hintergrund verwenden.

32

34

35

Elf auf einen Streich – die Wappen der Bundesländer

32 BERLIN. Im Schild der schwarze Bär, darüber die goldene Laubkrone mit Stirnreif aus Mauerwerk und geschlossenem Tor. Für alle abgebildeten Wappen gibt es Materialpackungen (DeHaWe), komplett mit Sticktwist und Bilderrahmen in der Größe 12 x 12 cm.

33 BADEN-WÜRTTEMBERG. In dem kleinen Landeswappen ruht auf dem Schild mit den drei Löwen die Blattkrone.

33

36

34 HESSEN. Der Schild mit silbern-rot gestreiftem Löwen wird vom goldenen Gewinde überragt.

35 NORDRHEIN-WESTFALEN. Im gespaltenen Schild das grüne Feld, das Roß und die Rose.

36 SAARLAND. Der gevierte Halbrundschild wurde erst 1956 im Saarland eingeführt.

37 NIEDERSACHSEN. Das springende Pferd symbolisiert dieses Land seit ältester Zeit.

38 BREMEN. Der schräggerichtete Schlüssel erscheint 1366 erstmals im Landeswappen.

39 HAMBURG. Die Burg mit geschlossenem Tor erklärt den Namen und ist gleichzeitig Sinnbild für „Stadt".

40 BAYERN. Das blau-weiße Staatswappen wird von goldener Volkskrone mit Blättern überragt.

41 SCHLESWIG-HOLSTEIN. Der gespaltene Schild zeigt den Löwen und das gezackte silberne Nesselblatt.

42 RHEINLAND-PFALZ. Im dreigeteilten Wappen: Trierer Kreuz, Mainzer Rad und Pfälzer Löwe.

37

40

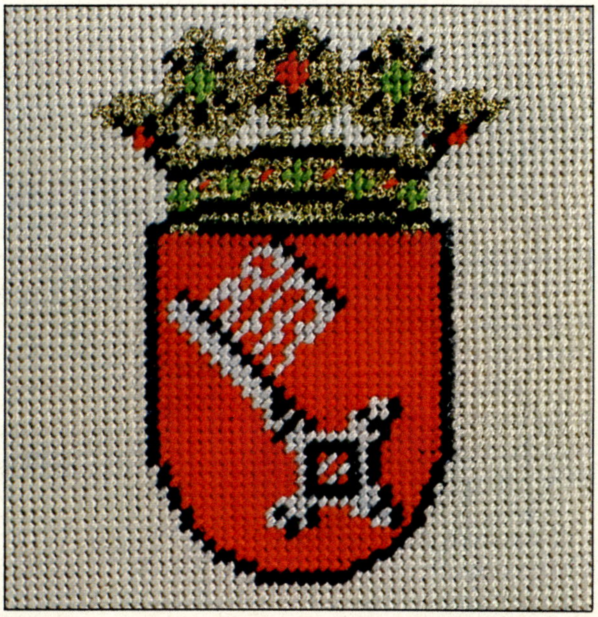

38

41

39

42

Farbenprächtige Geometrie

43 + 44 Farblich gut aufeinander abgestimmt, harmonieren auch zwei Kissen mit so ausgefallener Musterung. Das Kissen (38 x 54,5 cm) mit den waagerecht gereihten Würfeln wirkt etwas ruhiger und verträgt eine kontrastreichere Färbung. Beim zweiten Kissen (35 x 40 cm) sollte man nur Ton-in-Ton schattieren.

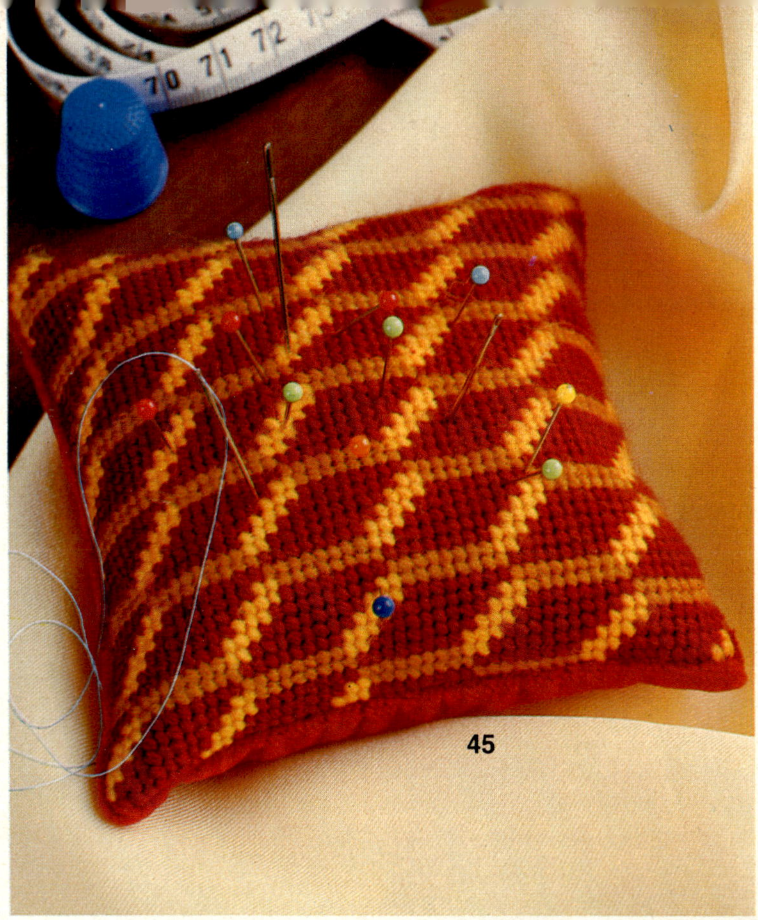

45 Das Nadelkissen (10,5 x 10,5 cm), hübsch und praktisch, ist unentbehrliches Utensil aller Hobbyschneiderinnen.

46 Brillenetuis hat man nie genug. Besitzen Sie schon ein selbstbesticktes (9 x 17 cm)?

47 In den verschiedensten Größen kann man Buchhüllen für Leseratten besticken. Das Muster paßt sich problemlos jedem gewünschten Format an.

48

49

Spiel mit Farben und Formen

Nicht nur das Entwerfen solcher geometrischer Muster macht viel Spaß, auch beim Schattieren und Auswählen der Farben darf man sich so richtig austoben. Alle Modelle dieser Doppelseite sind mit grober Sudan-Wolle (MEZ) angefertigt. Wenn Sie schon öfter mit dieser Qualität gestickt oder geknüpft haben, können Sie selbst kleinste Reste Ihrer Stickwolle im Muster mitverwenden.

48 Das Kissen ist 36,5 x 40 cm groß. Je nachdem wie man es plaziert, ergibt sich immer wieder eine neue interessante Wirkung.

49 Die strenge Form der Tasche (25 x 35,5 cm) wird durch die Horizontalen und Vertikalen im Muster betont.

50 Durch gekonnte Farbverteilung erzielt man bei dem Teppich (64,5 x 107 cm) erstaunliche Tiefenwirkung.

50

BARGELLO

LEHRGANG
Sticken/Bargello

Aus Florenz stammt die Bargello-Stickerei, weswegen sie auch Florentiner Stickerei genannt wird. Es handelt sich dabei um eine gezählte Plattstichstickerei, die flächenfüllend gearbeitet wird. Durch unterschiedliche Stichlängen und Farbabstufungen entsteht die für Bargello typische plastische Wirkung.

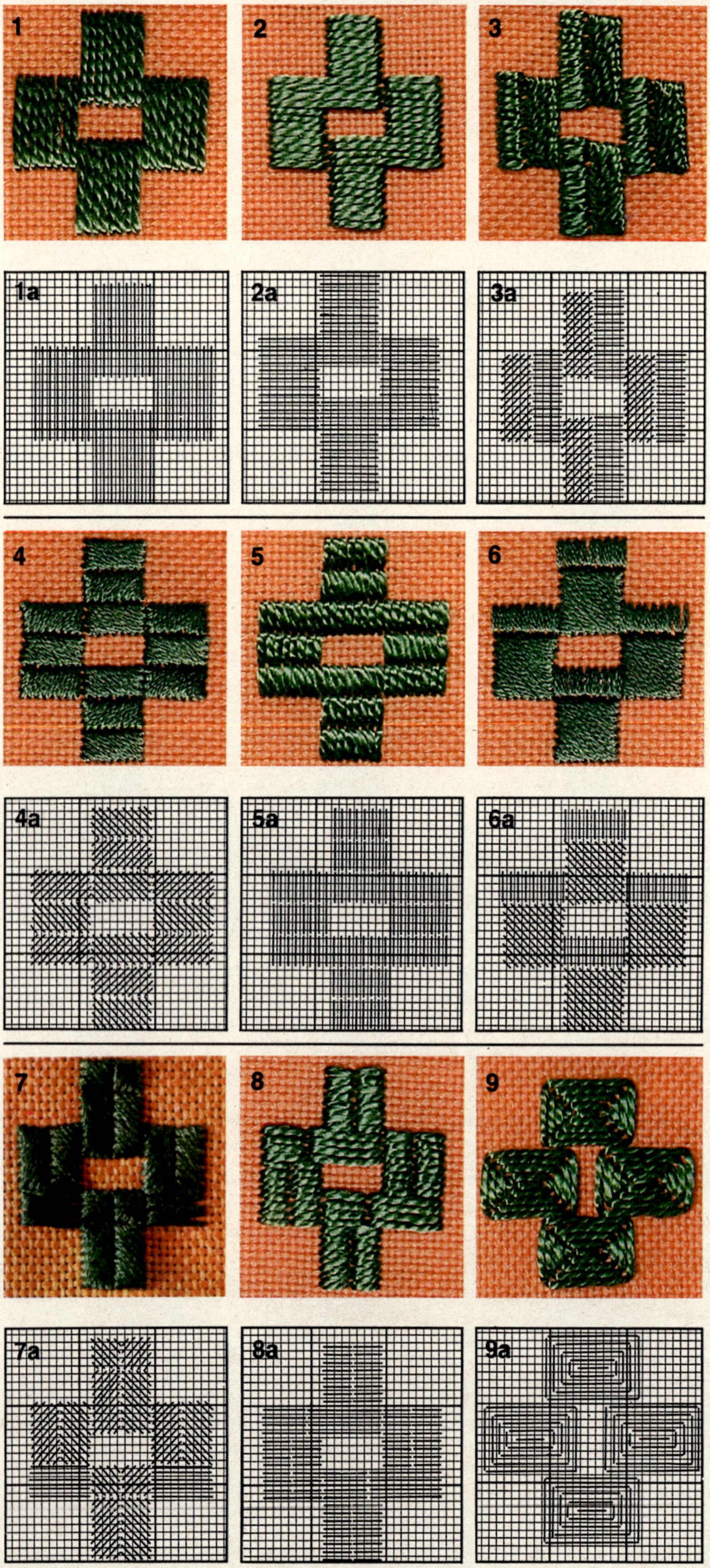

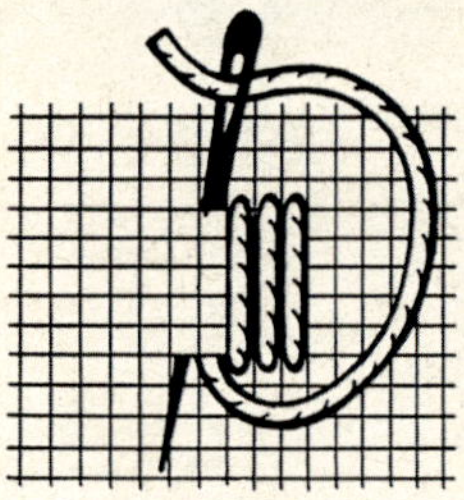

Plattstich, nach dem Gewebefaden gezählt

Im Gegensatz zum frei gestickten Plattstich nach Vorzeichnung hält sich die Musterung beim gezählten Plattstich an das streng rechtwinkelige Netz von Schuß und Kette eines leinenbindigen Grundstoffes.

Stoff und Garn

Gewebegrund und Stickfaden sind so aufeinander abzustimmen, daß alle Stiche die Lücken zwischen Gewebefäden und Fadenkreuzen einwandfrei ausfüllen. Stoffart und -garn richten sich nach der Musterung.

Überdeckt der Plattstich den Gewebegrund über und über, ist ein- oder zweifädiger Stramin die geeignete Stickunterlage. Bei zweifädigem Stramin kann man unter vielen Fadeneinstellungen wählen, so daß man mit Twist genauso gut wie mit Wolle sticken könnte.

Soll jedoch auch der Gewebegrund in die Musterung einbezogen werden, sind quadratisch gewebte Zählstoffe mit einfacher Leinenbindung zu verwenden. Falls mit Wolle, z. B. mit Kelimwolle, gestickt wird, kann auch auf Aidastoff mit drei Fadenkaros auf 1 cm gestickt werden.

Stickrichtung, Stickvorlage

Gezählter Plattstich kann senkrecht, waagerecht und schräg ausgeführt werden. Als Vorlage dient ein Zählmuster, dessen Liniennetz Schuß- und Kettfäden der Leinenbindung darstellt. Von einem Zählmuster ist daher nicht nur die Stichlänge, sondern auch die Stickrichtung bzw. die Stichlage abzulesen, Abb. 1a bis 9a.

Mit wieviel Phantasie beim gezählten Plattstich ein Muster durch die unterschiedliche Stichlage zu beeinflussen ist, zeigen die Stickproben: ein Motiv und neun verschiedene Effekte. Teils ist mit Perlgarn (Abb. 1, 2, 3, 5, 8 und 9), teils mit ganzfädigem Twist gestickt (Abb. 4, 6, 7). Durch die unterschiedliche Stichlage entsteht auch in einfarbigen Stickereien der Eindruck von Licht und Schatten.

Hier eine Reihe von Beispielen, die zeigen, wie vielfältig eine Grundform in Bordüren oder flächenfüllende Muster zu verwandeln ist. Alle Proben sind mit ganzfädigem MEZ Sticktwist auf pflegeleichten Zählstoff (Zweigart) mit 10 Gewebefäden auf 1 cm ausgeführt.

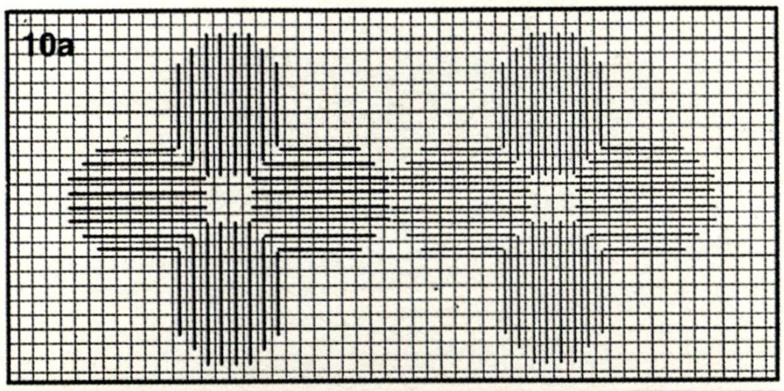

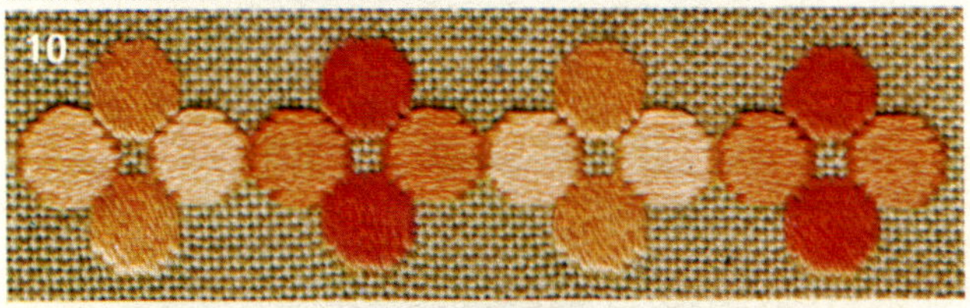

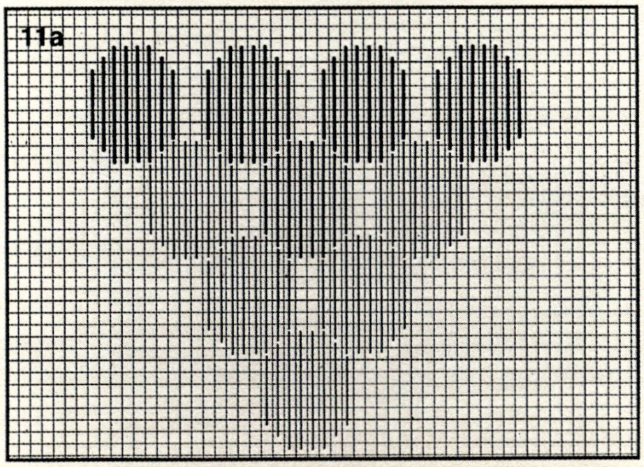

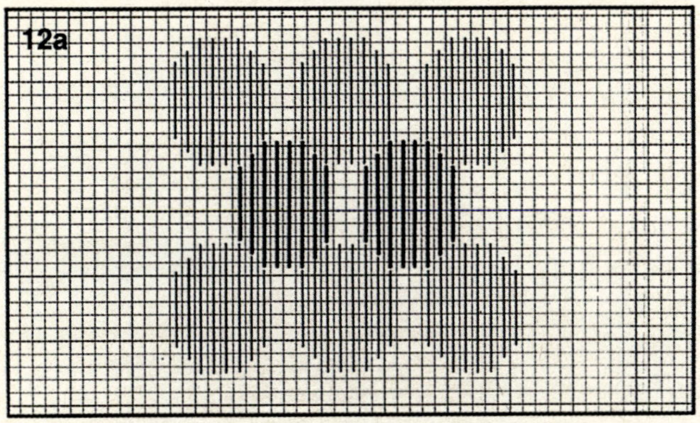

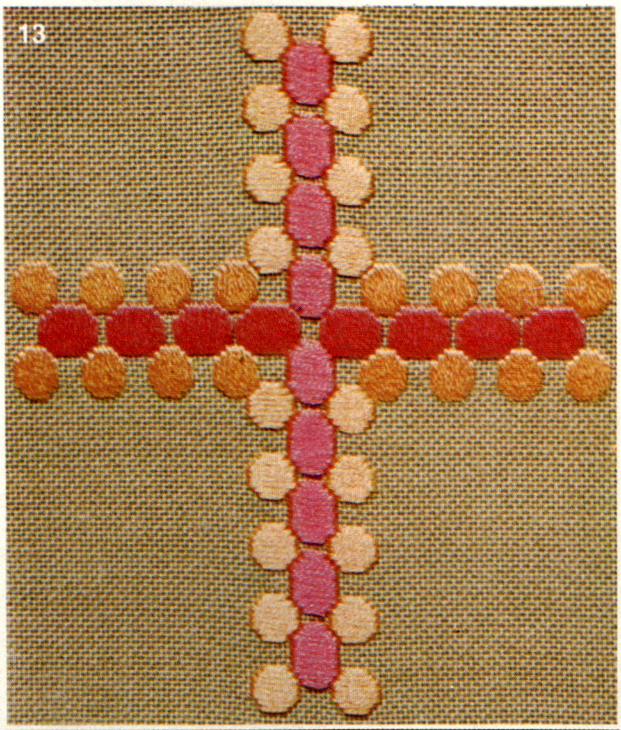

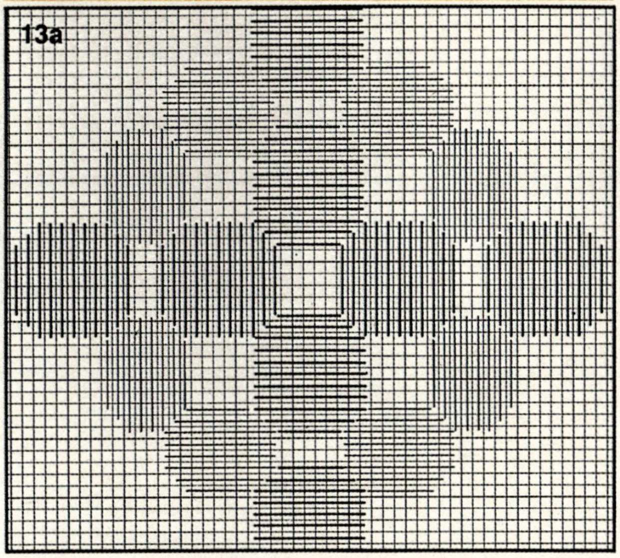

Die Muster 14 bis 19 sind ausschließlich mit MEZ Perlgarn 3 auf einfädigen Stramin, Kongreßstoff, Canevas gestickt. Muster, die als Bordüren für Gürtel, zur Fläche ergänzt für Kissen- und Möbelbezüge, Taschen und dergleichen anzuwenden sind. Kombinationen mit Mattstickgarn können effektvoll sein.

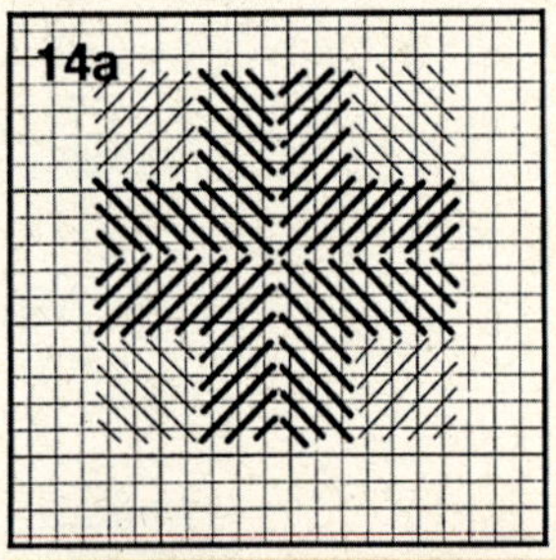
14a

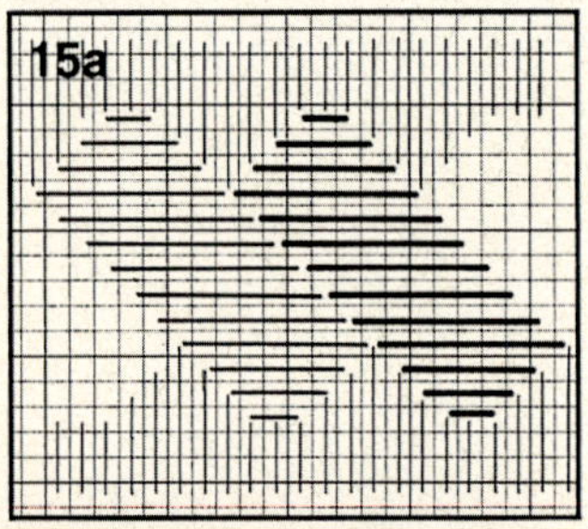
15a

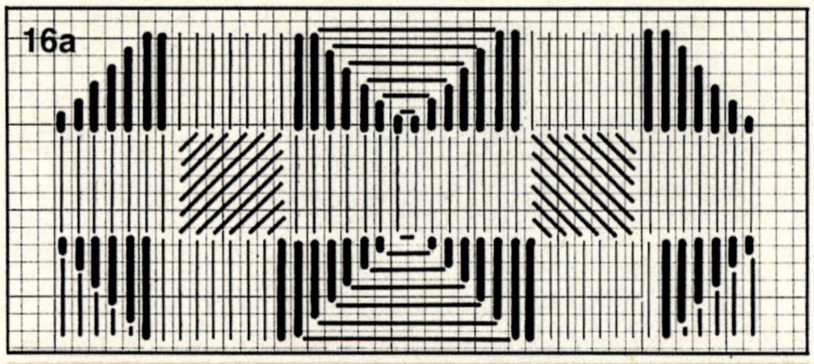
16a

14

15

16

Möbelbezüge sollte man entweder mit Perlgarn 3, Perlgarn 5 oder Kelimwolle sticken. Auch synthetisches Kelimstickgarn ist geeignet. Allerdings sollte man bedenken, daß reine Wolle „staubabweisend" ist, dank der natürlichen Fettschicht, die die Faser umgibt und trotz aller Veredlungsvorgänge (Waschen, Färben) bis zu einem gewissen Grad erhalten bleibt.

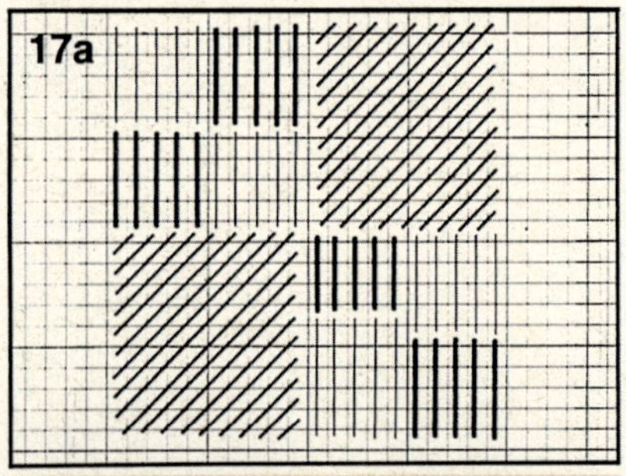
17a

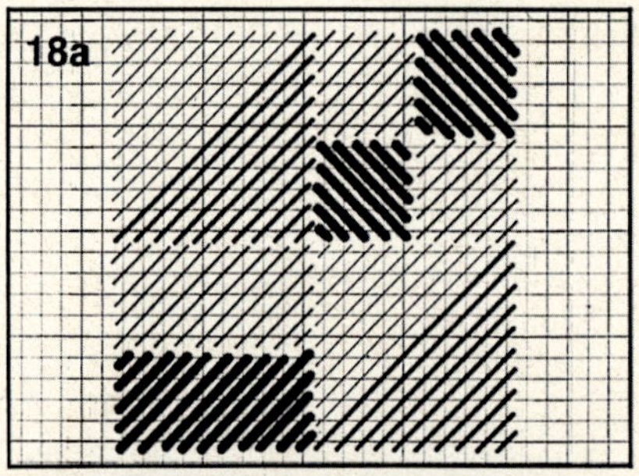
18a

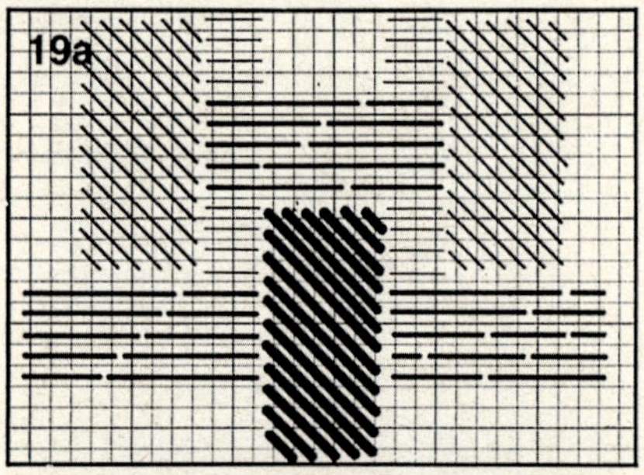
19a

17

18

19

Neben gezähltem Plattstich können auch andere Sticharten eingefügt werden (siehe Abb. 20 und 21). Gruppen aus 7 und 5 Spannstichen beleben die Plattstichstickerei. Die Zählvorlage 20a zeigt die Stickerei zur Hälfte; lt. Abbildung gegengleich ergänzen. Zählmuster 21a ist um 90 Grad nach rechts zu drehen. Die unterschiedliche Strichstärke in den Musterlinien läßt die Aufteilung der Farben recht deutlich erkennen.

20a

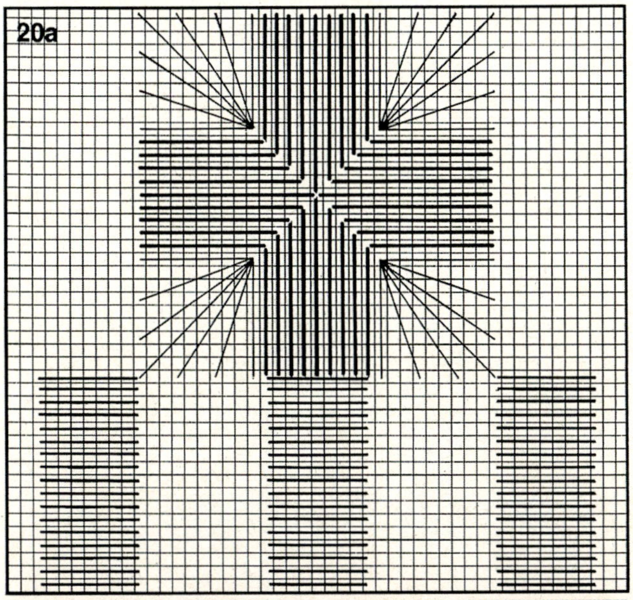

20

21a

21

22

22a

Bunte Kissen für Ihr Sofa

51-55 Die Stickerei bedeckt den gesamten Stramingrund und sieht beinahe wie gewebt aus. Das ist charakteristisch für die Bargello-Technik. Daher eignet sie sich besonders für Kissenplatten. Wir haben bei diesen Kissen nur die Vorderseite bestickt, und die Rückseite aus farblich passendem Samt ergänzt. Selbstverständlich können Sie auch Vorder- und Rückseite besticken. Diese Kissenmuster leben ganz von der Farbe. Man kann Ton in Ton abstufen, mit sanften Farben oder auch starken Kontrasten arbeiten. Orientieren Sie sich bei Ihrer Wahl an Ihrer Wohnungseinrichtung!

54
55

56

56 Dezentes Braun-Beige steht alten Stühlen immer gut und paßt fast zu jedem Wohnstil. Der Bezug dieses Hokkers wurde mit Mattstickgarn auf Zählstoff gestickt.

57 Für die Disco: ein flottes Umhängetäschchen in Goldgelb. Darin sind viele kleine Dinge wie Schlüssel, Lippenstift und Geld gut verwahrt.

58 Ein Kissen, diesmal in modischen Rot- und Gelbtönen. Das Muster setzt sich aus Streifen zusammen, die jeweils etwas gegeneinander verschoben werden.

57

58

Einfach „musterhaft"

59 Dieser Stuhl ist ein wahres Prachtstück. Wir wählten die Farben so, daß sie mit dem Holzton harmonieren. Da jeder Stuhl ein anderes Maß hat, muß man vorher einen Papierschnitt anfertigen und dann das Muster dafür passend einrichten. Das Polstern gehört in die Hände eines Fachmanns.

59

60 Stich für Stich fügten geduldige Stickerinnen Wellenmuster zu stilisierten Blumen zusammen. Beim runden Kissen (ca. 40 cm ∅) formieren sich Linien in fein abgestuften Grüntönen zu einer eindrucksvollen Einzelblüte.

61 Ähnlich wirkt das pinkfarbene, runde Kissen (ca. 40 cm ∅). Sein interessantes Farbspiel erinnert an Formen, wie sie z. B. auch in Periskopen erkennbar sind.

60

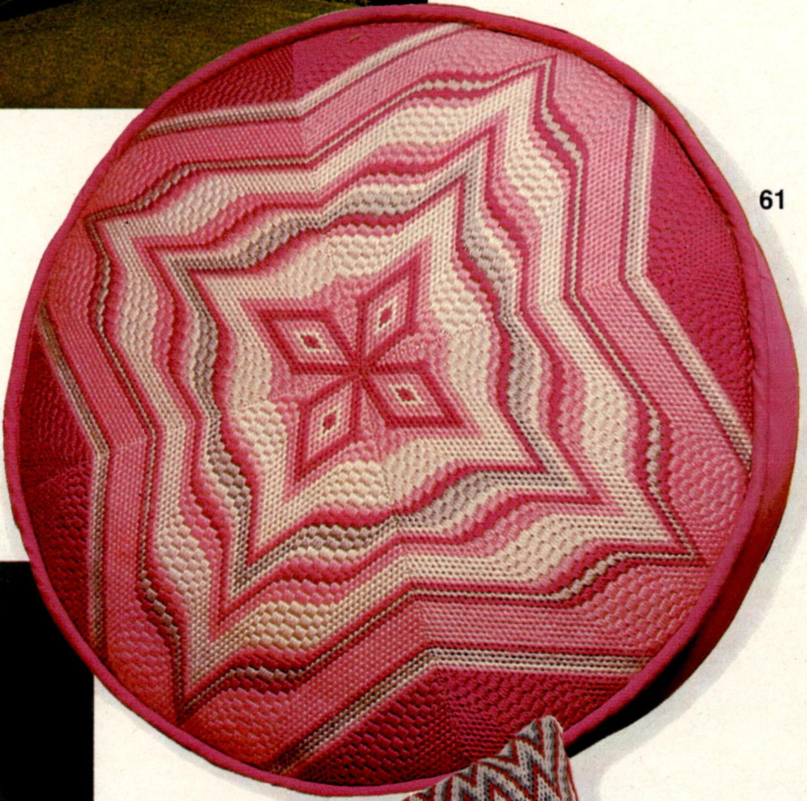

61

62 Ein dritter Vorschlag aus der Wunderwelt des Periskops: Ringe in verschiedenen Brauntönen «umkreisen» die Mitte des Polsters.

63 Eine völlig andere Wirkung erreichen Sie durch die gezielte Anwendung von Kontrastfarben. Dekoratives Beispiel ist dieses Zierkissen.

62

63

64

64 Die Bargellotechnik regt zu fast unerschöpflichem Spiel mit Farben und Formen an. Sie kennt nur zwei Grenzen: die geometrische Linienführung und die Flächigkeit der Stickerei. Das Kissen mißt ca. 50 x 50 cm.

65 Zur Abwechslung ein beinahe florales Muster! «Blätter» in den schönsten Farben des Herbstlaubs. Das Kissen mißt ca. 35 x 40 cm.

Kreisrund oder viereckig: Bunte Kissenparade

65

66

Farben-frohe Vielfalt – schnell gestickt

66 Frisches Orange und Rot muntern Ihr Küchenfenster fröhlich auf. Bargello eignet sich auch hervorragend für die Gestaltung eines Gardinenbandes. Dieses ist ca. 4 cm breit und aus glänzendem Perlgarn gestickt.

67 Zartes Beige, leuchtendes Gelb, tiefes Braun – diese klassische Farbkombination besänftigt durch schattierte Abstufungen das wilde Zackenmuster auf dem großen Kissen. Besonders dekorativ wirkt das Muster, wenn es eine der Einrichtungsfarben aufnimmt.

67

68

68 Die Farbzusammenstellung liegt genau im Modetrend. Als kleines Geschenk oder als Behältnis für Ihre eigene Sonnenbrille wird unser Vorschlag bestimmt Gefallen finden.

69 + 70 Modische Aubergine-, Burgunder- und Rosatöne in weichen Girlandenmustern oder alle leuchtenden Farben des Feuers in akkuraten Zackenreihen: Mit diesen beiden farbenprächtigen Einzelstücken können Sie anderen oder sich selbst eine Freude machen.

69

70

71

Dekorative Muster in bunter „Spartechnik“ für eilige Leute

Hier stellen wir Ihnen einige etwas atypische Bargello-Modelle vor. Der Grundstoff wurde nicht völlig bestickt und blieb als Bestandteil des Musters erhalten.

71 Der Tischläufer mißt etwa 37 x 55,5 cm, das Dessin erinnert an rumänische Folkloremuster.

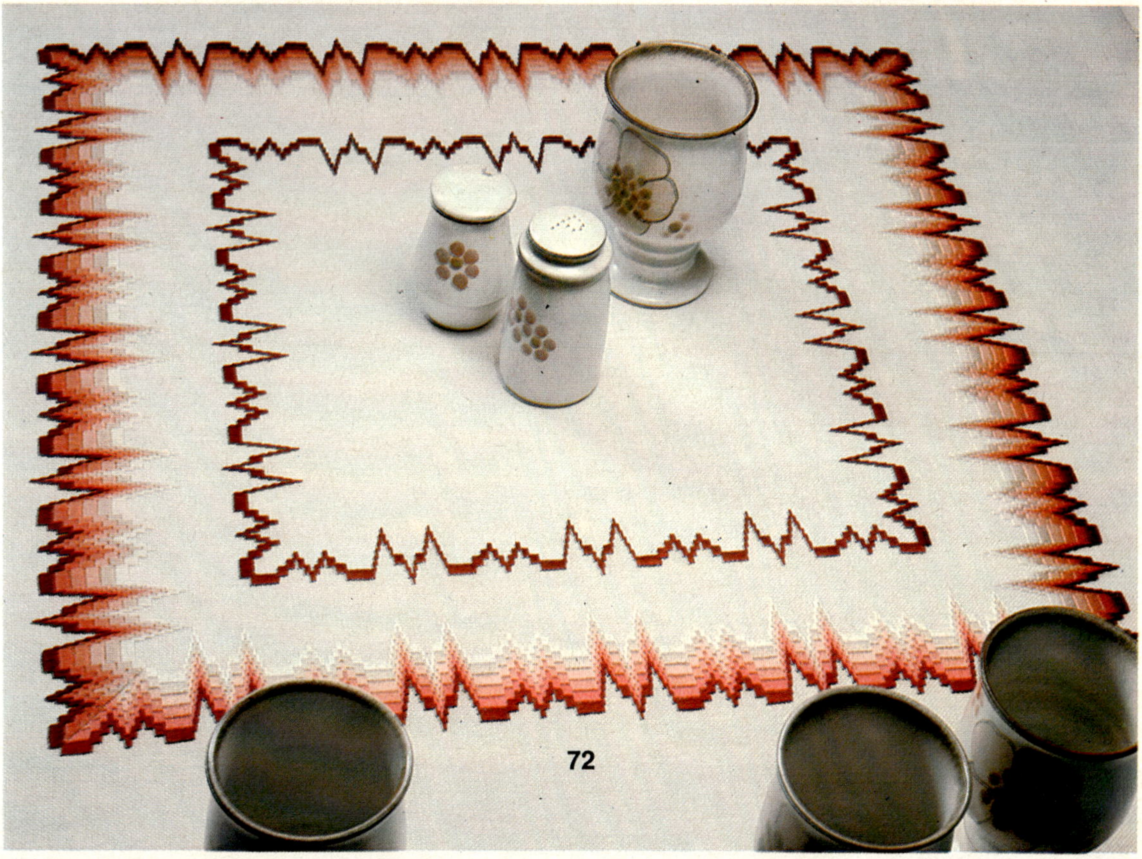

72 Der Verlauf des Zackenmusters wirkt sehr technisch, beinahe wie die Zeichnung eines Computers. Das Dessin eignet sich gut für alle, die sich zum erstenmal an Bargello wagen. Sie sollten für die 135 x 135 cm große Decke stets Zählstoff verwenden.

73 Eine dekorative Mitteldecke in dezenten Beige-Braun-Tönen (ca. 92 x 92 cm) ist der geeignete Alltagsschmuck für Ihren Frühstückstisch. Sie können der Stickerei auch Abstufungen der Farbe Ihres Geschirrs zugrunde legen.

74

Variables Spiel mit der Geometrie

74 Ein «Leckerbissen» für Könner ist dieses 40 x 40 cm große Kissen. Der Clou: Das Muster setzt sich aus «Stichbündeln» zusammen und wird an den Diagonalen gespiegelt. Als Farben wählten wir verschiedene Jade- und Grautöne.

75

75 Nur ein einzelnes Quadrat in Großformat – und das 37 x 37 cm große Zierkissen ist fertig. Die Kontrastfarben Gelb und Blau, kühn kombiniert in dem geometrischen Muster, wirken besonders attraktiv in einer modernen, hellen Wohnung.

76 Für den «Telefonperser» (31 x 31 cm) nahmen wir feinen Stramin und entsprechend feine Kelim-Wolle von MEZ.

77 Wenn Sie sechs solcher Quadrate zusammensetzen, erhalten Sie einen 62 x 93 cm großen Vorleger. Wir haben die Kanten einfach nach hinten umgeschlagen und angehext. Natürlich kann man die Ränder auch umstechen.

76

77

78

79 + 80

81

Folklore in Stramin-stickerei

78 Ein rustikaler Tischläufer (ca. 40 x 100 cm) in bäuerlichem Blumenmuster paßt besonders gut ins Eßzimmer aus Naturholz. Das Zählmuster finden Sie im Anleitungsteil.

79 + 80 Zwei weitere Vorschläge im Folklorestil: Die beiden Kissen (40 x 40 cm) wurden in den gleichen Farben gestickt. Sie unterscheiden sich nur im Mittelmotiv. Das eine Kissen ziert ein stilisierter Vogel, das andere eine Häuserreihe. Für alle Modelle gibt's auch Fertigpackungen zu kaufen. Material von Schoeller.

81 In den gleichen Farben wie 78 das passende Kissen (40 x 40 cm). Hier können Sie das Muster besonders deutlich erkennen. Alle Stiche haben die gleiche Länge, dadurch wirkt das Kissen wie aus vielen kleinen Mosaiksteinchen zusammengesetzt.

Farbspielereien in Nuancen von Rot, Grün und Pink

82 + 83 Die Sticktechnik ist einfach, das Muster ist einfach – und doch ergibt sich eine ungeheuer raffinierte Wirkung durch die geschickte Auswahl der Farben und ihre Anordnung. Beide Kissen haben im Prinzip dasselbe Muster, nur ist der Farbverlauf zum Teil umgekehrt. Beim Grundmuster werden die Farben zur Mitte hin heller; beim anderen Kissen ergibt sich durch die gegengleiche Farbanordnung zweier Teile ein völlig neuer Effekt. Das kleine Foto zeigt eine aparte Farbvariante.

84

84 Ein wahres Kunstwerk in Farbe und Gestaltung! Das Schachbrett scheint sich in der Unendlichkeit zu verlieren und am «Himmel» widerzuspiegeln. Dieses Modell zeigt Bargello-Technik in höchster Vollendung.

KELIM

Der Kelimstich wird auch osmanischer Stich, Sumak-, Strick- und Trikotstich genannt und in manchen Gegenden

LEHRGANG
Sticken/Kelim

spanischer Stich. Daß er sich nicht unbedingt in die strenge Geometrie eines Orientmusters einfügen muß, zeigen einige Beispiele

1

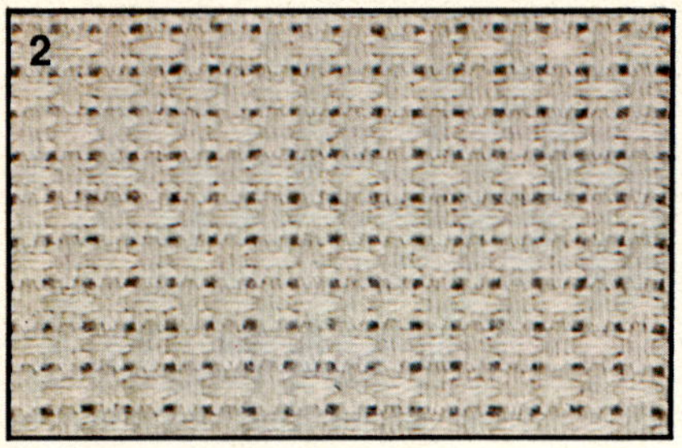
2

3

Kelimstickerei

Der Kelimstich hat viele Namen, aber immer besteht er aus 2 Reihen schräger Stiche, die zueinander gerichtet sind und das Aussehen eines Zopfes haben – daher auch Zopfstich. Nach Prof. G. Lettenmair stammt das Wort Kelim von „gelim", der anatolischen Bezeichnung für Gewebe oder Decke. Beheimatet sind diese Wirkteppiche in Anatolien und im Kaukasus.

Mit dem Kelimstich wird versucht, den Charakter dieser orientalischen Webtechnik, der Sumakweberei (Soumakh) nachzuahmen – daher auch Sumakstich. Bei dieser Webart umfaßt der Schuß stets 4 Kettfäden, und da jede Umfassung 2 Fäden der Kette davor und danach umschlingt und überdies der nächste Schuß zwar dieselben Kettfäden – aber in gegengleicher Richtung – umfaßt (Abb. 1), entsteht in der Fläche eine Struktur, die dem Rechtsmaschengestrick ähnelt. Und dieses Fadenbild zeigt auch der Kelimstich, den man deshalb auch unter dem Namen Strickstich und Trikotstich kennt.

Grundstoff, Stickwolle oder -garn

Grundstoff und Stickfaden müssen so beschaffen sein, daß die Stiche das Gewebe vollständig überdecken. Man bevorzugt einen quadratisch gewebten, weitmaschigen Handarbeitsstoff, bei welchem das „Stichloch" klar hervortritt. Aidastoff, ein Handarbeitsstoff mit Scheindreherbindung, hat sich besonders bewährt, wenn man mit Kelimwolle oder gleichdickem Faden sticken will (60 cm breit, 3 Fadenkaros/1 cm), Abb. 2.

Für „grobe" Kelimstickereien, für die Sudanwolle vorgesehen ist, wird in der Regel Turkestan verwendet, ein Grob-Aidastoff aus Jute, 100 und 135 cm breit, 10 Fadenkaros/7 cm, 10 x 10 Fadenkaros abkariert – eine beachtliche „Zählhilfe", Abb. 3.

Der Kelimstich

In 3 Richtungen kann er gestickt werden: senkrecht, waagrecht, schräg. Immer umfaßt er in der Breite nur 1 Fadenkaro, in der Höhe aber 2, und die Stiche greifen um 1 Fadenkaro versetzt schräg ineinander.

Man sollte den Fadenanfang nie nur mit einem Knoten sichern, der kann zu leicht durchgleiten oder sich auflösen. Man läßt den Fadenanfang einige Zentimeter hängen, um ihn nachher in den Verbindungsstichen der Rückseite zu vernähen. Schon den Anfang des 2. Fadens kann man mit einigen Vorstichen und 1 Rückstich auf der Rückseite verwahren, ehe man den Faden auf die Oberseite führt. Das Fadenende immer sofort auf der Rückseite sorgfältig vernähen!

Abb. 4: Die senkrechte Reihe von unten nach oben gestickt – nach dem Ausstechen 2 Karos in der Höhe und 1 Karo nach rechts übergehen, einstechen, 1 Karo tiefer – nach links gerichtet – ausstechen. Abb. 5a: In entgegengesetzter Richtung liegen die Stiche, wenn von oben nach unten gestickt wird, Stickprobe. Abb. 5b zeigt die Verbindungsstiche auf der Rückseite, sie umfassen 1 Fadenkaro. Abb. 6a: Beim Wechsel von der absteigenden zur aufsteigenden Reihe wird auf der Rückseite ein waagrechter Verbindungsstich gebildet, der 2 Fadenkaros überspringt, s. Abb. 6b, sie zeigt die Rückseite zur Abb. 6a.

4

5a

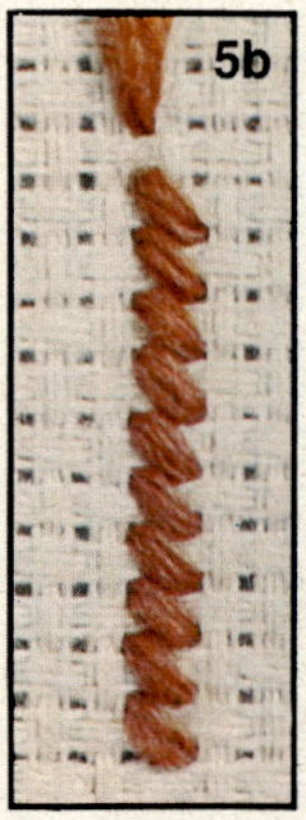
5b

6a

6b

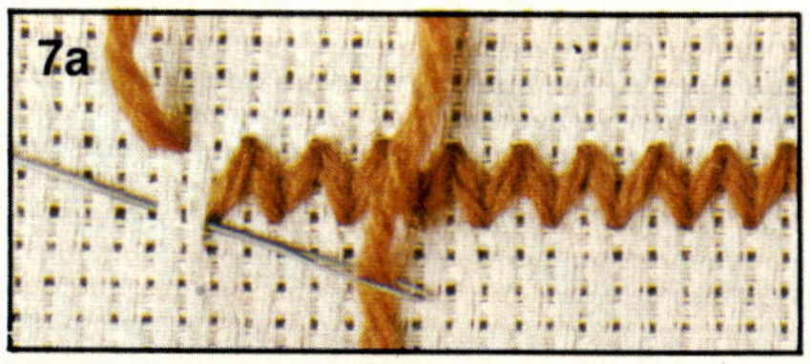
7a

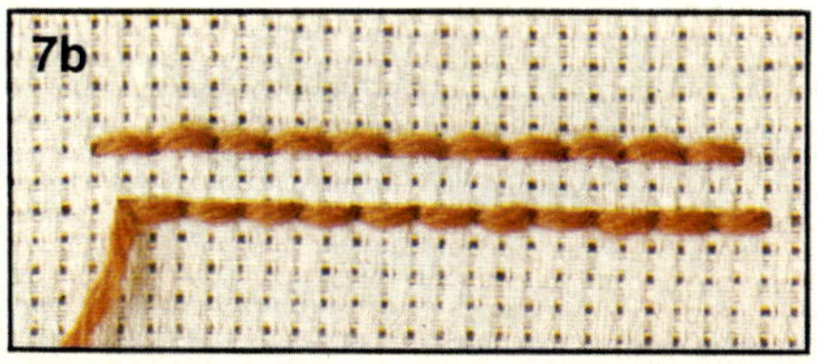
7b

8a

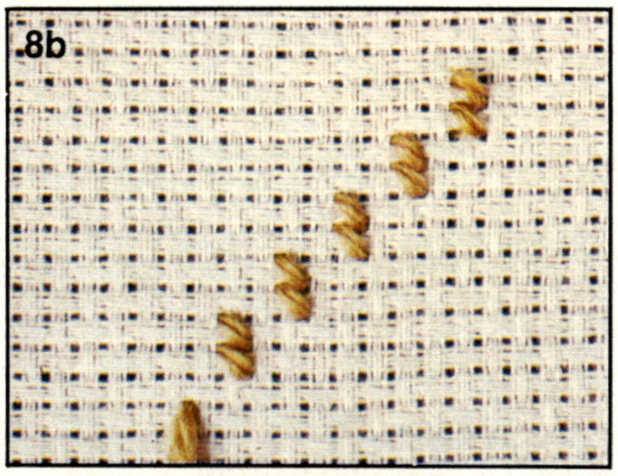
8b

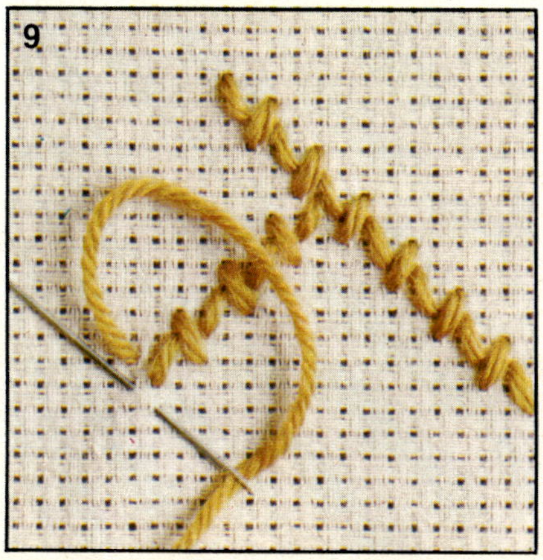
9

10a

Konturen sticken

Bei klassischen Kelimmustern stehen die Musterelemente in der Regel dunkel oder hell eingefaßt im kontrastfarbigen Fond. Man stickt daher zunächst diese Konturen nach Zählvorlage, siehe auch Abb. 10a, d und e, und kann nachher beim Ausfüllen der Flächen zeitsparender ohne Zählmuster sticken (und nebenher den Fernsehkrimi verfolgen, Rundfunk hören oder sich an einer Unterhaltung beteiligen).

Abb. 7a: Eine waagrechte Kontur wird wie der Maschen- oder Zickzackstich gestickt: Von rechts nach links 2 Fadenkaros auffassen, wechselnd links oben oder unten aus-, rechts unten oder oben einstechen – der nach rechts oben gerichtete folgende Stich trifft in die Einstichstelle des vorhergehenden Stiches.

Abb. 7b zeigt, daß auf der Rückseite 2 Reihen waagrechter Verbindungsstiche entstehen.

Abb. 8a: So wird bei der nach links oben führenden Schrägreihe ein- und ausgestochen

Abb. 8b zeigt die Verbindungsstiche auf der Rückseite). Abb. 9 erklärt die Stickweise einer Schrägreihe, die von rechts oben nach links unten führt.

Zählmuster

Klassische Kelims zeigen in der Regel eine Musterung, die an die strengen anatolischen, kaukasischen und turkmenischen Teppichvorbilder angelehnt ist. Gestickt wird nach Zählmustern, die in ein Liniennetz eingeordnet sind, das der quadratischen Webart des Grundstoffes entspricht. Verschiedene Farben werden durch unterschiedliche Zeichen (Typen) ausgedrückt, und diese Zeichen geben gleichzeitig die Stichrichtung wieder.

Aber auch nach einer Karovorlage kann Kelim ausgezählt werden. Die Muster 10b und c zeigen das Motiv lt. Abb. 10a – einmal in „Kelimmanier", einmal als Karovorzeichnung. Eine Zählhilfe: Unter einer Karovorlage zeichnet man die Stichrichtung ein (siehe unterer Rand, Abb. 10c).

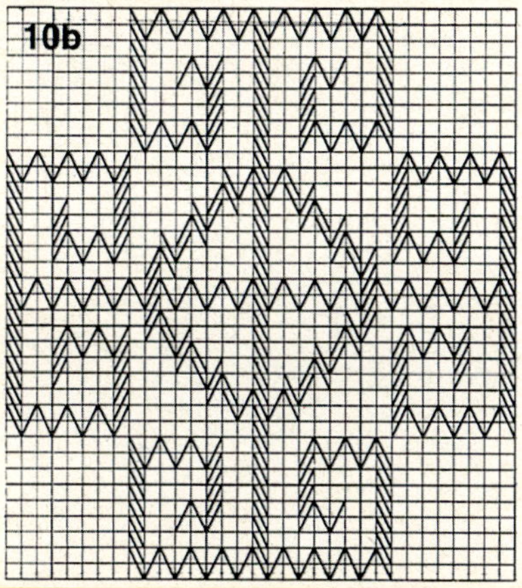
10b

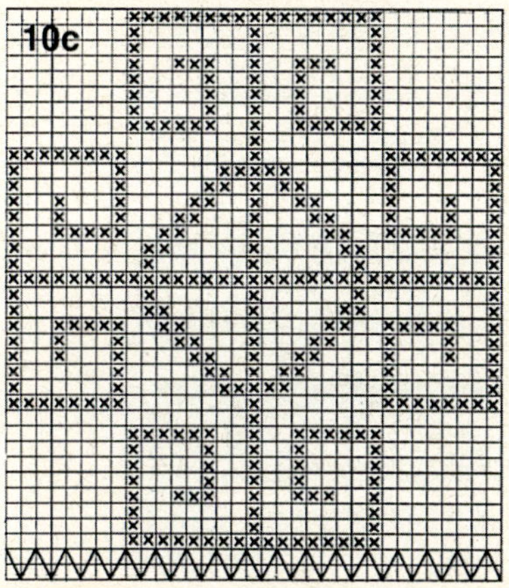
10c

Begradigen des Randes

Bedingt durch die doppelreihige und entgegengesetzte Stichlage entstehen an waagrechten Rändern Lücken (siehe Abb. 6a), die man entweder beim Wechsel zwischen ab- und aufsteigender bzw. auf- und absteigender Reihe sofort mit einem senkrechten Stich über 1 Fadenkaro schließt, Abb. 11a, oder man fügt diese kurzen Füllstiche ganz zum Schluß ein, siehe Abb. 11b, Seite 64 (hier nur der Deutlichkeit halber in einer

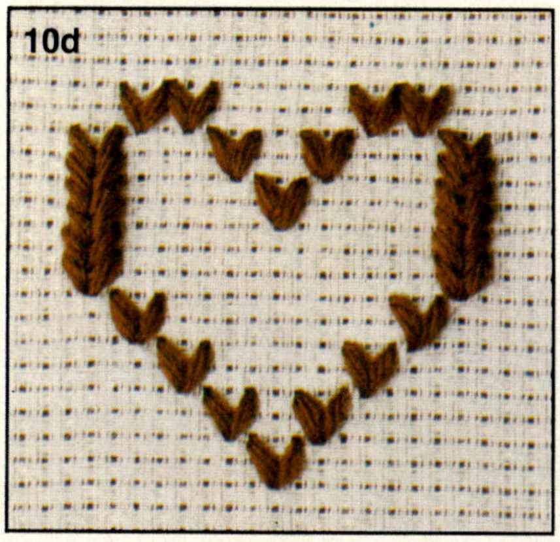
10d

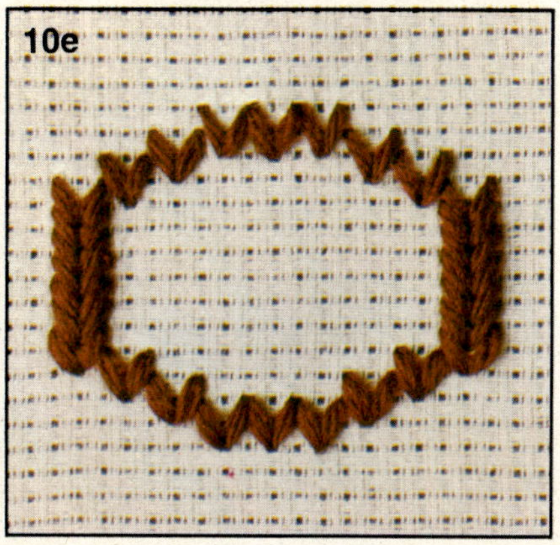
10e

11a

abstechenden Farbe). An senkrechten Rändern kann der Grundstoff direkt neben der Stickerei umgelegt werden. Solider ist es, wenn man 1 Fadenkaro zugibt und diesen Rand mit Überwendlingsstichen, die jedes Fadenkaro erfassen, einfaßt. Dabei kann man einen oder gar 2 Fäden mitführen und übersticken, um die Kante haltbarer zu machen, Abb. 11c (nur der Deutlichkeit halber in einer Kontrastfarbe gestickt).

Fransen einknüpfen, einsticken

Das Schließen der Lücken kann unterbleiben, wenn waagrechte Ränder mit Fransen abschließen. Lt. Abb. 12a und b den Grundstoff mit 1 Fadenkaro Zugabe umlegen. Die Lükken mit Kelimstichen schließen; nach jedem 2. Stich an der Kante ausstechen, Faden als Schlinge stehen lassen, dasselbe wdh., dann die folg. Lücke schließen usw. Lt. Abb. 12c ist der Grundstoff direkt unterhalb der Stickerei nach links umzulegen. In jede Lücke mit der Häkelnadel 1 Franse einknüpfen.

Abb. 13: Für gedrehte Fransen (hier aus Sudanwolle auf Turkestan) sind je 2 Fäden in die Lücke einzubeziehen, miteinander zu verdrehen und zu verknoten.

Kelim über Eck sticken

Will man über einer Ecke die Stichlage wechseln, müssen die Reihen über der Diagonale entsprechend gekürzt und dann – in der Stickrichtung um 90 Grad gedreht – wieder verlängert werden.

Abb. 14a-d: Nach je 1 auf- und absteigenden Reihe, die in derselben Einstichstelle enden, folgt auf den letzten Stich in der absteigenden Reihe 1 Verbindungsstich nach links oben über 1 Fadenkaro und dann 1 Füllstich von rechts unten nach links oben (Abb. 14a), jedoch über 2 Fadenkaros in der Höhe, senkrecht darunter 1 Fadenkaro überspringen bzw. zum 1. Stich der folgenden aufsteigenden Reihe ausstechen. Diese Reihe beginnt also 2 Karos über der vorhergehenden aufsteigenden Reihe. Abb. 14b zeigt den 1. Stich und läßt erkennen, daß der Ausstich zum 2. Stich in der Einstichstelle des Füllstiches erfolgt. Lt. Abb. 14c ist die Ecke nach einer Drehung um 90 Grad zu ergänzen. Hier folgt auf den letzten Stich der absteigenden Reihe 1 schräger Füllstich über 2 Fadenkaros, ehe der 1. Stich der folgenden aufsteigenden Reihe gestickt wird. Abb. 14d zeigt die geschlossene Ecke (der Deutlichkeit halber 2farbig gestickt).

11b

11c

12a

12b

12c

13

14a

14b

14c

14d

15a

15b

15c

Abb. 15a bis c: Man kann die schrägen Füllstiche vermeiden, wenn man lt. Abb. 15a verfährt und – sofern die Musterung dies ermöglicht – exakt in der Diagonale je 1 auf- und absteigende Reihe Kelimstiche ausführt. In diese Stiche mündet dann der 1. Stich jeder aufsteigenden Reihe – beim Ergänzen der Ecke wird gegengleich verfahren: Der letzte Stich aller absteigenden Reihen „mündet" innerhalb dieser Füllstiche, siehe Abb. 15b. Abb. 15c zeigt die fertig gestickte Ecke. Die Kontrastfarbe in der Diagonale kann gleichzeitig schmücken. Wir wollen Ihnen damit aber in erster Linie die Stickweise erklären.

Die Abb. 16a und b zeigen schließlich, wie die Kelimstiche „in der Runde" über die Ecke zu führen sind. Beginnt man lt. Abb. 16a, so ist jede folgende Runde darüber oder darunter lt. Abb. 16b zu sticken, siehe Zählmuster, Abb. 16c.

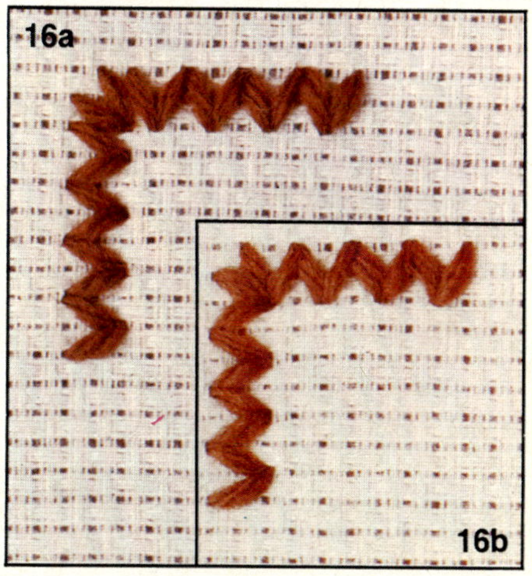
16a 16b

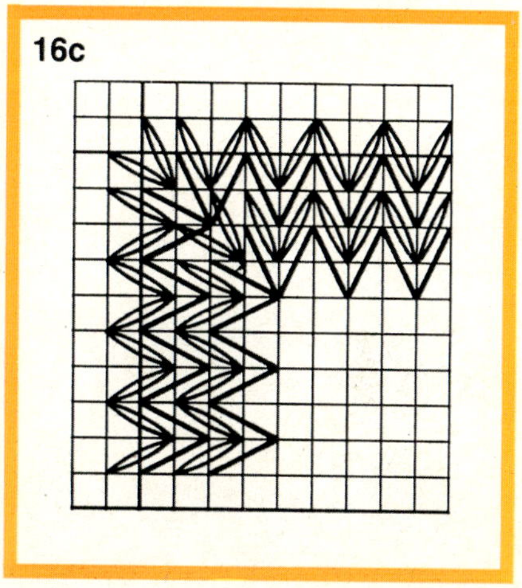
16c

Kelim ohne Zählvorlage sticken

Kelim muß nicht unbedingt nach fantasievoll gezeichneten Mustern gestickt werden. Bedenkt man, welche hübschen Effekte diese schräg ineinandergreifende Stichlage ganz automatisch hervorbringt, wird es jedem Spaß machen, neue Muster auszuprobieren.

Die Beispiele lt. Abb. 17 und 18 zeigen einige ganz einfache Lösungen. Für den ca. 10 x 10 cm großen Brustbeutel wechseln die Farben ab der hellen Mitte (5 Runden) nach je 4 Runden; gestickt ist lt. Abb. 16a bis c. Nachdem die Stichlücken am Rand lt. Abb. 11a oder 11b geschlossen sind, fertige Stickerei vor der weiteren Verarbeitung rechtwinkelig spannen, anfeuchten und trocknen lassen. Überstehenden Grundstoff auf gleiche Breite beschneiden, über Eck abschrägen, umbiegen und anhexen, Futterstoff gegensäumen. Für die Beutelrückseite ein entsprechend großes Viereck aus dem Futterstoff verstürzen und an 3 Seiten aufnähen. Kordel knüpfen, eindrehen oder häkeln und seitlich aufnähen, an den Enden kleine Quasten anbringen. Das 2farbige Nadelkissen lt. Abb. 18 beginnt in der Mitte mit 4mal 2 Stichen über jeder Diagonale; die 3., 5., 7., 10., 13. und 17. Runde mit der hellen Kontrastfarbe sticken, nach der 20. Runde den Rand lt. Abb. 11a oder 11b begradigen. Über den Ecken der 17. Runde Quasten anbringen (lt. Abb. aus 7 Fäden). Das 2. Nadelkissen ist aus Wollresten in 4 verschiedenen Farben in gleicher Weise gestickt, der Abschluß erfolgt nach 19 Runden. Für die Rückseite passenden Stoff knapp neben der Stickerei gegensteppen, Nahtrand beschneiden (Schlitz zum Wenden offen lassen). Kissen wenden und prall ausstopfen. Schlitz mit Handstichen schließen.

17

18

85 Man glaubt, den Löwen brüllen zu hören, so echt erscheint er auf diesem Kissen (43 x 59 cm) mitten im Blattgewirr.

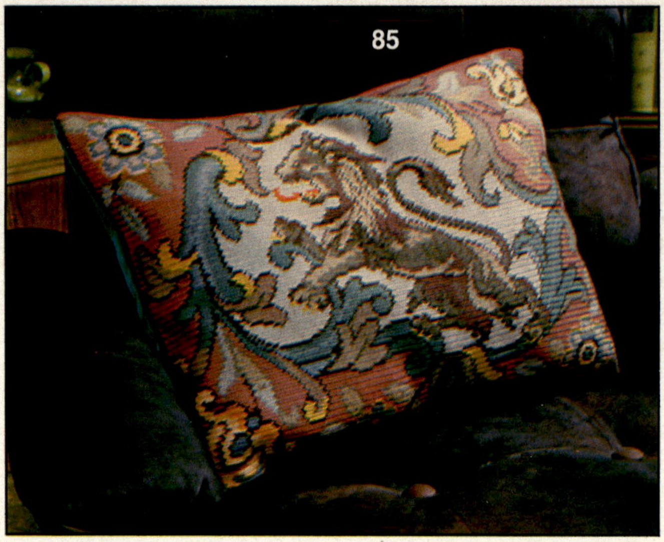

Heraldische Muster in gedämpften Farben

86 Die Grau-Beige-Tönung der Brücke (97 x 154 cm) wird durch gekonnt eingestreute Tupfer in Hellblau und Rosé aufgefrischt. Die Fabelwesen fügen sich harmonisch in das Muster ein. Solch ein klassischer Teppich paßt sich jedem Rahmen an.

87 Erst auf den zweiten Blick sieht man, daß das streng geometrische Muster dieses Sessels sich aus lauter Blüten zusammensetzt. Man erkennt Lotusblüten, Nelken, Päonien und breite, verbindende Blattranken. Die Stickerei erfordert zwar viel Geduld und Zeit, aber das Ergebnis wird ganz bestimmt Bewunderung hervorrufen.

87

88

89

90

89 Der Reihen- oder Familiengebetsteppich (60 x 192 cm) zeigt eine Anzahl von Gebetsnischen, die durch zierliche Säulen getrennt sind und den Eindruck von Portalen hervorrufen. In den Mihrabs hängen Lampen, darunter wachsen stilisierte Lebensbäume in verschiedenen Größen.

90 Im Mihrab dieses kleinen Wandbehangs (49 x 85 cm) hängt wiederum eine Lampe. Bei Betrachtung der Nische erinnert man sich an die fantastischen, mit Stalaktiten geschmückten Kuppeln vieler moslemischer Paläste und Moscheen, z. B. der Alhambra in Granada.

88 Auf diesem großen Gebetsteppich (140 x 205 cm) sind einige typische Merkmale dieser Teppichgattung zu erkennen. Im Mihrab hängt eine Lampe, Sinnbild des Lebenslichts, um die Nische wachsen Lotusblumen, Symbol der Reinheit. Die Randbordüre enthält Zinnen- und Hakenmotive.

Gebetsteppiche – dekorativer Raumschmuck

Geometrische Formen sind von besonderem Reiz

91 + 92 Diese Garnitur aus Kissen (42 x 42 cm) und Läufer (42 x 100 cm) wird in Ihrer gemütlichen Sitzecke sicherlich zum Blickfang werden. Das streng geometrische Muster ist in Farben gehalten, die in fast jede Umgebung passen.

93 Die blau-roten Diagonalen auf dem Mittelstück des Läufers (40 x 111 cm) werden durch die eingestreuten Einzelmotive unterbrochen. In der Randbordüre sind Hakenmotive aus klassischen Teppichmustern verarbeitet.

91 + 92

Ausgefallene Farbstellungen für Kelim

94 Ein großes Sitzkissen (75 x 75 cm) macht das Schmökern oder Plattenhören noch bequemer. Es ist mit Sudan-Wolle gestickt. Die Rückseite wird aus farblich passendem Cord oder Leder gearbeitet.

95 Ein Deckchen (30 x 30 cm) als Unterlage für schwere Schalen oder Krüge auf wertvollen Möbelflächen. Es zeigt vier Einzelmotive, die von mehreren schmalen Börtchen umrahmt sind.

96 Eines der bekanntesten Motive alter Teppichmuster ist der «Laufende Hund». Hier erscheint er als Einzelmotiv über die ganze Teppichfläche (71 x 121 cm) verteilt und wiederholt sich noch in der Randbordüre.

Muster, deren Ursprung im Balkan liegt

Muster dieser Art, die stark von der strengen Linie der kaukasisch-turkmenischen Teppiche beeinflußt sind, entwickelten sich auf dem Balkan während der türkischen Herrschaftszeit.

97 Der 90 x 130 cm große Teppich kann auch nach dem farbigen burda-Zählmuster 393 gestickt werden.

98 Das Rot verleiht dem Tischläufer (31 x 62 cm) seine frische Leuchtkraft.

97

99 ▶

98

99 Bei dieser schönen Kelimbrücke (88 x 145 cm) schaffen die kleinen roten Tupfer einen weichen Übergang vom roten Mittelspiegel zum weißen Feld, das ringsum von Borten eingerahmt ist.

Ornamentik und Symbolik nach klassischen Vorbildern

100 Die Brücke (64 x 119 cm) in moderner Farbstellung hat ein Zinnenmuster als Bordüre. Die Innenfläche ist mit diagonal verlaufenden Motiven ausgefüllt. Diese Aufteilung des Mittelstücks durch diagonale Linien trifft man häufig bei Teppichen aus Daghestan an, einer Provinz im Kaukasus.

101 Ein zähneflet-schender Drache ist der Mittelpunkt des sich in Ornamenten, wie man sie von den Reliefs an Maya-Tempeln kennt, auflösenden Wand-behangs (90 x 161 cm). Durch die harmoni-sche Farbzusammenstel-lung zerfällt der Hin-tergrund nicht in einzelne Linien, sondern wirkt als geschlossene Fläche.

101

102

Grafische Elemente dominieren

102 Drei Lebensbäume, unterbrochen von Blumen, zeigt dieser kleine Wandbehang (32 x 58 cm), den man endlos verlängern könnte (Rapport = 17,5 cm). Die Anregung hierzu stammt von einem gewebten Vorbild. Es wird mit feiner Kelim-Wolle auf Aida-Stramin gestickt.

103 Ein Teppich von mehr als 4 qm Größe ist etwas für besonders eifrige Kelim-Fans. Die beiden Motive der Innenfläche können auch anderweitig Anwendung finden: auf Tischläufern, Kissenplatten oder Taschen.
Der Teppich in den gediegenen Braun-Tönen bildet zusammen mit den naturfarbenen Möbeln eine schöne Farbharmonie.
Trotz der gedeckten Farben wirkt das Muster durch den geschickten Farbwechsel sehr lebhaft. Eine Farbvariante dieses Modells ist gut vorstellbar.

Tasche und Läufer im selben Muster

104 Die Reisetasche (32 x 50 cm), nach einem Ausschnitt des Musters vom Tischläufer gestickt, ist in modischen Braun-Tönen gehalten. Rückseite, Steg und Bügel sind aus braunem Wildleder.

104

105 Auf feinerem Stramin als die Tasche wird der Tischläufer (45 x 88 cm) gestickt. Die Mittelmotive haben verschiedene Farbstellungen, ihre Anzahl kann beliebig variiert werden.

106

106 Bei diesem Tischläufer (51 x 111 cm) sind die roten Stufenvielecke und die goldfarbenen Quadrate versetzt angeordnet. Als verbindendes Element erscheint in der Motivmitte jeweils eine weiße Raute.

105

109

107 + 108 Diese Kissenplatten mit dem Kamel (23 x 30 cm) auf grünem Fond und dem Pfau (27 x 27 cm) auf rostfarbenem Grund werden von Samtblenden umrahmt.

109 Die Zeitungstasche (59 x 60 cm) mit den Tiermotiven (Fasan, Truthahn, Hahn, Hund), die durch Borten getrennt sind, wird mit Polsternägeln auf einer mit Leder überzogenen Holzplatte befestigt.

107 + 108

Stilisierte Tiere und einfache, klare Rautenmuster

Kelims wurden zuerst von den Nomaden gearbeitet, die sie als Schmuck und Kälteschutz für ihre Jurten herstellten. Die primitive Webtechnik erlaubte jedoch nur grafische Motive, die noch heute in den Kelimmustern dominieren.

110 Zu vielen Einrichtungen, besonders zu Möbeln aus naturfarbenem Holz, paßt dieser schlichte, sparsam gemusterte Teppich (82 x 140 cm) ganz ausgezeichnet.

© Irene Romeo

STOFFDRUCK UND BATIK

Stoffmalerei ist nicht nur Maltalenten vorbehalten. Nach einer guten Vorzeichnung können durchaus auch „Sonntagsmaler" zufriedenstellende Resultate erzielen.

LEHRGANG
Stoffmalerei

Probieren geht über studieren! Versuchen Sie's doch für den Anfang mit einer kleinen Blüte oder einem Ornament. Anregungen bietet unser Lehrgang!

Mit unserem Lehrgang wollen wir nicht nur den Maltalenten zeigen, wie leicht es ist, nach einer Stickereivorzeichnung, ja sogar nach Zählmustern zu malen, sondern auch allen jenen Mut machen, gelegentlich zu Pinsel und Farbe zu greifen, die bisher meinten, dazu müsse man überdurchschnittlich begabt sein. Die Industrie macht es allen leicht, die sich mit Stoffmalerei beschäftigen wollen: Die Auswahl an Farben ist groß und die Qualität so beschaffen, daß – hält man sich exakt an die aufgedruckte Gebrauchsanweisung – sogar eine begrenzte Waschbeständigkeit garantiert ist.

Welche Stoffe eignen sich zum Bemalen?

Die wenigsten Probleme hat man mit hellen, feinfädigen Stoffen aus Baumwolle, Nessel oder Leinen. Synthetische Stoffe oder Mischgewebe, bei denen der Synthetikanteil überwiegt, sind nur eingeschränkt zu empfehlen, denn die „Farbechtheit" kann nicht garantiert werden. Bei Verwendung dunkler Stoffe ist zu berücksichtigen, daß die Farben viel dicker aufzutragen sind als auf hellen Stoffgrund und daß der „Farbwert" mitunter vom Stoffgrund beeinträchtigt werden kann (bei zu dünner Bemalung „schlägt" die Stoffarbe durch).

Manche Firmen bieten für mittel- und dunkelfarbige Stoffe Deckfarben an (z. B. DEKA-Permanentdeckfarben). Für ihre Anwendung gibt's keine besonderen Mal-Vorschriften. Aus neuen Stoffen sollte man die Appretur auswaschen – mit ihr könnten sich nämlich die Farben verbinden, und bei der ersten Wäsche würden sie zusammen mit der Appretur ausfließen. Stoff vor dem Bemalen natürlich wieder sorgfältig glatt bügeln! Nur Stoffe bemalen, die wieder hundertprozentig trocken sind!

Auch fertige Gegenstände können bemalt werden, wie z. B. Kopftücher, Blusen, T-Shirts, Taschentücher u. ä. (Appretur vorher ebenfalls auswaschen).

1

4a

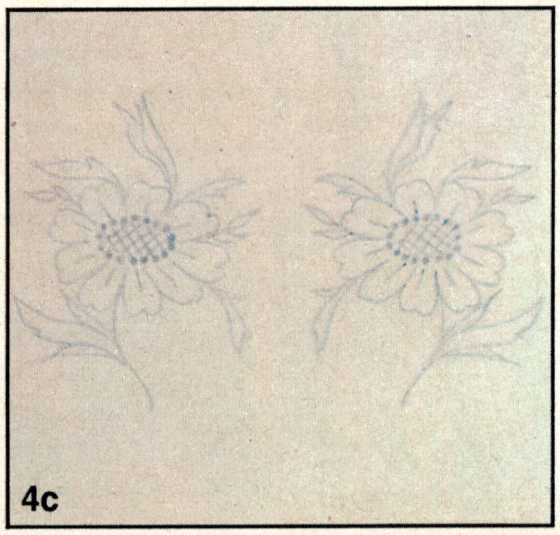
4c

2

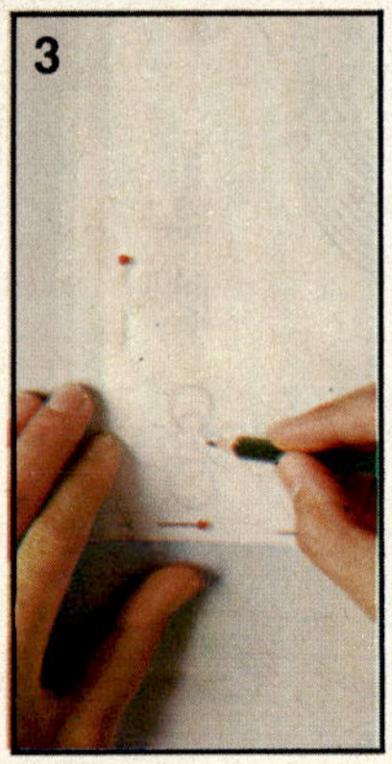
3

4b

5

Muster vorzeichnen

Wer kein Malgenie ist, wird mit gebotener Sorgfalt die Vorzeichnung auf den Stoff bzw. die „Malunterlage" übertragen. Am einfachsten geht's mit einem Bügelmuster, Abb. 1. Multi-Bügelmuster sind in erster Linie für glatte, helle Stoffe vorgesehen. Bügelmuster für einmaligen Gebrauch kann man auch für dunkle Stoffe benützen.

Abb. 2 zeigt eine Bordüre, die aus Motiven eines Multi-Bügelmusters zusammengesetzt ist.

Muster durchzeichnen: Auch ein bereits abgebügeltes Muster und natürlich jede x-beliebige Stickereivorzeichnung kann als Vorlage dienen. Auf hellen Stoff kann in der Regel das Muster durchgezeichnet werden, Abb. 3 – man kommt also ohne Kopierpapier aus. Besser ist es, bei der Verwendung von Kopierpapier helles zu wählen (Abb. 6a); dunkle Musterlinien müssen dicker übermalt werden.

Mit Bügelmusterstift vorzeichnen: Mit dem DEKA-Bügelmusterstift spart man einen Arbeitsgang. Man überträgt die Vorzeichnung mit dem gut gespitzten Spezialstift auf Transparentpapier, Abb. 4a, und benützt diese Zeichnung wie ein Bügelmuster (Gebrauchsanleitung in allen Punkten beachten). Mit ein bißchen Fingerspitzengefühl sind zwei Abdrucke zu erzielen. Will man ein Motiv gegengleich anordnen, zieht man – nach dem Abbügeln – das Muster auf der Papierrückseite mit dem Spezialstift nach und bügelt es dann in gewünschter Anordnung auf, Abb. 4b; Abb. 4c zeigt die Blüten „gekontert".

Auch Zählmuster, von denen man die Motivkonturen deutlich ablesen kann, können als Vorlage dienen. Voraussetzung ist, daß die Größe des Zählmusters mit der Stoffmalerei in Einklang zu bringen ist. Ebenso kann auch jeder Bild-Druck zur Stoffmalerei anregen.

Endlich malen!

Der glatt gebügelte Stoff wird straff gespannt, auf der Malunterlage (Zeichenbrett, Holztisch) – exakt fadengerade (am besten mit Reißnägeln) – befestigt. Zwischen Stoff und Unterlage schiebt man saugfähiges Papier, das überflüssige Farbe aufnimmt (Haushaltspapier oder einige Lagen Seidenpapier, evtl. Molton).

Zum Reinigen der Pinsel stehen 2 Gläser mit sauberem Wasser bereit. Klar, daß für dünne Linien und zum Konturieren feine Haarpinsel und für Flächen mittelfeine bis breite Pinsel griffbereit sind.

Nimmt ein Motiv eine geschlossene Fläche ein, wie z. B. die Landschaft lt. Abb. 6a und b, malt man zunächst immer den Hintergrund und in die ausgesparten Flächen die „Szene", siehe Abb. 6a. Bildet der Stoff den Fond, malt man zunächst alle Details der einen Farbe, ehe man mit der nächsten Farbe beginnt, siehe Abb. 7a.

Die Abb. 8a, b und c (Seite 88) zeigen, wie sehr mit Farben „gespielt" werden kann, Ton-in-Ton, Folklorefarben oder kunterbunt, ganz wie es gefällt! Es lohnt, vorher kleine Farbproben zu machen, und dabei ist zu bedenken, daß nasse Farben in der Regel dunkler wirken als trockene.

Die fertige Malerei muß zunächst trocknen, und dazu muß man ihr Zeit lassen!

7b

Nach einer Zählvorlage ist die Vorzeichnung auf Transparentpapier laut Abb. 5 durchzuzeichnen und dann auf Nessel oder feinfädiges Grasleinen zu übertragen

Mit Farben aus der Tube malen

Der Stoff wird wie oben beschrieben befestigt oder lt. Abb. 9a (Seite 88) in einen Rahmen gespannt. Die Farbe (Colormaid) wird direkt aus der Tube, die dabei senkrecht zu führen ist, aufgetragen. Besonders geeignet, wenn man nur die Konturen malen will (Abb. 9b), aber auch flächenfüllend anzuwenden, siehe Abb. 9c (Seite 88).

Farben „waschecht" präparieren

Die Industrie bietet Farben an, die man licht-, wasch-, kochecht und waschmaschinenfest präparieren kann (z. B. Deka, Lucas, Wacolux). Das geschieht durch einfaches Überbügeln auf der Stoffrückseite (Abb. 10a, Seite 88). Das Automatic-Bügeleisen ist dabei auf die Temperatur der bemalten Stoffqualität eingestellt (da Synthetiks in der Regel nur eine niedrige Bügeltemperatur vertragen, ist auch die Malerei nur begrenzt waschbeständig zu machen, siehe Seite 86!). Genauso ist auch beim Schablonieren zu verfahren.

Mit Stickerei kombinieren

Im Bild lt. Abb. 6c sind nachträglich (nach dem Bügeln) Details aufgestickt – Früchte aus Knötchenstichen, Blüten mit Spann-, Margeriten- und Plattstich. Die Stiele sind teils im Kettenstich und teils im Stielstich ausgeführt.

Im Leberblümchenmotiv lt. Abb. 7c sind alle Stiele in Stielstich und die kleinen Blättchen in Margeritenstich ausgeführt. Knötchenstiche anstelle der gemalten Staubgefäße. Über Blattkonturen und Blattrippen ist ganzfädiger Twist gelegt, der mit kurzen Überfangstichen aus geteiltem Twist aufgestickt wird.

Mit Schablonen malen

Ist vorgesehen, eine Stoffmalerei fortlaufend zu wiederholen, lohnt es vielleicht, Schablonen anzufertigen (für einfarbige Malerei natürlich nur eine Schablone).

Schablonen fertigt man am besten aus Klarsichtfolie an. Die Vorzeichnung wird daruntergelegt. Zum Ausschneiden verwendet man ein Papierschneidemesser, Abb. 11a (Seite 88). Aber auch Zeichenkarton und Metallfolie sind geeignet.

Das Schablonieren wird an Hand einiger Details aus dem Motiv von Seite 89, Abb. 12b erklärt. Für die Figur genügen 3 Schablonen, obwohl fünffarbig gemalt wird. Eine 6. Farbe könnte hinzukommen, denn Hut und Schürze könnten verschieden gefärbt werden. Es ist übersichtlich, wenn man in die Vorzeichnung die Flächen jeder Schablone mit Ziffern kennzeichnet, siehe Abb. 11a (1 = weiße Bluse, roter Rock, 2 = grüner Hut, grüne Schürze, braune Schuhe, 3 = Hautfarbe). Stoßen also Farbflächen nicht direkt zusammen, kann man sie in eine Schablone einbeziehen (natürlich muß bei schmalen „Stegen" vorsichtig gemalt werden, z. B. zwischen Schürze und Schuhen).

Beim Malen preßt die linke Hand die Schablone fest auf den Stoff, der wie oben beschrieben befestigt ist. Zum Übertragen der Farbe dient ein Schablonierpinsel, mit dem die Farbe mehr aufgetupft als gemalt wird oder ein Tupfset von Colormaid Abb. 11g (Seite 88). Als Ersatz kann auch ein fest zusammengerolltes Stück Schaumstoff verwendet werden, als Griff dient ein länglicher Tubenverschluß oder Bleistiftverlängerer.

Entweder liegt für jede Farbe ein Pinsel bereit, oder der Pinsel muß jedesmal sehr gründlich gereinigt werden. Ehe man die Farben mit der nächsten Schablone aufträgt, muß die Farbe aus dem vorherigen Malprozeß angetrocknet sein (Abb. 11d, Seite 88). Dünne Farbe muß an den Konturen sparsam aufgetragen werden, damit sie nicht unter den Schablonenrad fließen kann. Abb. 11h (Seite 88) zeigt das fertige Motiv.

6a

6b

6c

7a

7c

8a

8b

8c

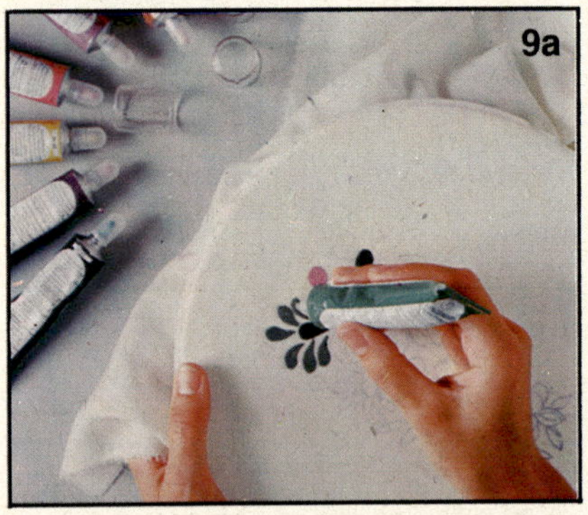
9a

Farbe vor jeder Verwendung schütteln! Will man dunklen Stoff bemalen und vermeiden, daß die Farbe durchschlägt, werden die Flächen zunächst weiß grundiert und nach dem Trocknen in vorgesehener Farbe übermalt. Wer feinlinige Einzeichnungen, z. B. Staubgefäße in großen Blüten, nicht „freihändig" aufmalen will, überträgt die Vorzeichnung mit weißem Kopierpapier über der gemalten Fläche.

9b

9c

10a

11a

11b

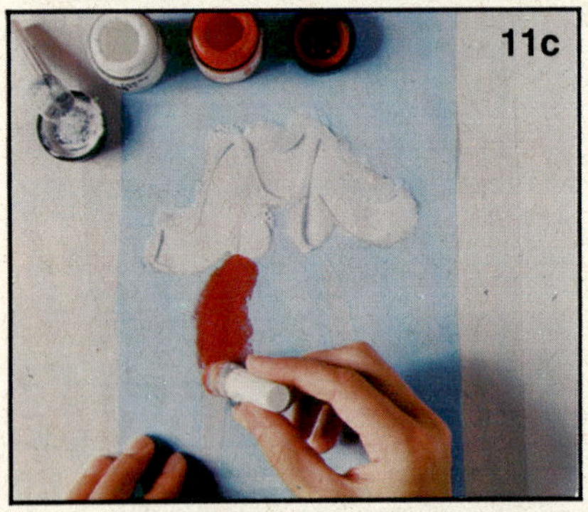
11c

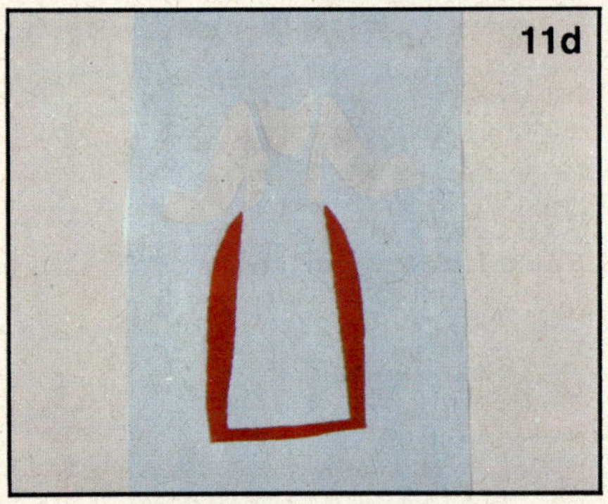
11d

11e

11f

11g

11h

Abb. 12a: Für die Gänse sind 3 Schablonen anzufertigen (1 = weiß, 2 = grau, 3 = rot). Für jede Farbe also eine Schablone! Um gleiche Abstände zwischen den Motiven einhalten zu können, läßt man z. B. am linken Rand der Schablone für Weiß so viel Folie überstehen, daß damit der Abstand exakt festgelegt ist, wenn der Folienrand bei der Wiederholung direkt an die rechts stehende Gans angelegt wird.

Abb. 12b: Das rechts stehende Gänse-Trio kann evtl. mit der gründlich gereinigten Schablone der linken Gruppe aufgemalt werden (sogar unverändert, wenn man dem grauweißen Paar den Vortritt läßt). Die Augen werden mit einem Tupfer Rot betont, den man mit einem feinen Haarpinsel über dem getrockneten Weiß aufträgt.

Abb. 13a, b: Auch auf Karostoff kann „schabloniert“ werden. Das Stoffkaro bietet gute Anhaltspunkte für die regelmäßige Aufteilung der Blüten und Blätter.

Abb. 14: Eine Kombination aus Abb. 12 und Abb. 13. Hier kann die Schablone für die gegengleiche Gruppe – bis auf den Schnabel, den man „frei“ mit feinem Pinsel aufmalen würde – unverändert übernommen werden.

12a

12b

13a

13b

14

Tip:

In der Regel werden Stoffmalfarben unverdünnt direkt aus dem Glas, aus der Tube verwendet. Helle Töne kann man durch Mischen mit Weiß oder „Farblos“ erzielen, dunklere Töne durch Hinzufügen von Braun oder Schwarz.

Zum Mischen der Farbe kann man, sofern nur kleine Mengen gebraucht werden, den Dosendeckel nehmen. Da man nicht immer auf Anhieb die richtige Dosierung trifft, lohnt es, eine kleine Malprobe auf einem Stoffrest auszuführen (er muß natürlich von gleicher Qualität sein wie der für die Malerei vorgesehene).

Größere Flächen malt man mit einem Rund- oder einem breiteren Flachpinsel, dünne Linien mit einem feinen Haarpinsel oder der Schmalseite eines Flachpinsels. Da man's gewohnt ist, mit der rechten Hand zu malen, gelingen Konturen, die links im Bild liegen, besser als die an der Gegenseite. Um ein gleichmäßiges Resultat zu erzielen, dreht man die Arbeit einfach um (für Linkshänder gilt natürlich genau das Gegenteil).

Treffen 2 Farben in scharfer Abgrenzung nebeneinander, immer die zweite Farbe erst dann auftragen, wenn die erste angetrocknet ist. Das gilt auch, falls eine Farbe über die andere gemalt werden soll – die erste Farbschicht muß trocken sein, ehe die zweite aufgetragen werden kann. Nur wenn fließende Übergänge erwünscht sind, wird „naß in naß“ gemalt.

Selbst Färben und Gestalten heißt hier die Devise. Das nötige „know how" für eines der interessantesten Hobbys wollen wir Ihnen hier näherbringen oder einfach wieder in Erinnerung rufen.

LEHRGANG

Batik

Batik, ein traditionsreiches Textilveredelungsverfahren, hat seinen Ursprung im Orient, vor allem in Java, der Heimat der Wachsbatik. Der Begriff Batik entstammt dem javanischen Wort Ambatik, was zeichnen oder schreiben bedeutet. Bei diesem Verfahren werden mit Wachs feine Linien und Muster auf den Stoff gezeichnet.

Das Färbeverfahren entwuchs dem Farb- und Schmuckbedürfnis der Menschen und ermöglichte es, fantasievolle Muster in Stoffe zu färben. Die teilweise überlieferten Ornamente, die stark von der Religion beeinflußt wurden, waren geschützt, die reich gemusterten Stoffe waren ursprünglich der herrschenden Klasse vorbehalten. Da man in früheren Zeiten ausschließlich mit Farbstoffen aus der Natur färbte, vorwiegend mit Pflanzensäften, wie z. B. Indigo, zog sich das Färben der kostbaren Sarongs oder Tücher oft über Monate hinweg. Durch die Entwicklung chemischer Farben können wir heute diesen Vorgang wesentlich verkürzen, und es steht uns eine reichhaltige Farbpalette zur Verfügung. Die meisten Farben mit ihren entsprechenden Fixiermitteln zeichnen sich auch durch eine hohe Licht- und Waschbeständigkeit aus, so daß sich gebatikte Stoffe sowohl für Kleidungsstücke als auch für dekorativen Wandschmuck eignen.

Batik beruht auf dem Prinzip, durch Reservierung an den zu musternden Stellen das Eindringen der Färbeflüssigkeit zu verhindern, d. h. nur an den freibleibenden Stellen nimmt die Faser den Farbstoff auf. Je nachdem wie oft der Färbevorgang wiederholt wird, entstehen vielfarbige Muster. Zum Färben geeignete Stoffe sind Seide, Baumwolle und leichte Wollstoffe. Am besten legt man sich einen Färbeplan zurecht, d. h. man legt die Farben fest und ihre Reihenfolge. Dabei muß unbedingt die Farbmischung berücksichtigt werden, so ergibt z. B. ein Rot, das in Grün getaucht wird, ein Braun. Man beginnt immer mit der hellsten Farbe, setzt nach jedem Färbevorgang eine neue Reservierung ein, d. h. trägt Wachs auf und arbeitet bis zur dunkelsten. Das Reservierungsverfahren mit Wachs bietet die reichhaltigsten Mustermöglichkeiten. Das Wachs wird mit einem Pinsel (vor allem bei großen Flächen) oder mit einem Tjanting, einem Gießröhrchen mit einem Wachsbehälter, das feine Linien ermöglicht, aufgetragen. Beim Wachsauftrag muß der Stoff gespannt sein und darf nicht auf der Arbeitsfläche aufliegen. Hierfür bietet der Handel spezielle Batikrahmen, die durch Einkerbungen in der Größe variabel sind, an, es eignet sich jedoch auch ein einfacher Bilderrahmen oder ähnliches.

Das Wachs wird am besten im Wasserbad erhitzt, dies gewährt eine gleichbleibende Temperatur und vermindert die Brandgefahr. Die aufgetragene Wachsspur muß durchsichtig und fettartig sein, dann dringt das Wachs ganz und mit der richtigen Temperatur ins Gewebe ein. Am besten eignet sich das geschmeidige Bienenwachs mit seinem hohen Schmelzpunkt, was auch ein heißeres Farbbad ermöglicht. Paraffin, das leicht bröckelt, wird hauptsächlich eingesetzt, wenn man die für Batik typischen Risse, die sogenannten „Krakelüren", hervorheben will. Der Handel bietet eine spezielle Mischung als Batikwachs an.

Im Bereich der Batik gibt es noch andere Reservierungsverfahren und Färbemethoden. So wird z. B. bei „Plangi" der Stoff an den gewünschten Stellen fest abgebunden, so daß dort keine Farbe eindringen kann. Bei „Tritik" wird der Stoff in vielen Fältchen gelegt und mit Stichen festgehalten. Eine alte Reservierungsmethode mit Wachs ist die „Tjap"-Batik, bei der man mit Hilfe kunstvoll geschnitzter Holzstempel ein ganzes Motiv mit einem Abdruck auf den Stoff bringen kann.

Welche Technik auch immer Sie sich aussuchen, Batik regt immer wieder zum Spiel mit Farben und Formen an und ist für jeden, der gerne mit textilem Material gestaltet, ein interessantes Hobby.

1. Zunächst wird auf Papier ein Entwurf angefertigt. Nur die Konturen bzw. die Abgrenzungen der Farbflächen werden deutlich gemacht. Für Anfänger empfiehlt sich ein farbiger Entwurf, damit die Reservierung übersichtlicher wird.

2. Das Gewebe, in diesem Fall Baumwollbatist, wird auf den Entwurf gelegt, und mit einem weichen Bleistift werden alle Konturen übertragen. Ist das Motiv so nicht gut zu erkennen, kann man die Konturen mit Schneider-Kopierpapier übertragen.

3. Jetzt kann der erste Wachsauftrag mit dem Tjanting oder feinen Pinsel erfolgen. Es werden zuerst alle Linien und Flächen, die weiß bleiben sollen, mit heißem Wachs abgedeckt. Das Wachs hierzu am besten im Wasserbad erhitzen.

4. Das Gewebe wird in das erste Farbbad „Gelb" (Farben z. B. von Deka) gelegt. Das Farbbad wird jeweils nach Gebrauchsanweisung vorbereitet. Die Farbintensität wird durch die Färbedauer beeinflußt, je länger die Farbe einwirken kann, desto intensiver ist sie. Für eine gleichmäßige Farbaufnahme empfiehlt es sich, die Stoffe vorher mit kaltem Wasser anzufeuchten. Gefärbtes Teil aus der Farbflotte nehmen und die überschüssige Farbe unter fließendem Wasser auswaschen, bis dieses klar bleibt.

5. Wenn die erste Farbe getrocknet ist, kann der zweite Wachsauftrag erfolgen. Alle Flächen, die gelb bleiben sollen, werden mit Wachs abgedeckt. Die zweite Farbe ist „Scharlach", das zusammen mit der ersten Farbe Orange ergibt.

6. Nun alle Flächen, die Orange bleiben sollen, mit Wachs abdecken. Gewebe in das nächste Farbbad „Rubinrot" legen und anschließend wieder auswaschen und trocknen lassen. Wird der Stoff beim Auswaschen geknittert, entstehen Krakelüren.

7. Vor dem letzten Farbbad „Dunkelbraun" werden in diesem Fall die Blätter noch mit Wachs abgedeckt. Restliche Farbe gut ausspülen und trocknen lassen.

8. Ist der Vorgang des Färbens abgeschlossen, muß das aufgetragene Wachs entfernt werden. Hierzu das Motiv zwischen mehrere Lagen Zeitungspapier oder Seidenpapier legen und dieses so lange vorsichtig überbügeln, bis das Wachs vollständig herausgeschmolzen ist.

Einfach mit der Schablone gedruckt

110A

110A Für Liebhaber der französischen Küche: Schnecken schmecken noch einmal so gut, wenn der Tisch mit den passenden Sets dekoriert werden kann.

111 Was man mit nur einem Motiv von 13 x 13 cm Größe alles anfangen kann, ist schon erstaunlich. Paravent, Bettdecke und Kissen geben Ihnen sicherlich Anregungen für weitere Dekor-Möglichkeiten, z. B. passende Gardinen. Das filigrane Muster wirkt ruhig und anspruchsvoll.

111

112 Was am Wegesrand, im Wald und auf Wiesen wächst, ist wert, gesammelt zu werden. Mit Gräsern, Rispen und Farnen, die gepreßt werden, lassen sich auf einfache Weise Gegenstände wie dieser Lampenschirm hübsch dekorieren. Das Trockenmaterial wird auf eine in Form geschnittene Lampenschirmfolie geklebt und mit Japanpapier überzogen. Wie das gemacht wird, erläutern wir ausführlich in der Anleitung.

112

Gräser und Farne geben den Ton an

113 Für das unten abgebildete Waldwiesen-Motiv gibt es auch das burda-Bügelmuster 650/003. Mit Stoffmalfarben ist es rasch ausgemalt. Mit dem Motiv kann auch ein Überhandtuch bestickt werden.

114 Die Spring-Rollos aus Synthetik-Stoff erhalten als Schmuckelement Gräser und Farne. Diese werden mit Bügelfarben (Deka) aufgebügelt.

114

113

115

116

Schöne Motive schnell gemalt

115 Hier haben wir auch einmal diejenigen berücksichtigt, die Selbstgemachtes lieben, aber keine Zeit für arbeitsintensive Handarbeiten haben. Solch eine schöne Decke ist ganz schnell gezaubert, denn die großflächigen Motive sind gemalt. Dafür übertragen Sie die originalgroße Zeichnung von unserem Bogen auf Papier und tragen darauf die Stoffmalfarbe (Deka) auf. Dieses Papier können Sie nun wie ein Bügelmuster benutzen und es, so oft Sie wollen, auf den Stoff aufbügeln. In der gleichen Technik können Sie alle unsere Stickzeichnungen zu Stoffmalereien umwandeln.

116 Auf dem Set wiederholt sich noch einmal das florale Motiv der Decke. Wer möchte, kann es natürlich auch sticken.

117

Batik-bilder mit Tier-motiven

117 + 118 Eule und Pferdchen sind schon zwei anspruchsvollere Motive, die einiges an Können voraussetzen. Originalgroße Musterzeichnungen zum Übertragen der Konturen finden Sie in der Anleitung. Beim Wachsauftragen und den einzelnen Färbungen werden aber die Modellbilder auf diesen Seiten die eigentliche Unterstützung bieten. Auf dem farbigen Bild sehen Sie nämlich viel leichter, wo noch ein Pünktchen in Orange, eine Linie in Rostrot usw. reserviert werden muß. Mit dem nächsthöheren Schwierigkeitsgrad kommt allerdings auch eine kleine Erleichterung: Versehentliche kleine Wachskleckse können ganz unauffällig mit in das Bild einbezogen werden. Das Wandbild mit der Eule hat ein Format von 38 x 40 cm, das mit dem Pferdchen von 30 x 50 cm.

118

Bilder aus der Märchen welt

119 + 120 Hier sehen Sie zwei Beispiele für freies Gestalten. Je sicherer Sie die Technik des Batikens beherrschen, desto leichter wird es Ihnen fallen, eigene Entwürfe zu machen und auch zu realisieren. Vielleicht hat es Ihnen gerade eines dieser Bilder angetan, und Sie möchten es gern nacharbeiten. Die Originale haben die Maße 35 x 70 cm bzw. 60 x 70 cm. Sie sind auf Baumwollbatist gefärbt. Auf festen Karton gespannt und mit einem Rahmen versehen, wirken diese Batiken sehr dekorativ.

120

121

Wie wäre es mit einem eigenen Marktstand?

121 Man riecht förmlich den Duft der rotbackigen Äpfel, die so freundlich zum Verkauf angeboten werden: Äpfel im Apfel. Eine hübsche Idee für einen kleinen Wandbehang, der sicher viele Liebhaber finden wird. Er ist 62 x 58 cm groß. Hier ist der Farbaufbau Weiß, Gelb, Orange, Rot und Schwarz. Die ausgeprägte Äderung belebt die großen Flächen.

122

Zwei nette Gefährten aus dem Busch

122 Die Elefantenmutter trottet mit ihrem Jüngsten gelassen durch den Urwald. Diese Batik auf feinem Batist stellte uns eine Leserin zur Verfügung. Als echter Batik-Fan ständig auf der Suche nach hübschen Motiven, begegnete sie diesen beiden Dickhäutern. Die Zähne der Elefantendame sind übrigens nicht gemogelt: Hier wurde ein ganz zarter Rand ohne Wachs gelassen. Format des Wandbildes: 30 x 30 cm.

123

Fische für Sets

123 Beide Fische sind mit dem Tjanting entstanden. Das Wachspfännchen mit dem feinen Ausflußröhrchen ist nach einiger Übung leicht zu handhaben. Die Linien werden exakt, wenn Sie schnell arbeiten. Alle Flächen mit dem Pinsel ausmalen.

Feine Linien kann man sowohl mit dem Pinsel als auch mit dem Tjanting ziehen. Für freies Zeichnen ist das Wachspfännchen jedoch wesentlich besser geeignet.

Zum Auffüllen von Flächen ist ein Pinsel unerläßlich. Für große Grundflächen hat sich ein breiter, flacher, nicht zu weicher Kuchenpinsel bewährt.

Hier ein Spezial-Tjanting mit vier Ausflußröhrchen. Zwar erfordert es schon einige Übung, auch wirklich vier parallele Linien zu ziehen, aber es gelingt.

124

125

Große und kleine Kreise auf einem Seidentuch von 90 x 90 cm Größe

Blätter und Kreise in warmen Herbstfarben

124 + 125 Wie hingestreut liegen die Blätter auf dem Tischtuch aus Nessel. Es wurde in den gleichen Farbbädern wie das Seidentuch gefärbt. Hieran sieht man, daß auf verschiedenen Stoffen die Farbwirkung jeweils anders ist. Auf Seide wird eine größere Leuchtkraft erreicht, als auf anderen Stoffen.

126

126 Wie wäre es mit einem supergroßen Tuch für den Strand? Je nach Lust und Laune kann es gewickelt oder geschlungen werden. In jedem Fall wird es viele bewundernde Blicke auf sich ziehen. Die zarte Seide dieser Wickelbatik wurde in Violett und Bordeauxrot gefärbt.

Große und kleine Kreise sind willkürlich über das ganze Tuch verteilt

Vom Wickeln und Einknüpfen

Eine Variante ist das Einbinden oder Einknüpfen von kleinen Gegenständen wie Steinchen, Knöpfe, Hülsenfrüchte und viele andere Dinge mehr. Die Wirkung beruht auf der Tatsache, daß die verschiedenen Formen jeweils andere Muster hervorrufen. Ein längliches Steinchen ergibt eine Ellipse, der Knopf einen Kreis, Reiskörner kleine Tupfen. Wichtig ist auch hier, daß Sie beim Abbinden die Schnur ganz fest anziehen und verknoten, so daß auch bei winzigen Objekten eine exakte Zeichnung entstehen kann. Je breiter Sie wickeln, desto größer das Motiv.

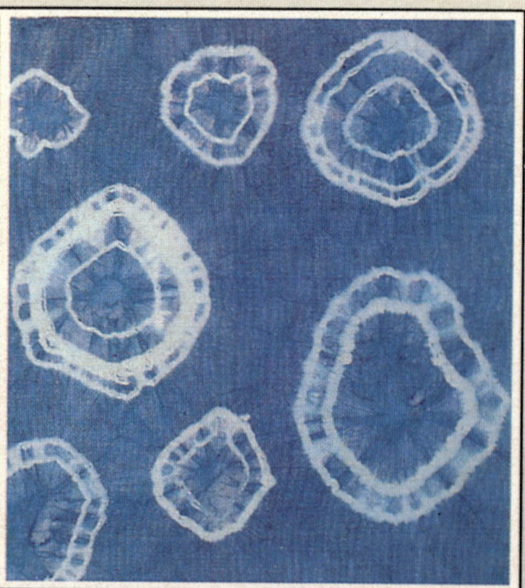

Batiken mit Nadel und Faden

127 Tritik oder Nähbatik ist eine weitere schöne Möglichkeit, die das große Thema Batik bietet. Jetzt tritt der Zufall ein wenig in den Hintergrund, denn man kann die Motive selbst bestimmen. Die großen, weißen Blüten, um eine hellrote Sonne gruppiert, werden mit nicht zu kleinen Stichen auf vorgezeichnete Konturen geheftet (siehe Werkfoto unten). Wenn alle Heftungen fertig sind, zieht man die Fäden ganz fest zusammen und verknotet sie. Die entstandenen Stoffbeutel sollen alle auf derselben Seite liegen. Weißes Hanfgarn oder Knopflochseide ist für diese Arbeit geeignet.

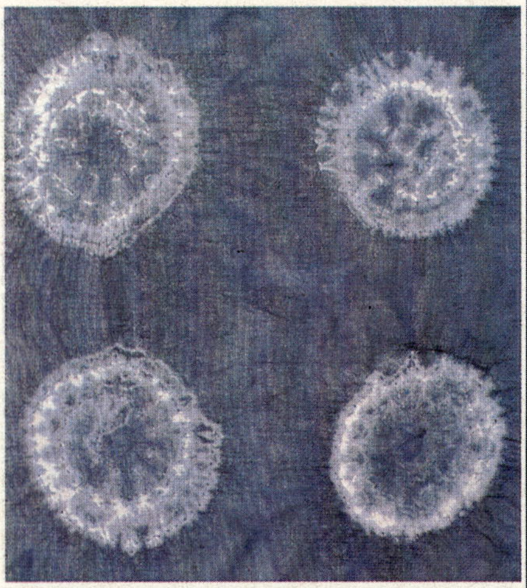

127

© Textilentwurfsatelier Walendy

SEIDENMALEREI

LEHRGANG

Seidenmalerei

Die Seide wird auf einen Rahmen, der durch Einkerbungen oder Schrauben regulierbar ist, mit Stiften oder Klebeband aufgespannt. Gutta, eine Gummilösung, die es in Farblos, Gold oder Silber gibt, wird mit Hilfe eines Gutta-Liners und einem entsprechenden Pen oder direkt aus der Tube aufgetragen. Alkohol und Salz werden für spezielle Effekte benötigt. Zum Auftragen der mit Wasser verdünnbaren Farben braucht man für kleine Flächen Pinsel oder Wattestäbchen, für größere Flächen Wattebäusche, die mit einer Klammer gehalten werden.

1 Das Motiv wird auf Transparentpapier gezeichnet und mit Kopierpapier, Bleistift oder Bügelstift auf die Seide übertragen.

2 Die Seide wird straff und gleichmäßig auf einen Rahmen gespannt.

3 Die Konturen mit Gutta nachfahren und gut trocknen lassen.

4 Farbe in die entsprechenden Felder auftragen.

5 Der Hintergrund wird mit einem in Farbe getränkten Wattebausch eingefärbt.

Interessante Effekte durch Alkohol

Dieser Ausschnitt zeigt Seidenmalerei ohne Gutta in der Aquarelltechnik. Die Farben werden noch naß nebeneinandergesetzt, so daß sie ineinanderlaufen können. Da die Farbe sehr schnell trocknet, empfehlen wir, die Fläche vorher anzufeuchten. Soll eine Farbe auf dem Untergrund stehen, muß dieser trocken sein. Bringt man auf eine trokkene Farbfläche einen Tropfen Alkohol, so schiebt dieser die Farbpigmente zurück, und es entstehen helle Flekken mit dunklen Farbrändern. Dies ist z. B. bei der Baumkrone besonders deutlich, wo sich auch zeigt, daß Farbmischungen wieder voneinander getrennt werden können.

128 +129 Diese beiden 42 x 42 cm großen Bilder bestechen durch ihre plastische Wirkung. Es erfordert schon etwas Fingerspitzengefühl, die Farben nach und nach ganz zart aufzuhellen. So steht hier stets der dunkelste Ton der einen Farbe unmittelbar neben dem hellsten der zweiten. Es ist dieser Kontrast, der die Farben so leuchten läßt. Wo sich die mittleren Tonwerte gegenüberliegen, scheint sich die Fläche dem Betrachter fast entgegenzuwölben.

128

129

131

130

Grafik
SPIEL IN FORM UND FARBE

130 Der farbenprächtige Stern, der hier zu einem Kissen von 40 cm ∅ verarbeitet wurde, könnte ebenso hinter Glas als dekorativer Wandschmuck aufgehängt werden.

131 Die raffinierte Komposition von Blautönen mit der Kontrastfarbe Orange gibt dem 42 x 53 cm großen Stadtbild die interessante Note.

132

Fröhliches

MOTIVE AUS DER NAIVEN MALEREI

133

134

135

132 Hier präsentiert ein stolzer Hahn sein prachtvolles Gefieder. Das Bild ist 26 x 31 cm groß.

133 Dies könnte ein besonders lieber Glückwunsch für die Hochzeit der besten Freundin sein. Das Bild ist 19 x 20 cm groß.

134 + 135 Das Blumenkörbchen, 15 x 15 cm groß, und auch die kleine Stadt zeigen, daß schon ganz einfache Motive auf dem edlen Material Seide zu echten Kostbarkeiten werden. Mit kleinen Rahmen versehen, sind es bei allen willkommene Geschenke.

136

Blüten

SO DUFTIG WIE EIN FRÜHLINGSTAG

136 Wer Außergewöhnliches mag, wird sich sicherlich spontan in diese kleine Seidengardine verlieben. Das federleichte, hauchzarte Modell mit dem verspielten Mohn- und Kornblumenmotiv ist leicht nachzuarbeiten. Auf Seite 110/111 zeigen wir, wie einfach die Technik des Seidenmalens ist, in der so hübsche Dinge entstehen. Der Trick ist nur: einfach einmal anfangen und dieses schöne Hobby für sich entdecken.

137 Üppig blühende Magnolienzweige zeigt der kleine Wandbehang. Er mißt 35 x 60 cm. Der Hintergrund ist durch das Aufstreuen von Effektsalz hübsch strukturiert.

137

Edles
AUS DEM JUGENDSTIL

Vorbild für diese fantasievollen Muster waren historische Seidenstickereien, wie sie um die Jahrhundertwende überall in Europa gefertigt wurden.

138 + 140 Turtelnde Tauben in einem Arrangement aus Blüten und Blättern schmücken ein 50 x 50 cm großes Kissen. Mit einem kleinen Stamm zum Bäumchen abgewandelt, ist unser Motiv ein Wandschmuck von erlesener Schönheit. Um den Glanz der Seide nicht hinter Glas zu verstecken, wurde das Bild auf einem weichen Wattepolster gerahmt.

139 Wie sehr auch der Charakter der verschiedenen Seidenarten das Bild beeinflußt, sehen sie an diesem reich bemalten Kissen. Das schwere Material, Crêpe tussah, hat nur dezenten Glanz.

140

141

Fantasie

ÜBERRASCHENDE BILDER

141-145 Eine Wunderwelt der Fantasie tut sich auf. Geheimnisvolle Gärten und Unterwasser-Landschaften laden zum Betrachten ein. Wer bekäme beim Anblick dieser Farbenfülle nicht Lust, zu Pinsel und Farbfläschchen zu greifen? Ob durch Auftropfen von Wasser oder Alkohol Punkte und Kreise entstehen sollen, ob Farben ineinanderlaufen oder durch Guttaauftrag gegeneinander abgegrenzt werden sollen, ob die Farben konzentriert oder zum Pastellton verdünnt aufgetragen werden, bestimmen Sie. Die Vielfalt der Möglichkeiten wird Sie faszinieren.

142

143

144

145

Stilvolles DEKOR AUS IRISBLÜTEN

146 Das Irisblütenmotiv dieser aparten Tischdecke wiederholt sich noch einmal auf dem Kissen. Die Malerei wurde mit Silkolor ausgeführt, einer Farbe, die lediglich durch Auftragen einer Fixierflüssigkeit licht- und wasserbeständig wird.

Himmlisch
LUXURIÖSE BABYWIEGE

147 Eine ganz tolle Geschenkidee für alle lieben Paten, Großeltern und Freunde ist dieses Baby-Körbchen, mit dem man dem neuen Erdenbürger – und natürlich auch den stolzen Eltern – eine ganz besondere Freude machen wird.

147

Mode INDIVIDUELL GESTALTET

148

148 Wie wäre es mit einem selbstbemalten Seidenkleid? Man wird Sie sicher darum beneiden. Für das Fixieren größerer Stoffbahnen gibt es im Handel spezielle Fixiergeräte. Die Farbenhersteller sind aber auch gerne bereit, diese Arbeit für Sie zu übernehmen.

149 Das freischwingende Vorderteil des Wickelrocks ist über und über mit leuchtend gelben Sonnenblumen bemalt.

149

150

Apartes
NUANCENREICHE UNIS

150 Der hinreißend schöne Hosenanzug mit kleinem Top besticht nicht nur durch den weichen Fall der Seide. Die in breiten Streifen und Flächen aufgetragenen warmen Farben geben ihm den besonderen Reiz echter Handarbeit. Alle für weichfließende Stoffe bestimmten Schnitte aus unserem burda-Schnittmusterkatalog sind dafür geeignet.

151 Auch für Bluse und Rock sind die Stoffe selbst gestaltet. Durch Auftragen von goldener Gutta erhielt der Rock noch seine Extra-Glanzeffekte.

151

Meisterwerke

BILDER AUS DER HEIMAT DER SEIDENMALEREI

152 + 153 Unverkennbar zeigt sich in diesen beiden Wandbildern die Zartheit und Eleganz japanischer Seidenmalkunst. Die typische Linienführung und die Spielerei mit Farben fügen sich zu einem harmonischen Ganzen zusammen. Ganz gezielt wurden leuchtende Farben als Akzente eingesetzt, während zum Beispiel bei großen Blüten die pastelligen Töne sparsam und verlaufend aufgetragen werden. Die braun eingefärbte Gutta unterstreicht den weichen Ausdruck der Bilder, wodurch der harte, weiße Kontrast entfällt. Für die beiden Wandbilder (70 x 50 cm und 50 x 80 cm groß) eignet sich am besten hauchzarte Pongé-Seide.

152

153

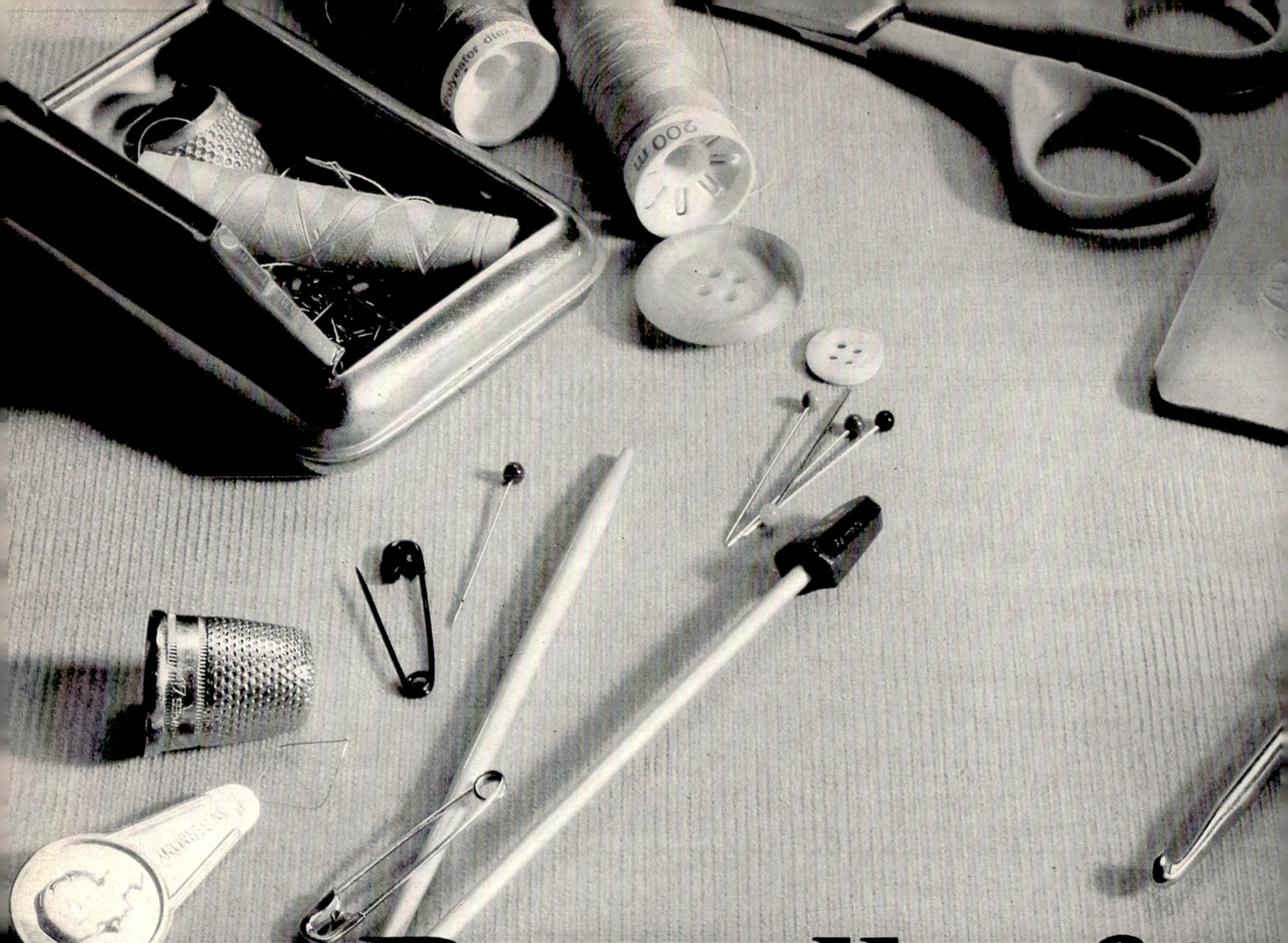

Bestseller für

Best.-Nr. K 602 DM 16,90

Best.-Nr. K 603 DM 15,90

Best.-Nr. K 604 DM 15,90

Durch die klare, einfache Darstellung der Arbeitsschritte und viele farbige Abbildungen gelingen selbst weniger Geübten Meisterwerke.

Diese burda-Handarbeits- und Bastelbücher erhalten Sie im Zeitschriftenhandel. Falls nicht vorrätig, bitten Sie Ihren Zeitschriftenhändler um eine Bestellung.

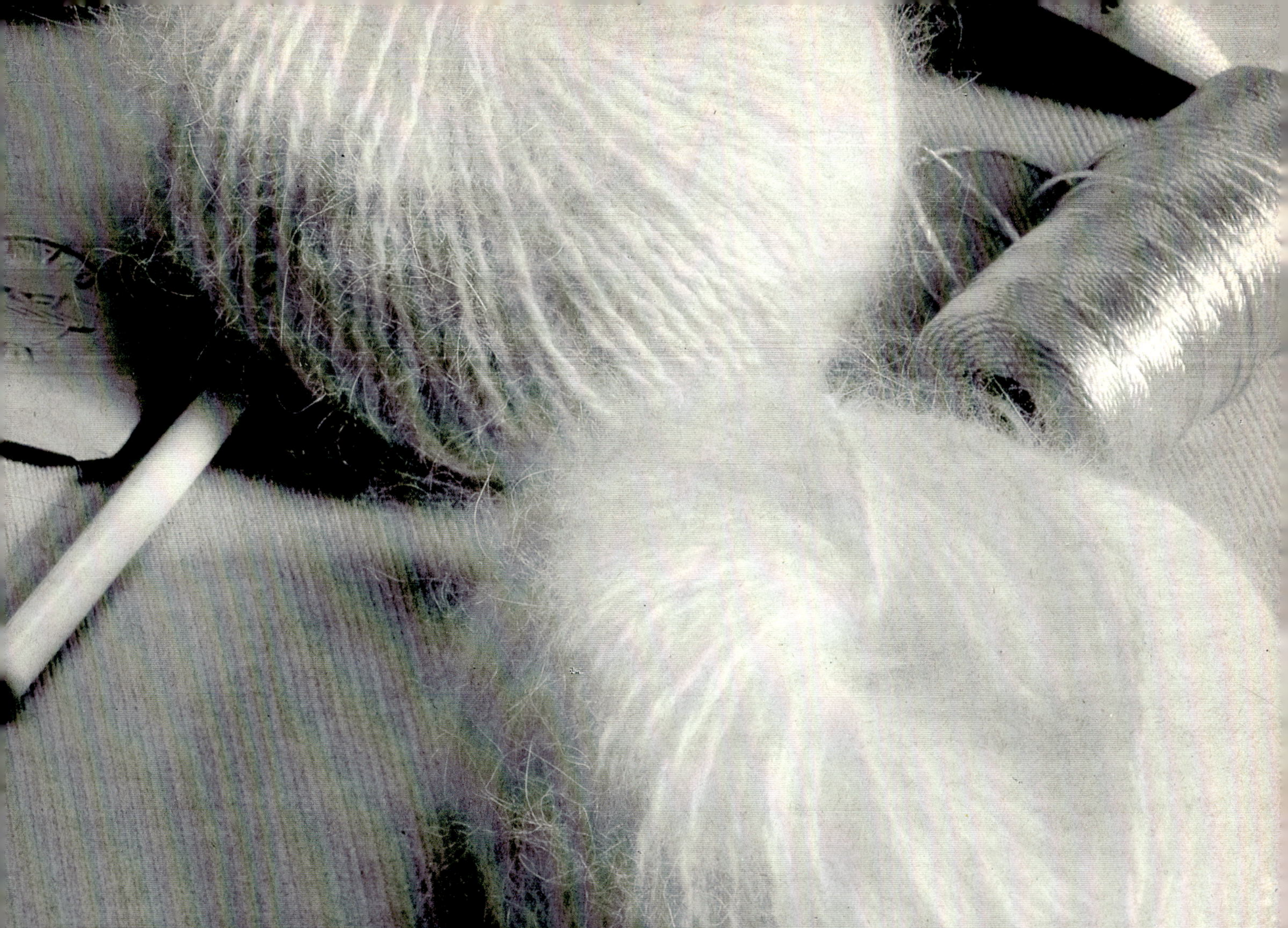

Ihre Freizeit

Best.-Nr. K 605 DM 16,90 Best.-Nr. K 606 DM 15,90 Best.-Nr. K 607 DM 16,90

Sie können auch direkt beim Verlag Aenne Burda beziehen. Überweisen Sie den jeweiligen Betrag zuzüglich DM 2,20 Versandspesen (unabhängig, wie viele Bücher bestellt werden) unter Angabe der Bestell-Nr. auf das Postgirokonto Karlsruhe Nr. 149901-757 des Verlags Aenne Burda.

Bezugsquellennachweis

Albert Schweitzer Werkstätten
Lebenshilfe
Otto-Hahn-Str. 3
7600 Offenburg

AMC:
Tap.-Service
Industriestraße
3492 Brakel

ASCA-Modelle:
Firma
Karla Assing
Postfach 71 04 20
2000 Hamburg 71

Barth & Könekamp
Postfach 10 74 75
2800 Bremen

Bodenschatz Jun. KG
Postfach 43
8651 Presseck

BTW:
Bremer Tapisserie Werkstätten
Heinz Siebert GmbH & Co. KG
Stader Landstr. 41–43
2820 Bremen 77

Gebr. Colsman
Postfach 15 03 40
4300 Essen 15

DeHaWe
Postfach 2628
4000 Düsseldorf

Deka-Textilfarben GmbH
Kapellenstr. 18
8025 Unterhaching

G. A. Dietz
Postfach 4 34
7800 Freiburg

DMC
Creative Handarbeiten
Weber & Rejda
Seetorstraße 4
3260 Rinteln 1

esbi-Stoffe:
Süddeutsche Baumwollindustrie AG
Postfach 1170
7343 Kuchen

ETS. Grenet & Cie
136, Bd. de Charonne
F-75020 Paris

Hobbidee:
Hobby- u. Freizeitbedarf GmbH
Frech-Verlag GmbH & Co.
Druck KG
Postfach 31 09 02
7000 Stuttgart 31

Rudolf Homberg
Textilwerk GmbH & Co. KG
Postfach 22 02 04
5600 Wuppertal 22

Ikea
Auerstr. 4
7800 Freiburg

INTERCO
James Van der Linden
Wolle-Handarbeiten
Mörgensstr. 8
5100 Aachen

Kläre Kernig
Stilmöbel
Jahnstraße 16
4000 Düsseldorf 1

Knorr, Friedrich GmbH & Co.
Postfach 12 40
8620 Lichtenfels

TCS:
B. Korbach
Chemie- und Textilprodukte
Eaubonner Straße 8
6501 Budenheim/Mainz

C. Kreul GmbH & Co. KG
Künstlerfarben- und Maltuchfabrik
Postfach 2 29
8550 Forchheim

I. C. Leibfried
Postfach 1 40
7032 Sindelfingen

P. Lindhorst GmbH
Tapisserie-Manufaktur
Postfach 11 80
6903 Neckargemünd

L. Linne GmbH & Co. KG
Postfach 20 07 27
5600 Wuppertal 2

MEZ AG
Postfach 10 80
7800 Freiburg

Alfred Prandell GmbH & Co. KG
Steckenpferd Bastel-Verlag
Postfach 14 40
8620 Lichtenfels-Seubelsdorf

Rödel Wolle:
Rödel Wolle AG
Postfach 5
7141 Freiberg-Heutingsheim

Schürer Garn:
Firma
Ackermann-Göggingen AG
Zwirnerei u. Nähgarnfabrik
Postfach 22 11 22
8900 Augsburg 22

smyrnafix-Georgii OHG
Postfach 19 60
7030 Böblingen

C. U. Springer
Postfach 13 20
7972 Isny

Tobasign
Stefan Wagner KG
Hauptstraße 192
7881 Schwörstadt

Etabl. J. Verachtert p. v. b. a.
VERVACO
Molseweg 132
B-2440 Geel

Kurt Vogelsang GmbH
dupli-color
Postfach 11 40
6954 Haßmersheim

Heinrich Wagner & Co.
Postfach 21 40
7030 Böblingen

Zweigart & Sawitzki
Postfach 1 20
7032 Sindelfingen

burda

Handarbeiten leicht gemacht

Ergänzender und zum Gebrauch des Buches erforderlicher Bestandteil

Band 3 Bestellnummer K610

In den Materialangaben zu den einzelnen Modellen nennen wir die Originalmaterialien. Da wir jedoch keinen Einfluß auf das Programm der einzelnen Firmen haben, können wir nicht garantieren, daß diese Materialien auch zukünftig im Handel erhältlich sind. In guten Handarbeitsgeschäften wird man Ihnen jedoch immer eine Ausweichqualität anbieten können.

Allgemeine Hinweise

Vor Beginn einer Arbeit den Anleitungstext aufmerksam durchlesen. Stoffe stets fadengerade zuschneiden. Schnittkanten durch Umstechen oder mit einer Zickzacknaht vor dem Ausfransen sichern. Wenn nicht anders vermerkt, Muster immer von der Mitte der betreffenden Fläche aus anordnen. Fertige Stickerei auf weicher Unterlage von links sorgfältig bügeln – evtl. unter feuchtem Tuch. In der Regel den Saum als letzte Arbeit ausführen. Das fertige Modell zunächst von links auf weicher Unterlage, dann die unbestickten Flächen von rechts überbügeln (Bügeltuch in jedem Falle auflegen).

Bügelmuster

Wie man Bügelmuster bestellt, steht auf der Seite 132. Für Stickereien nach Bügelmuster eignen sich ausschließlich glatte Stoffe. Bei feingliedrigen Mustern sowie Kreuzstichmustern sollten Gewebe mit nicht weniger als 10 besser 12 Gewebefäden/1 cm verwendet werden. Je nach Sticktechnik können großzügige Entwürfe auf Stoffe bis minimal 7 Gewebefäden/1 cm gebügelt werden. In der Bügelmusterbeilage findet man den Material- und Stickvorschlag und die Bügelanleitung. Bügelmuster sind nur zu jenen Stickereien lieferbar, bei denen es in der Anleitung – in der Regel im Anschluß an die Überschrift – vermerkt ist. Einzelanfertigungen von Bügelmustern sind nicht durchführbar.

Fäden vernähen

Bei Zählstickereien wird der Fadenanfang durch die ersten Verbindungsstiche auf der Rückseite gehalten. Beim Sticken mit Wolle genügt es, 3 oder 4 Verbindungsstiche über den Fadenanfang zu führen, bei Baumwoll-, Metall- oder Seidengarn müssen es mehr Stiche sein. Das Fadenende ist in Richtung der Verbindungsstiche auf der Stoffrückseite zu vernähen.
Bei Plattstich nach freier Zeichnung kann man den Fadenanfang mit einigen Vor- und einem Rückstich innerhalb der Motivform vernähen bzw. verwahren. Bei Linienstichen den Fadenanfang zu Beginn der Arbeit ca. 6–8 cm hängen lassen und in einigen Verbindungsstichen über der Rückseite vernähen. Fadenende in den Verbindungsstichen auf der Rückseite vernähen.

Farberklärung

Bei vielfarbigen gezählten Stickereien – vor allem Kreuzstich und Gobelin – sind die Farben im Anschluß an die Materialangaben im Anleitungsteil erläutert. Sind größere Flächen innerhalb eines Motives in einer Farbe zu sticken, so ist die Type (das Zeichen, das in der Farberklärung steht) nicht in jedes Feld des Karonetzes eingetragen. Die Fläche ist durch eine Linie begrenzt, und innerhalb dieser Begrenzung steht die Zahl, die in der Farberklärung neben der Type aufgeführt ist.
Man erleichtert sich das Zurechtfinden unter vielen Farben wie folgt: Auf kleine Klebeetiketts (man bekommt sie in Papierfachgeschäften) überträgt man Type und Farbzahl und klebt diese dann auf das entsprechende Garn- oder Wolle-Etikett über dem Strängchen. Außerdem bündelt man die verschiedenen Nuancen einer Farbe, so daß man nie lange suchen muß, um den richtigen Faden zu finden.

Zählmuster

Die Musterbogen und der Anleitungsteil enthalten neben den Musterzeichnungen auch Zählvorlagen. Erfahrene Handarbeiter wissen den Wert dieser Zählmusterbogen zu schätzen und behandeln sie entsprechend schonend. Bei umfangreichen, vielfarbigen Arbeiten lohnt sich auch die Mühe, das Zählmuster auf Kästchenpapier mit größerer Karoeinstellung zu übertragen – für das Auge eine wesentliche Entlastung. Kästchenpapier, auch Patronenpapier genannt, ist in guten Papiergeschäften zu haben. Man kann dann natürlich ein Muster vervollständigen, indem man ein Typenmuster, das auf dem Bogen nur ein Viertel zeigt, zur Hälfte oder ganz zeichnet.

Kreis und Oval

Soll auf einer Decke der Umfang eines Kreises – eines Ovales – markiert werden, zeichnet man die Konturen am besten auf die Stoffrückseite, und um sie auf die Oberseite zu übertragen, wird die Vorzeichnung mit Heftstichen nachgezogen, für die man Garn in abstechender Farbe verwendet.
Beim Kreis wird im Mittelpunkt eine Reißzwecke befestigt und um diese eine Fadenschlinge gelegt, die in der Länge genau mit dem Halbmesser des Kreises übereinstimmt. Die Spitze des Bleistifts zieht die Schlinge straff, und in exakt senkrechter Haltung wird der Kreisumfang mit dem Bleistift vorgezeichnet. Abbildung siehe unten!

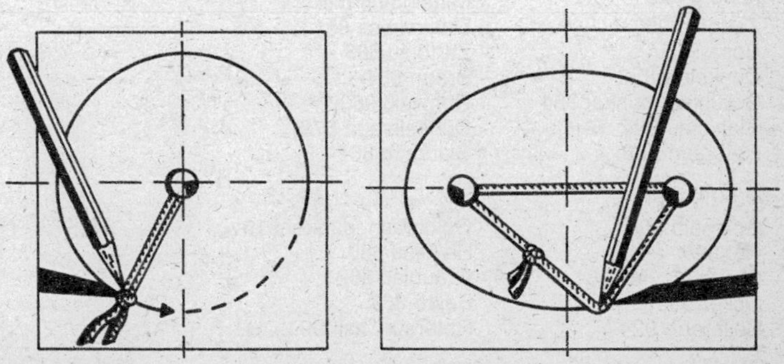

Für ein Oval wird die Längsachse markiert und auf dieser – mit gleichem Abstand zur Mitte – zwei Reißzwecken aufgesteckt. Je nachdem, ob das Oval länglich oder mehr dem Kreis genähert ausfallen soll, muß der Abstand zur Mitte größer oder kleiner sein (je flacher das Oval, desto größer). Um die Reißzwecken wird eine Fadenschlinge lt. Abbildung gelegt, deren Länge sich nach der Form des Ovals richtet. Sie muß – straffgezogen – die beiden Scheitelpunkte erreichen. Die richtige Länge der Fadenschlinge muß ausprobiert werden. Bei straffgezogener Schlinge mit dem Bleistift, der senkrecht zu halten ist, das Oval aufzeichnen. Bei großen ovalen Decken einen Tischschnitt anfertigen, der mit Stecknadeln auf den Stoff geheftet wird. In dem Abstand, wie die Decke überhängen soll, wird auf dem Stoff ein Oval markiert. – Bei Bildern immer vor Stickbeginn den Rahmen besorgen und davon direkt die Fondform übertragen. Dadurch wird die Fertigmontage wesentlich erleichtert.

Musterzeichnung

Die Vorzeichnung wird von der Vorlage (vom Musterbogen) auf Transparentpapier übertragen. Bei runden, quadratischen, rechteckigen und ovalen Formen, bei denen die Zeichnung symmetrisch um die Mitte angeordnet ist, muß mindestens ein Viertel vorgezeichnet werden. Bei fortlaufenden Bordüren sollte man nicht nur einen Mustersatz, sondern wenigstens zwei, besser drei Mustersätze vorzeichnen. Je größer die Vorzeichnung, um so seltener müssen diese und das Kopierpapier beim Übertragen verschoben und wieder neu befestigt werden (dabei sind die Ansatzstellen genau zu beachten).
Stoff rechtwinklig und glatt auf eine harte Unterlage legen, am besten mit Reißnägeln befestigen. Mitte markieren (entweder fadengerade einbügeln oder mit farblich abstechenden Vorstichen bezeichnen).
Bei dünnen, durchsichtigen Stoffen wendet man das Durchzeichnen an. Das Muster liegt in der vorgesehenen Anordung unter dem Stoff, mit gut gespitztem Bleistift werden alle Linien nachgezogen. Die Vorzeichnung kann auch auf die Stoffrückseite übertragen werden – in diesem Falle allerdings spiegelverkehrt. Auf dichtgewebte Stoffe wird mittels Kopierpapier übertragen. Man schiebt das Kopierpapier – die färbende Seite liegt unten, also direkt auf dem Stoff – zwischen Musterzeichnung und Stoff. Mit spitzem Bleistift, besser mit einer Galalithstricknadel mit nicht zu scharfer Spitze, werden alle Musterlinien nachgezogen oder nur punktiert. Außerhalb der Linien ist jeglicher Druck zu vermeiden, da jede Druckstelle als Farbfleck auf dem Stoff erscheint.
Beim Nachziehen der Linien ist zu bedenken, daß beim Sticken nach Vorzeichnung knapp außerhalb der Musterlinien ein- und auszustechen ist, damit die Farbränder der Linien von der Stickerei eingeschlossen bzw. überdeckt werden. Beim Vorzeichnen und Übertragen deshalb äußerst exakt arbeiten!

Muster mit Bügelmusterstift vorzeichnen

Mit dem DEKA-Bügelmusterstift spart man bei symmetrischen Mustern einen Arbeitsgang. Man kann das Muster sofort mit dem Bügelstift auf Transparentpapier nachzeichnen, und diese Vorlage kann man bereits wie ein Bügelmuster benützen. Bei unsymmetrischen Mustern muß man nach wie vor zunächst die Zeichnung mit gut gespitztem Bleistift übertragen. Danach sind die Musterlinien auf der Rückseite (später die „Bügelseite") mit dem gespitzten Bügelstift nachzuziehen. Diese Seite muß auf den Stoff zu liegen kommen. Die Gebrauchsanleitung ist in allen Punkten genau zu beachten. Mit ein bißchen Fingerspitzengefühl sind zwei Abdrucke erzielbar.
Bei Motiven, die gegengleich anzuordnen sind, kann man dieselbe Vorlage für die gegengleiche Darstellung verwenden, man zieht die Bleistiftlinien mit dem Bügelstift nach und verfährt dann wie vorher beschrieben.

01 Wandbehang „Le don du coeur"

Zu sticken nach burda-Zählmuster 519, DM 6,–. Bezugsbedingungen siehe Seite 132.
Stichzahl 160 x 204 in Sudanausführung ca. 86 x 110 cm, in Kelimausführung 41 x 52 cm.

Material für Grobgobelin: 1,30 m Canevas, 100 cm breit, 18,5 Gewebekaros/ca. 10 cm; AMC Sudanwolle, Marke Bärenwolle:

je 25 g in:	Mittelbraun 846
Zartgelb 907	Dunkelrosa 851
Rosa 915	Zartblau 883
Dunkelrot 858	Braun 954
Graublau, dunkel 884	Rohweiß 960
Stahlblau 822	Dunkelbraun 879
Rotbraun 986	Blaugrün 864
je 50 g in:	
Goldgelb 909	Goldbraun, dunkel 910
Rot 898	Hellblau 880
Graublau, hell 881	Graublau 882
Ocker 952	Beige 869
Hellbraun 924	Rotbraun, hell 991
je 75 g in:	
Goldbraun, hell 831	Goldbraun 832
Olivgrün 959	Blaugrün, hell 862

475 g Dunkelblau 824 für den Fond

Material für Feingobelin: 0,70 m Penelope Canevas, 60 cm breit, 39 Fadenkaros/ca. 10 cm:
je 10 g AMC Orientwolle, Marke Bärenwolle, in folgenden Farben:

Hellbeige 692	Rohweiß 694	Mittelrot 701
Hellrost 3978	Dunkelbeige 540	Dunkelrot 518
Rost 3980	Dunkelbraun 557	Schwarz 3004
Gold 502	Zartrost 3977	Beige 7542
Hellrot 702	Mittelrost 3979	Braun 675
Rot 698	Gold, hell 501	
Weiß 3003	Gold, dunkel 506	

Für eine 6 cm breite Einfassung und 5 Schlaufen 5,60 m Samtband in Helloliv oder Gold, ca. 10 cm breit; 4,10 m Goldborte, ca. 1,5 cm breit; zum Abfüttern von Behang und Schlaufen 105 x 140 cm festen Stoff. Anleitung siehe Zählmuster.

02 Wandbehang „Gotik"

Zu sticken nach burda-Zählmuster 611/B, DM 14,–. Bezugsbedingungen siehe Seite 132.
Stichzahl 299 x 194

Ausführung mit Sudanwolle 140 x 90 cm (10 Stiche/ca. 4,7 cm), mit Kelimwolle 75 x 48,5 cm (10 Stiche/ca. 2,5 cm).

Den Behang können Sie unter den nachfolgenden Bestellnummern bei der Firma AMC (siehe Bezugsquellennachweis) bestellen: mit Sudanwolle Nr. 50 155; mit Kelimwolle Nr. 20 408.
Material und Ausführung siehe Zählmuster 611/B.

03 Gobelin „Die Dame mit dem Einhorn"

Zu sticken nach burda-Zählmuster 721/014, DM 18,–. Bezugsbedingungen siehe Seite 132.
Stichzahl 452 x 299

Ausführung mit Kelimwolle 116 x 76,7 cm (4 Stiche/ca. 1 cm); Ausführung mit Sudanwolle 215,5 x 142,5 cm (21 Stiche/ca. 10 cm).

Material: Die Angaben für den Wandbehang in Sudanausführung stehen in Klammern. 0,90 (2,40) m zweifädigen Gobelinstramin (Sudanstramin), 137 (150) cm breit, 39 (21) Fadenkaros/ca. 10 cm, Zweigart-Art. 1231 (1201); AMC-Orientwolle (Sudanwolle) „Marke Bärenwolle"; 1 Strg. = 20 (25) g in den Farben lt. Tabelle beim Zählmuster. Fixpackungen, d. h. Gobelinstramin und sortierte AMC-Orientwolle sind über den Fachhandel erhältlich (AMC-Modell F 27 194). Auch für die Sudanausführung kann das Material sortiert bezogen werden (G 50 152) – allerdings muß man für den Stramin in der Breite von 150 cm evtl. mit einigen Monaten Lieferfrist rechnen.

Ausführung: Das Zählmuster ist ergänzt durch Anleitung und Stickereierklärungen. Die Wollmengen sind für halben Kreuzstich (= einfacher Gobelinstich) berechnet.

Allgemeine Hinweise für Wandbehänge:

Die Stickerei sorgfältig bügeln oder, falls erforderlich, korrekt spannen. Den Wandbehang mit dicker Vlieseline unterlegen, die ohne Nahtrand zu beschneiden ist. Den überstehenden Stoff auf gleichmäßige Breite beschneiden, fadengerade nach links umlegen und über der Einlage anhexen. Futterstoff mit Nahtrand zuschneiden und schmal umgebogen gegensäumen. Am oberen Rand eventuell Schlaufen aus Stoff oder gedrehten Wollkordeln in passender Farbe zwischenfassen. Wenn man eine unsichtbare Aufhängung wünscht, das Futter am oberen Rand mit einem Zugsaum versehen und in diesen eine schmale Leiste einschieben. Am formbeständigsten bleiben Wandbehänge, wenn man sie bei maximal 70 cm Seitenlänge auf eine Preßspanplatte aufzieht, dabei die Kanten mit einer neutralen Borte verdeckt.
2. Möglichkeit: Der Behang wird in einen Keilrahmen gespannt (Montage durch den Fachhandel). Es handelt sich dabei um eine Einrahmungsweise, die bei maximal 0,5 cm Leistenbreite sehr dezent aussieht und in allen zur Einrichtung passenden Holzfarben angefertigt werden kann.

04 Wandgobelin „Hirschjagd", ca. 60 x 75 cm

Zu sticken nach burda-Zählmuster 644, DM 18,–. Bezugsbedingungen siehe Seite 132.
Stichzahl 240 x 300 (4 Stiche/ca. 1 cm).

Material: Einfädiger Gobelinstramin 100 cm breit, 45 Gewebefäden ca. 10 cm (z. B. Leibfried-Art. 115/45). DMC Colbert-Gobelinwolle in folgenden Farben (die Wollmengen sind für die Ausführung im Perlstich berechnet):

1 = 1 Strg. Ecru
2 = 2 Strg. Elfenbein 7171
3 = 1 Strg. Nußbraun, hellst. 7917
4 = 1 Strg. Sand, hell 7452
5 = 1 Strg. Rötliches Beige 7463
6 = 1 Strg. Rötliches Beige dkl. 7840
7 = 2 Strg. Beige 7521
8 = 3 Strg. Beige, dunkel 7519
9 = 3 Strg. Beige, dklst. 7416
10 = 3 Strg. Rindenbraun, h. 7518
11 = 1 Strg. Graubraun, dkl. 7238
12 = 1 Strg. Zimtbraun 7477
13 = 2 Strg. Zimtbraun, dklst. 7479
14 = 4 Strg. Rotbraun 7449
15 = 2 Strg. Torfbraun 7515
16 = 4 Strg. Holz, h. 7503
17 = 2 Strg. Maisgelb 7767
18 = 2 Strg. Goldgelb, dkl. 7833
19 = 4 Strg. Messing 7487
20 = 3 Strg. Goldbraun 7845
21 = 3 Strg. Schilf, h. 7523
22 = 1 Strg. Schilf 7512
23 = 2 Strg. Schilf, dkl. 7391
24 = 3 Strg. Graugrün, h. 7703
25 = 1 Strg. Graugrün 7702
26 = 1 Strg. Graugrün, d. 7701
27 = 2 Strg. Seegrün 7335
28 = 1 Strg. Seegrün, dkl. 7406
29 = 7 Strg. Seegrün, dklst. 7389
30 = 4 Strg. Tannengrün, dklst. 7402
31 = 2 Strg. Lindgrün 7376
32 = 2 Strg. Lindgrün, dkl. 7363
33 = 3 Strg. Lindgrün 7393
34 = 2 Strg. Antikblau, allerhellst. 7928
35 = 2 Strg. Antikblau 7690
36 = 1 Strg. Petrolblau, mittel 7337
37 = 2 Strg. Eisblau, allerhellst. 7322
38 = 3 Strg. Himmelblau, hellst. 7594
39 = 1 Strg. Antikviolett, hellst. 7221
40 = 1 Strg. Orange 7919
41 = 7 Strg. Himbeerrot 7758
42 = 2 Strg. Brombeerrot, mittel 7207
43 = 2 Strg. Geranienrot 7920
44 = 1 Strg. Silbergrau 7141
45 = 2 Strg. Anthrazit 7535

Fertigstellen: Die Stickerei exakt rechtwinklig spannen, die rechte Stickereiseite liegt unten. Stramin mit einem Schwamm gleichmäßig anfeuchten und trocknen lassen. Falls der Stramin zu stark verzogen ist, muß die

Rückseite geleimt werden. Überstehenden Stramin auf 3 cm Breite beschneiden. Stickereifläche mit Vlieseline unterlegen. Stramin über dieser Einlage anhexen oder mit Klebeband befestigen. Futterstoff am oberen Rand mit einem Zugsaum fürs Durchschieben einer Leiste versehen, schmal umgebogen längs der Stickereikante gegensäumen. Wandbehang an einfachen Bilderhaken aufhängen.

Allgemeiner Hinweis zum Spannen und Leimen von Straminstickereien:

Eine fertige Straminstickerei muß für die nachfolgende Montage rechtwinklig gespannt sein. Dafür eine alte Tür, die untere Küchentischseite oder eine ähnliche glatte Unterlage verwenden.
Die rechte Seite der Stickerei nach unten legen, evtl. ein sauberes Tuch unterlegen. Mit Nägeln die Stickerei spannen und mit einem Schwamm gleichmäßig anfeuchten. Nach dem Trocknen die Stickerei aus der Spannung lösen.
Wenn die Stickerei zu stark verzogen ist, muß die Rückseite geleimt werden. Man verteilt darauf gleichmäßig steif angerührten Tapetenkleister, der sich, falls er sich einmal auf die Vorderseite durchdrücken sollte, leicht abschaben läßt. Für das Trocknen muß man maximal 2 Tage rechnen. Erst dann die Nägel entfernen.

05 Gobelin mit Frühlingslandschaft, ca. 87 x 66 cm

Zählmuster siehe Bogen F oder zu sticken nach burda-Zählmuster 645, DM 8,–. Bezugsbedingungen siehe Seite 132.
Motiv 260 x 199 Stiche (30 Stiche/ca. 10 cm), mit Rahmen, 17 Stiche breit, 294 x 233 Stiche/ca. 98 x 78 cm (30 Stiche/ca. 10 cm), in Petit-Point-Ausführung 32,5 x 25 cm (8 Stiche/ca. 1 cm).

Material: Für die Ausführung mit Rahmen 110 x 90 cm, ohne Rahmen 100 x 80 cm zweifädiger Stramin (3 Fadenkaros/ca. 1 cm); für die Petit-Point-Ausführung 45 x 35 cm zweifädiger Baumwollstramin (8 Fadenkaros/ca. 1 cm); zum Sticken DMC Colbert-Gobelinwolle (siehe Tabelle im Zählmuster); in Klammern die Farbnummern für MEZ Sticktwist zur Petit-Point-Ausführung (je 1 Strg., von den meisten Farben genügen einige Fäden). Da inzwischen bei DMC Colbert eine Farbumstellung vorgenommen wurde, finden Sie nachfolgend die neue Farbtabelle, nach der Sie sich bitte richten wollen:

1 = 4 Strg. Lindgrün, hell 7426 (260)
2 = 4 Strg. Lindgrün 7362 (261)
3 = 3 Strg. Lindgrün, dunkel 7376 (262)
4 = 2 Strg. Lindgrün, dunkelst. 7367 (263)
5 = 1 Strg. Patinagrün, hell 7424 (858)
6 = 2 Strg. Patinagrün 7393 (860)
7 = 3 Strg. Patinagrün, dunkelst. 7890 (862)
8 = 1 Strg. Seegrün, hellstes 7402 (875)
9 = 2 Strg. Seegrün, hell 7404 (876)
10 = 2 Strg. Seegrün, dunkel 7406 (878)
11 = 1 Strg. Birkengrün 7342 (256)
12 = 1 Strg. Birkengrün, dunkel 7344 (257)
13 = 1 Strg. Birkengrün, dunkelst. 7346 (258)
14 = 2 Strg. Lindgrün, hellstes 7371 (259)
15 = 1 Strg. Braunbeige 7392 (853)
16 = 1 Strg. Braun 7428 (856)
17 = 1 Strg. Beige 7521 (391)
18 = 2 Strg. Beige, dunkel 7519 (392)
19 = 1 Strg. Beige, dunkelstes 7416 (393)
20 = 1 Strg. Antikblau, hellstes 7928 (847)
21 = 2 Strg. Antikblau, hell 7692 (848)
22 = 2 Strg. Antikblau, mittel 7927 (849)
23 = 1 Strg. Antikviolett, hellstes 7241 (869)
24 = 1 Strg. Antikviolett, mittel 7243 (871)
25 = 1 Strg. Zimtbraun, helles 7174 (368)
26 = 1 Strg. Zimtbraun, dunkel 7700 (370)
27 = 1 Strg. Maigrün, hell 7382 (240)
28 = 1 Strg. Grasgrün, mittel 7320 (244)
29 = 1 Strg. Terracotta, hellst. 7875 (337)
30 = 2 Strg. Weiß (2)
31 = 5 Strg. Silbergrau 7715 (397)
32 = 1 Strg. Antikrosé, mittel 7193 (893)
33 = 1 Strg. Maisgelb, hell 7726 (301)
34 □ = 10 Strg. Himmelblau, hellst. 7799 (128)

Zusätzlich für den Rahmen
17 = 5 Strg. Beige 7521 (391)
18 = 3 Strg. Beige, dunkel 7519 (392)
19 = 5 Strg. Beige, dklst. 7416 (393) und 3 Strg. Creme 7503 (386)

Ausführung: Das Motiv im Perlstich sticken (eventuell über vorgespannten Faden). Den Rahmen lt. Modellbild ansticken. Man beginnt mit 2 Reihen beige, dunkelstes, es folgen 2 Reihen beige, dunkel, 3 Reihe beige, 4 Reihen creme, 2 Reihen beige, dann 1 Reihe aus wechselnd 1 Stich beige und beige, dunkel. Als Abschluß schließlich noch 3 Reihen beige, dunkelstes. Für die Petit-Point-Ausführung mit geteiltem Twist im Perlstich sticken.

06 Wandgobelin, ca. 137 x 85 cm

Zu sticken nach burda-Zählmuster 642/S, DM 18,–. Bezugsbedingungen siehe Seite 132.
Stichzahl 546 x 341 (4 Stiche/ca. 1 cm) ohne gestickten Rahmen 494 x 289 Stiche/ca. 123 x 72 cm.
Material und Ausführung siehe Zählmuster 642/S.

Material: Einfädiger Gobelinstramin 100 cm breit, 45 Gewebefäden ca. 10 cm (z. B. Leibfried-Art. 115/45). Da inzwischen bei DMC Colbert Gobelinwolle eine Farbumstellung erfolgte, richten Sie sich bitte nach der folgenden Farbtabelle:

1 Wasserblau, hlst. 7322
2 Wasserblau, h. 7323
3 Petrol, hlst. 7928
4 Petrol, h. 7692
5 Petrol 7927
6 Basalt, hlst. 7594
7 Basalt 7592
8 Graugrün, hlst. 7704
9 Graugrün, mtl. 7335
10 Eichenbraun, hlst. 7500
11 Eichenbraun, h. 7491
12 Beige, h. 7724
13 Olivengrün, hlst. 7353
14 Sand, h. 7472
15 Sand, mtl. 7833
16 Leopardenbraun 7505
17 Leopardenbraun, mtl. 7783
18 Leopardenbraun, hlst. 7726
19 Schiefergrau, hlst. 7870
20 Heugrün, hlst. 7371
21 Schilfgrün, hlst. 7422
22 Schilfgrün 7362
23 Schilfgrün, mtl. 7426
24 Gelbgrün, allerhlst. 7680
25 Gelbgrün, hlst. 7582
26 Gelbgrün, h. 7573
27 Gelbgrün 7425
28 Gelbgrün, mtl. 7391
29 Gelbgrün, dklst. 7619
30 Moosgrün, hlst. 7584
31 Moosgrün 7988
32 Moosgrün, dkl. 7367
33 Apfelgrün, hlst. 7382
34 Apfelgrün, h. 7370
35 Apfelgrün 7320
36 Apfelgrün, mtl. 7385
37 Grasgrün, mtl. 7890
38 Laubgrün, dklst. 7389
39 Seegrün 7424
40 Seegrün, mtl. 7376
41 Antikgrün 7393
42 Lotosgrün, dklst. 7359
43 Steingrau 7361
44 Lindgrün 7583
45 Lindgrün, mtl. 7347
46 Antikblau, h. 7333
47 Reseda, h. 7404
48 Reseda 7406
49 Reseda, mtl. 7408
50 Myrtengrün 7329
51 Myrtengrün, dkl. 7289
52 Holz, h. 7421
53 Holz, mtl. 7846
54 Holz 7845
55 Weizen, dkl. 7497
56 Gold, dkl. 7938
57 Lederbraun 7518
58 Aschgrau, mtl. 7416
59 Rindenbraun 7490
60 Rindenbraun, mtl. 7515
61 Schwarz, antik 7535
62 Grüngelb, dkl. 7485
63 Bronze 7487
64 Fahlgrün, hlst. 7676
65 Fahlbraun 7477
66 Messing, mtl. 7499
67 Eisengrau, mtl. 7275
68 Weinrot, allerhlst. 7122
69 Antikrosa, allerhlst. 7543
70 Antikrot 7951
71 Himbeerrot, h. 7193
72 Himbeerrot, dkl. 7209
73 Rosenrot, mtl. 7640
74 Kupferrot, hlst. 7123
75 Kupferrot 7356
76 Rostrot, mtl. 7447
77 Fleischrot, dklst. 7169
78 Kirschrot, h. 7372
79 Aschgrau, h. 7520
80 Schilfbraun, mtl. 7526
81 Eichenbraun 7511
82 Eichenbraun, dkl. 7512

Für die Vögel

Nummer	Farbnummer
1 = 10	7500
2	7078
3 = 55	7497
4 = 15	7833
5 = 53	7846
6	7479
7 = 56	7938
8 = 57	7518
9 = 63	7487
10 = 13	7353
11	7786
12 = 3	7928
13 = 6	7594
14	7593
15 = 7	7592
16	7297
17	7741
18	7544
19	7115
20 = 76	7447
21	7920
22 = 72	7209
23 = 61	7535

07 Blumenbouquet, ca. 15 x 15,5 cm

Zählmuster siehe Bogen C
Stickerei 168 x 171 Stiche (11 Stiche/ca. 1 cm)

Material: 25 x 25 cm Müllergaze oder Siebleinen, 11 Gewebefäden/ca. 1 cm (z. B. Leibfried Art. 3006); je 1 Str. MEZ Sticktwist (bei einigen Farben genügen auch wenige Fäden) in folgenden oder ähnlichen Farben:

1 □ = Weiß 2
2 ○ = Creme 387
3 ⊤ = Sand 831
4 • = Ginstergelb, allerhellst. 292
5 ⁄ = Goldgelb, hell 305
6 ⊙ = Maisgelb, dunkelstes 304
7 × = Goldbraun 309
8 z = Goldbraun, hell 943
9 r = Gold 945

10 ! = Sandbraun, hell 833
11 ⁄ = Holzbraun, hell 888
12 e = Gelbgrün, dunkelstes 924
13 ⁄⁄ = Nußbraun, hell 373
14 ▲ = Braun 359
15 ⊥ = Holzbraun, dunkel 889
16 = Kupferrot, allerhellst. 880
17 ∪ = Kupferrot, hell 882
18 ◇ = Antikrosé, hell 893
19 ⁛ = Antikrosé, mittel 894 + Creme 387
20 ⌀ = Himberrosa, hell 36
21 + = Himbeerrot, hell 38
22 ◢ = Himbeerrot 39
23 ⌀ = Karminrot, mittel 42
24 ▼ = Kirschrot, dunkel 20
25 ● = Kirschrot, dunkelstes 22
26 = = Gelbgrün, hellstes 278
27 ∧ = Gelbgrün, dunkel 281
28 ◣ = Gelbgrün 280
29 ⊣ = Gelbgrün, hell 279
30 ✗ = Lindgrün, hell 260
31 s = Grasgrün 245 + Olivengrün, mittel 843
32 ‾ = Creme 387 + Olivengrün, hell 842
33 ■ = Olivengrün, dunkelstes 846
34 ◐ = Patinagrün, dunkelstes 862
35 = Seegrün, dunkelstes 879
36 L = Patinagrün, hell 858
37 < = Seegrün, hell 876
38 ▪ = Porzellanblau, dunkelstes 150 + Schwarz 403
39 ▿ = Holzbraun, dunkel 889 + Goldbraun 309
40 ▮ = Grasgrün 245
41 I = Schwarz 403

Ausführung: Motiv lt. Zählmuster mit zweifädigem Twist im Perlstich sticken. Der Fond kann ebenfalls ausgestickt werden. Allgem. Hinweise für Spannen und Leimen von Straminstickereien bei Modell Nr. 04 beachten.

08 Lehnstuhl mit Fußschemel

Zählmuster A und B siehe Bogen B
Stickerei: Schemel und Sitzfläche 137 x 118 Stiche/ca. 35 x 30 cm, Lehne 119 x 118 Stiche/ca. 30 x 30 cm (4 Stiche/ca. 1 cm)

Material: Für den Schemel 0,50 m, für den Stuhl ca. 1,50 m zweifädiger Stramin, 90 cm breit, 39 Fadenkaros/ca. 10 cm (z. B. Zweigart Art 1231/39 „Penelope Canevas"; der Verbrauch richtet sich nach der jeweiligen Stuhlgröße); 1 Stuhl- und 1 Fußschemelgestell; Lindhorst Tapisseriewolle Marke „Edelfrau" in folgenden Farben (Stuhl: Sitzfläche und Lehne je 1 Str. [✱ = 2 Str.], für den Fond 13 Str.; Schemel: Fond 4 Str., von den übrigen Farben je 1 Str.):

1 ○ = Rosé 4032
2 □ = Flieder, hellstes 4061
3 ◡ = Flieder, hell 4062
4 v = Flieder 4063
5 ✗ = Rosa 4072
6 T = Rosa, mittel 4073
7 ⊘ = Rosa, dunkel 4074✱
8 ▽ = Fraise 4075✱
9 ■ = Fraise, mittel 4076
10 ◤ = Fraise, dunkel 4077
11 • = Kornblumenbl., hellst. 4091
12 L = Kornblumenblau, hell 4092
13 c = Kornblumenblau 4093
14 ◆ = Kornblumenblau, dkl. 4094
15 ‒ = Olivgrün 4172✱
16 × = Olivgrün, mittel 4173✱
17 ▲ = Olivgrün, dunkel 4174
18 = = Lindgrün, hellstes 4181
19 ╲ = Lindgrün, hell 4182
20 e = Lindgrün 4183
21 ⁜ = Lindgrün, dunkel 4185
22 ● = Lindgrün, dklst. 4186✱
23 > = Braunorange 4206
24 ⊙ = Rost, hell 4212
25 ⁄⁄ = Rost 4213
26 0 = Ockergelb, hell 4222
27 + = Ockergelb 4223
28 s = Ockergelb, mittel 4224
29 ◢ = Braun 4246
30 z = Hellbraun 4255
31 □ = Hellbeige 4251 (Fond)

Der Garnverbrauch für den Fond ändert sich mit der Größe der zu bestickenden Fläche.

Ausführung: Stickerei jeweils von der Mitte aus einteilen. Nach Zählmuster A sticken (Pfeil = Mitte). Für die Lehne die im Zählmuster grau unterlegten Flächen weglassen, dafür an der rechten Seite das Blatt nach Zählmuster B ansetzen, Stern (✱) = Ansatzpunkt. Den Fond der Stuhl- bzw. Schemelgröße entsprechend ergänzen. Allgemeine Hinweise für Spannen und Leimen von Straminstickereien bei Modell Nr. 04 beachten.

Allgemeine Hinweise für Möbelbezüge:

Wenn Sie nicht nur den Bezug sticken, sondern auch ein neues Gestell kaufen, wird der Schnitt vom Fachgeschäft mitgeliefert. Soll der Bezug aber für ein vorhandenes Möbelstück gestickt werden, muß man vor Stickbeginn einen Schnitt anfertigen. Dafür am besten Nessel (oder alten Wäschestoff) verwenden. Ein ausreichend großes Stück Nessel über der Mitte der Fläche fadengerade auflegen und feststecken. Über Rundungen und Ecken Falten bzw. „Abnäher" einlegen und abstecken (Abb. a). Alle Umrisse, Faltenbrüche und Konturen der Abnäher vor dem Entfernen der Stecknadeln mit Bleistiftpunkten markieren. Nachdem die Stecknadeln entfernt sind, die Markierungspunkte durch Linien verbinden, Abb. b. Die Schnittform ausschneiden und auf den Stramin legen, Konturen mit Schneiderkreide festhalten und dann mit Vorstichen nachziehen – dabei bereits die erforderliche Zugabe von 1 cm auf 50 cm einrechnen.
Läßt man die fertige Stickerei später beim Polsterer montieren, was mit Ausnahme einfachster Stuhlbezüge anzuraten ist, kann man sich den Schnitt auch anfertigen lassen. Möbelbezüge grundsätzlich im Perlstich oder im einfachen Gobelinstich über vorgespanntten Faden sticken!

09 Stühle mit Rokokomotiv

Zählmuster siehe Bogen D
Motiv 212 x 168 Stiche/ca. 53 x 42 cm (4 Stiche/ca. 1 cm)

Material: Je nach Größe der Fondfläche 60, 90 oder 137 cm breiter Gobelinstramin, 39 Fadenkaros/ca. 10 cm (z. B. Zweigart Art. 1231/39 „Penelope Canevas"); je 1 Str. (✱ = 21 Str.) Lindhorst Tapisserie-Wolle (Marke Edelfrau) in folgenden oder ähnlichen Farben:

1 - = Rohweiß 4400
2 ⊤ = Perlrosa, hell 4032
3 т = Antikrosé, hell 4042
4 ⊘ = Antikrosé 4074
5 ⊧ = Antikrot 4076
6 ◑ = Antikrot, dunkelstes 4077
7 ◣ = Brombeerrot, dunkel 4216
8 · = Gelb 4234
9 0 = Gold 4262
10 ° = Gold, dunkel 4224
11 ▼ = Zimtbraun 4245
12 " = Ginstergelb, hellstes 4233
13 ⌐ = Beige, hell 4292
14 ⁛ = Sand, hell 4272
15 ✓ = Beige 4281
16 ⌐ = Beige, dunkel 4293
17 ɩ = Beige, dunkelstes 4303
18 ◢ = Braun 4277
19 ⁄ = Lindgrün, hell 4151
20 ∽ = Lindgrün, mittel 4152
21 ⁄ = Lindgrün, dunkel 4185
22 ‒ = Grün 4153
23 ● = Tannengrün, dklst. 4145
24 □ = Beige, dunkel 4273✱ (Fond)

Ausführung: Das Motiv lt. Zählmuster im Perlstich ausführen. Den Fond im Halbstich in gewünschter Größe ergänzen. Allgemeine Hinweise bei Modell Nr. 04 und 08 beachten.

10 Tischdecke mit Gobelinmitte, ca. 118 x 118 cm

Zählmuster siehe Seite 160/161
Stickerei 327 x 327 Stiche/ca. 54,5 x 54,5 cm (6 Stiche/ca. 1 cm)

Material: Ca. 0,60 m zweifädiger Stramin, 60 cm breit, 6 Fadenkaros/ca. 1 cm (z. B. Zweigart Art. 500/60), ca. 1,20 m Shantusin, 120 cm breit (z. B. von esbi); 2,25 m Spitze, 8 mm breit (z. B. Linne); Schürer Mouliné (Sticktwist) in folgenden oder ähnlichen Farben (siehe Ausführung):

Ausführung: Ca. 3 cm ab Straminrand mit dem Sticken lt. Zählmuster beginnen, es zeigt ¼ der Stickerei (die Konturen zeigen den Fortlauf des Musters). Sticktwist ungeteilt verwenden. Den Mustersatz der schmalen Bordüre (jeweils von Pfeil bis Pfeil) an der Außenkante 16mal, innen 7mal wiederholen, Ecken gegengleich ergänzen. Für das Rosenmuster das Zählmuster ab Doppelpfeil jeweils um 90° drehen. Alle unbeschrifteten Flächen im Zählmuster werden mit der Fondfarbe ausgefüllt. Fertige Stickerei rechtwinklig spannen, anfeuchten und trocknen lassen. In der Mitte des Deckenstoffs ein Quadrat von 54,5 cm Seitenlänge markieren. Den Stramin 1 cm außerhalb der Stickerei fadengerade beschneiden, nach links umlegen und mit Hexenstichen anheften. Stickerei auf das vormarkierte Quadrat auflegen, anheften und schmalkantig aufsteppen. Die Spitze genau an den Kanten des Mittelteils anlegen, heften und steppen. Ecken der Decke für einen 1,5 cm breiten einfachen Saum abschrägen, Saum einlegen, steppen.

1 - = 1 Str. Erdbeerrot, allerhellstes 2002
2 ⁄ = 1 Str. Erdbeerrot, hst. 2003
3 × = 1 Str. Erdbeerrot, hell 2004
4 • = 1 Str. Erdbeerrot, m. 2005
5 ∩ = 1 Str. Erdbeerrot 2007
6 o = 1 Str. Erdbeerrot, d. 2010
7 ⌀ = 1 Str. Goldgelb, hell 2013
8 + = 1 Str. Porzellanblau, dunkelstes 2088
9 0 = 1 Str. Maisgelb, dunkel 2548
10 I = 1 Str. Orange 2550
11 v = 1 Str. Gelbgrün 2583
12 s = 2 Str. Gelbgrün, dunkelstes 2585
13 □ = 1 Str. Flieder, hell 2782
14 ∪ = 3 Str. Flieder, dunkel 2785
15 A = 1 Str. Lachsrosa, hellstes 2602
16 = = 1 Str. Lachsrosa, hell 2603
17 ⁄ = 2 Str. Lachsrosa 2604
18 ⁄ = 2 Str. Geranienrot, hell 2605
19 ⁄ = 1 Str. Geranienrot 2606
20 D = 1 Str. Geranienrot, dunkel 2607
21 ⊡ = 3 Str. Lindgrün, hst. 2022
22 Y = 2 Str. Lindgrün 2024
23 ⊓ = 2 Str. Kaffeebraun, hell 2307
24 ⊖ = 2 Str. Nußbraun, hell 2623
25 ◺ = 3 Str. Nußbraun, m. 2624
26 ⊥ = 2 Str. Lila, hell 2642
27 ⁄ = 2 Str. Lila, dunkel 2644
28 ▷ = 2 Str. Patinagrün, dunkelstes 5146
29 ▲ = 2 Str. Schilfgrün, hell 5164
30 < = 2 Str. Schilfgrün 5165
31 ▭ = 2 Str. Schilfgrün, dunkelstes 5167
32 ◆ = 48 Str. Ecrü 0005 (Fond)

11 Samtläufer mit Gobelineinsatz, ca. 32 x 70 cm

Zählmuster siehe Bogen H
Stickerei 58 x 243 Stiche = 12 x 50,5 cm (12 Stiche = ca. 2,5 cm).

Material: 0,30 m zweifädiger Stramin, 60 cm breit, 48 Gewebekaros/ca. 10 cm (z. B. Zweigart Art. 500/48); je 35 x 75 cm dunkelblauer Baumwollsamt und Futterstoff; 1,30 m Goldlitze, ca. 1 cm breit; je 1 Strg. MEZ Sticktwist in folgenden Farben:

1 + ⊟ = Schilf, dunkel 856
2 + ■ = Olivengrün 844
3 + + = Olivengrün, hell 842
4 + o = Schilf, mittel 853
5 + × = Perlrosa 75
6 + • = Perlrosa, hell 74
7 + I = Perlrosa, hellstes 73
8 + - = Weiß 2
9 = 15 Strg. Porzellanblau, dunkelstes 150 (Fond)

Ausführung: Ca. 4 cm ab oberem und 8 cm ab rechtem Straminrand mit dem Sticken lt. Zählmuster beginnen; es zeigt 2 Blumenmotive und den Anfang des dritten. Von Pfeil bis Pfeil im Zählmuster die Stickerei ergänzen, dabei jedoch den Anfang des folgenden Motivs aussparen, dafür später Fond sticken (siehe Modellbild). Den Fond am oberen Rand um 5, am unteren Rand um 13 Reihen, rechts und links jeweils um 2 Stiche ergänzen. Fertige Stickerei exakt rechtwinklig spannen, anfeuchten und trocknen lassen (siehe allg. Hinweise bei Modell Nr. 04). In Samtmitte von links ein Rechteck in Stickereigröße markieren, mit Nahtzugabe ausschneiden. Stickerei unterheften und steppen, über der Naht die Goldlitze aufsteppen, in den Ecken Fältchen legen. Samt und Futterstoff miteinander verstürzen.

12 Garderobe in Gobelintechnik, 60 x 170 cm

Zählmuster siehe unten und S. 138
Stickerei 185 x 510 Stiche ca. 47 x 130 cm (4 Stiche/ca. 1 cm)
Motiv I 25 x 28 Stiche = 6,4 x 7,2 cm
Motiv II 34 x 35 Stiche = 8,7 x 9,0 cm
Motiv III 27 x 31 Stiche = 6,9 x 8,0 cm
Motiv IV 28 x 38 Stiche = 7,2 x 9,7 cm
Motiv V 30 x 31 Stiche = 7,7 x 8,0 cm

Material: 1,40 m Gobelin-Stramin, 60 cm breit, 39 Fadenkaros/ca. 10 cm (z. B. Zweigart Art. 1231/39 „Penelope Canevas"); 1 Holzplatte 60 x 170 cm für die Rückwand; 80 x 190 cm blauer Samt; MEZ Kelimwolle in folgenden oder ähnlichen Farben:

Rote Rosen:	Gelbe Rosen:
Goldgelb, hellstes 2998	Goldgelb, hellstes 2998
Antikrosé, hellstes 3290	Goldgelb, mittel 3000
Antikrosé, hell 3893	Goldgelb, dunkelstes 3002
Antikrosé, mittel 3894	Ährengelb, hell 3229
Antikrosé, dunkel 3895	Ährengelb 3230
Altrosa, hellstes 3066	Messing, hell 3013
Gobelinrot, hell 3896	Messing, mittel 3014
Gobelinrot, mittel 3897	Blasses Lindgrün 3085
Antikrot, hellstes 3008	Lindgrün, hellstes 3086
Antikrot, hell 3009	Lindgrün, mittel 3088
Antikrot, dunkel 3011	Lindgrün, dunkel 3043
Lindgrün, hellstes 3086	
Lindgrün, mittel 3088	
Lindgrün, dunkel 3043	

Ausführung: Auf den Stramin die Stickereigröße markieren. Lt. Zählmuster sticken. Rosen nach Belieben anordnen (Variationen sind möglich – das Original zeigt bei über 80 Rosen keine zwei, die genau gleich sind). Zum Schluß den Fond (Farbe 3108) ausfüllen. Fertige Stickerei exakt rechtwinklig spannen, in den Samt einsetzen und über die Sperrholzplatte ziehen.

12 I

1 / 2998
2 ● 3002
3 ○ 3000
4 s 3088
5 x 3043
6 ■ 3086

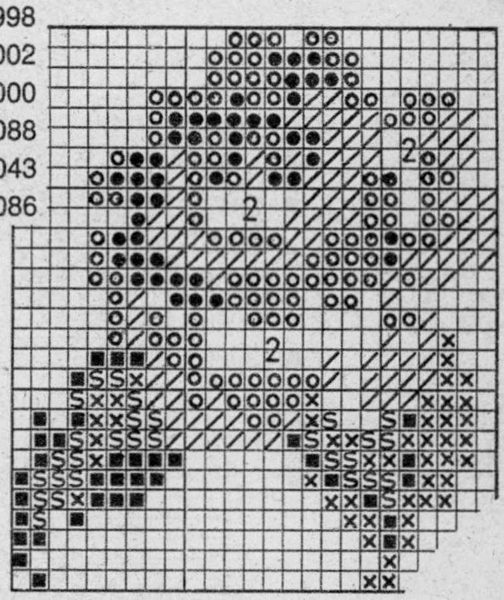

12 II

1 / 3229
2 ○ 3230
3 ● 3013
4 ◢ 3014
5 s 3085
6 x 3088
7 ■ 3043

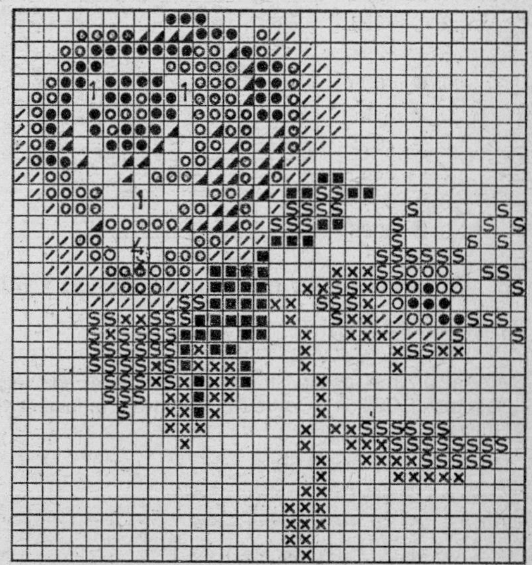

12 III

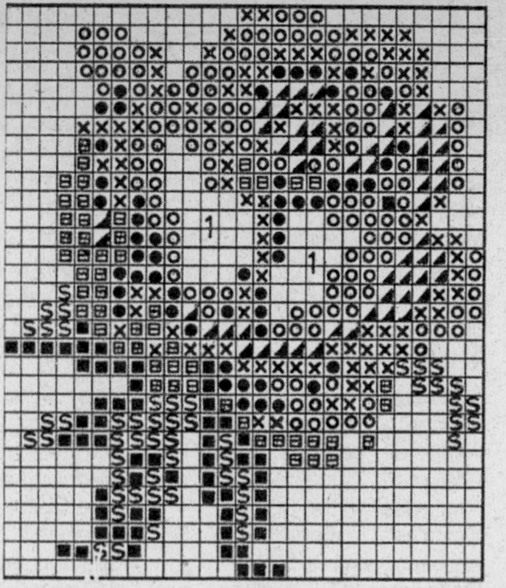

1 ⊟ 3290
2 ○ 3893
3 ● 3008
4 x 3009
5 ◢ 3011
6 s 3088
7 ■ 3086

12 IV

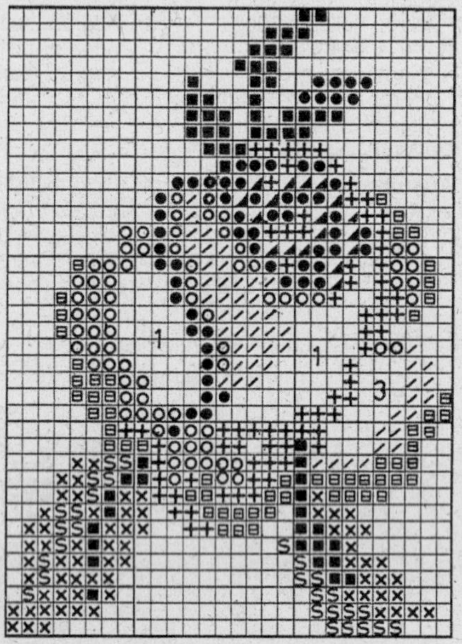

1 ⊟ 3290
2 / 3066
3 ○ 3893
4 + 3894
5 ● 3895
6 ◢ 3896
7 s 3088
8 x 3043
9 ■ 3086

12 V

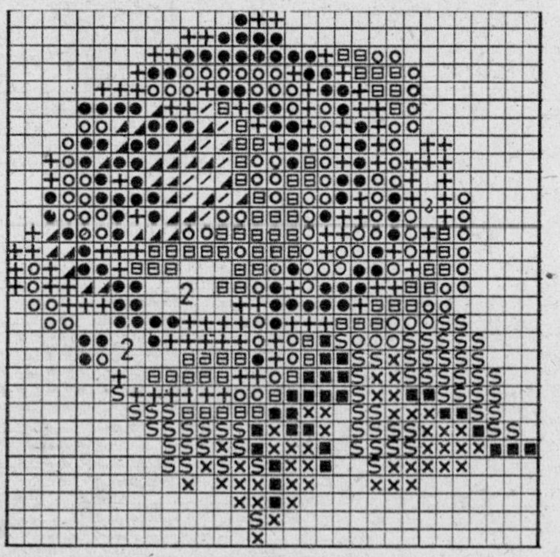

1 ⊟ 3290
2 ○ 3893
3 + 3894
4 ● 3009
5 ◢ 3897
6 / 2998
7 s 3085
8 x 3043
9 ■ 3086

13 Gobelin „Frau mit Hund", ca. 50 x 60 cm

Zählmuster auf Bogen B
205 x 236 Stiche/ca. 52,5 x 60 cm (4 Stiche/ca. 1 cm)
Material: 0,70 m Gobelin-Stramin, 58 cm breit, 4 Fadenkaros/ca. 1 cm (z. B. Leibfried-Art. 39/231); CeWeC Gobelinwolle in folgenden oder ähnlichen Farben:

1 • = 4 Str. Weiß 5002
2 + = 9 Str. Gelb, hellstes 5478
3 v = 2 Str. Gelb, mittel 5484
4 x = 2 Str. Sonnengelb 1345
5 o = 1 Str. Orange 1347
6 ⊘ = 1 Str. Rosé, hellstes 7230
7 ▵ = 1 Str. Rosé, mittel 7231
8 ⌀ = 1 Str. Terracotta, hell 7232
9 ▲ = 1 Str. Terracotta, dunkel 7233
10 ◻ = 7 Str. Sand 822
11 c = 5 Str. Erdbraun 7173
12 z = 1 Str. Hellbraun 6078
13 ■ = 1 Str. Dunkelbraun 5423
14 ● = 2 Str. Schwarz 5003
15 s = 6 Str. Hellblau 5047
16 = = 15 Str. Ozeanikblau 5049
17 w = 10 Str. Graublau 7167
18 ⁄ = 5 Str. Dunkelblau 7168
(CeWeC-Art. E 130-9).

Ausführung: Bild lt. Zählmuster mit einfachem Gobelinstich sticken.

14 Kissen, ca. 36,5 x 31 cm

Zählmuster Seite 162/163
Blumenmotiv 123 x 127 Stiche/ca. 23,5 x 24,5 cm (5 Stiche/ca. 1 cm)
Material: Ca. 0,40 m zweifädiger Stramin, 60 cm breit, 52 Fadenkaros/ca. 10 cm (z. B. Zweigart Art. 500/52); Rest farblich passender Samt für die Rückseite; je 1 Str. oder Reste von MEZ Sticktwist in folgenden oder ähnlichen Farben (∗ = 5 Str., ∗∗ = 6 Str.):

1 ⁄ = Goldgelb 306
2 = Taubenblau, hellstes 975∗ (Fond)
3 ~ = Taubenblau, hell 976∗∗
4 ⋰ = Schilf, mittel 853
5 o = Elfenbein 386
6 w = Holz 887
7 ø = Ginstergelb, ahst. 292
8 ⊙ = Ginstergelb, hellstes 293
9 ⋰ = Maisgelb, blasses 299
10 ⁄ = Maisgelb, hell 301
11 ↗ = Goldgelb, dunkelstes 308
12 c = Gelbgrün, hellstes 278
13 v = Gelbgrün, hell 279
14 s = Patinagrün, hell 858
15 ⁄ = Patinagrün, mittel 859
16 x = Patinagrün 860
17 ■ = Patinagrün, dunkel 861
18 ⋅ = Olivengrün, hell 842
19 + = Olivengrün, mittel 843
20 ⁄ = Olivengrün 844
21 ◘ = Olivengrün, dunkel 845
22 ı = Gelbgrün, dunkel 281
23 ⁄ = Schilf 854
24 ⁄ = Rosenrosa 25
25 ʌ = Rosenrosa, dunkel 26
26 ◻ = Lachsrosa, hellstes 6
27 ◻ = Lachsrosa, hell 8
28 ÷ = Terracotta, ahst. 336
29 0 = Terracotta, hellstes 337
30 z = Terracotta, hell 338
31 ⁄ = Terracotta, dunkel 340
32 ⁄ = Schilf, dunkel 856
33 – = Kupferrot, allerhellstes 880
34 ⊙ = Goldgelb, hell 305
35 ● = Holzbraun, dunkel 889
36 ⁄ = Olivengrün, dunkelstes 846 + Holzbraun, hell 888
37 ¤ = Weiß 2 + Lachsrosa, hellstes 6
38 • = Weiß 402 + Rosenrosa, hellstes 23
39 = = Creme 387∗∗

Ausführung: Stickerei von der unteren Mitte aus (= Pfeil im Zählmuster) einteilen. Twist ganzfädig verwenden, bei Farbmischung je 3 und 3 Fäden zusammenfassen. Den Fond beiderseits je 2 Stiche über das Motiv hinaus, unten und oben um je 1 Reihe ergänzen. Alle leeren Kästchen in Fondfarbe aussticken. Oben und an den Seiten den melierten Fond anfügen: wechselnd 1 Stich in Farbe 3 und Farbe 39; in folgender Reihe jeweils versetzt arbeiten. Lt. Modell insgesamt 34 Reihen bzw. Stiche ausführen.
Fertigstellen: siehe Hinweise für Kissen bei Modell Nr. 51.

15–18 Nadelkissen

Zählmuster siehe Bogen G

15 Nadelkissen, ca. 10 x 10 cm
Motiv 39 x 40 Stiche/ca. 7,5 x 7,5 cm (5 Stiche/ca. 1 cm)

16 Nadelkissen, ca. 10 x 10 cm
Motiv 41 x 35 Stiche/ca. 8 x 6,5 cm (5 Stiche/ca. 1 cm)

17 Nadelkissen, ca. 10 x 10 cm
Motiv 48 x 42 Stiche/ca. 9 x 8 cm (5 Stiche/ca. 1 cm)

18 Nadelkissen, ca. 11 x 9,5 cm
Motiv 46 x 40 Stiche/ca. 9 x 7,5 cm (5 Stiche/ca. 1 cm)

Material je Nadelkissen: 15 x 15 cm Stramin, 52 Fadenkaros/ca. 10 cm (z. B. Zweigart Art. 500/52); für die Rückseite farblich passender Samt; je 1 Str. MEZ Sticktwist in den Farben lt. Tabelle (∗ = 2 Str.):

15

1 × = Olivengrün, mittel 843
2 o = Olivengrün, dunkel 845
3 • = Gelbgrün, dunkel 281
4 ∪ = Gelbgrün, dunkelstes 924
5 ● = Goldgelb 306
6 v = Lachsrosa, hell 8
7 z = Terracotta, hell 338
8 ⁄ = Terracotta, dunkel 340
9 ▲ = Creme 387 ∗

16

1 × = Gelbgrün, hell 279
2 ○ = Gelbgrün 280
3 • = Olivengrün, dunkel 845
4 ∪ = Elfenbein 386
5 ● = Maisgelb, blasses 299
6 v = Maisgelb, hell 301
7 z = Goldgelb, hell 305
8 / = Goldgelb 306
9 = = Goldgelb, dunkelstes 308
10 ▲ = Holzbraun, hell 888
11 △ = Creme 387 *

17

1 × = Gelbgrün 280
2 ○ = Olivengrün 844
3 • = Olivengrün, dunkel 845
4 ● = Goldgelb, dunkel 307
5 v = Blaßviolett 95
6 z = Zartviolett 96
7 / = Violett, hell 98
8 = = Violett, mittel 99
9 ▲ = Creme 387 *

18

1 × = Ginstergelb, hell 295
2 ○ = Gelbgrün, hell 279
3 • = Gelbgrün 280
4 ∪ = Lindgrün, hell 260
5 ● = Olivengrün 844
6 v = Rosenrosa, hell 24
7 z = Rosenrosa, dunkel 26
8 / = Karminrot, hell 41
9 = = Holzbraun, dunkel 889
10 ▲ = Creme 387 *

Ausführung: Stickereimotiv in Straminmitte nach Zählmuster mit ungeteiltem Faden arbeiten. Fond auf das angegebene Maß ergänzen.

19 Gestickte Türfüllung, ca. 47,5 x 145 cm

Zählmuster A siehe Bogen C und Zählmuster B, C, D auf Bogen G
Motiv A: 148 x 91 Stiche/ca. 31 x 19 cm
Motiv B: 149 x 150 Stiche/ca. 31 x 31,5 cm
Motiv C: 145 x 140 Stiche/ca. 30 x 29 cm
Motiv D: 156 x 128 Stiche/ca. 32,5 x 26,5 cm
Bordürenbreite 8 Stiche/ca. 1,5 cm (5 Stiche/ca. 1 cm)

Material: Für die angegebene Größe 1,55 m zweifädiger Stramin, 58 cm breit, 48 Fadenkaros/ca. 10 cm (z. B. Leibfried Art. 48/100); 1 Türrahmen; je 1 Str. (* = 8 Str.) MEZ Sticktwist in folgenden Farben:

1 ○ = Schneeweiß 1
2 ı = Elfenbein 386
3 ⁖ = Maisgelb, blasses 299
4 ⸵ = Maisgelb, hell 301
5 ◣ = Maisgelb, dunkel 303
6 ⧊ = Maisgelb, dunkel 303 + Terracotta, dunkel 340
7 c = Ginstergelb, ahst. 292
8 ⊟ = Ginstergelb, hst. 293
9 ▾ = Ginstergelb, hell 295
10 ⌐ = Kanariengelb, hell 288
11 • = Kanariengelb 290
12 × = Goldgelb 306
13 ∸ = Himbeerrosa, hell 36
14 ⌂ = Himbeerrosa, hell 24 Schneeweiß 1
15 ▘ = Himbeerrosa, hell 24 Karminrot, hell 41
16 ∟ = Himbeerrosa 26
17 y = Terracotta, allerhellstes 336
18 ᴘ = Terracotta, hellstes 337
19 ⊤ = Terracotta, hell 338
20 ⍉ = Terracotta, hell 338 + Ginstergelb, hellstes 293
21 ɢ = Terracotta 339
22 ⋏ = Terracotta, dunkel 340
23 ⁘ = Rosenrosa, hellstes 23
24 ▬ = Karminrot, hell 41
25 ꜰ = Erikarot, hell 76
26 : = Altrosa, hell 968
27 ⊥ = Altrosa 969
28 ⫽ = Altrosa, dunkel 970
29 ⌧ = Altrosa, dunkelstes 972
30 ◆ = Brombeerrot, mittel 69
31 ~ = Lila, hellstes 108
32 ✱ = Nußbraun, hell 373
33 ⊙ = Zimtbraun, dunkel 370
34 ⁒ = Goldbraun, hell 943
35 8 = Goldbraun, hell 943 + Altrosa, dunkel 970
36 ə = Holz 887
37 + = Gelbgrün, hellstes 278
38 v = Gelbgrün, hell 279
39 ⦶ = Gelbgrün 280
40 ⊙ = Gelbgrün, dunkel 281
41 ⁄ = Gelbgrün, dunkelstes 924
42 ⦀ = Lindgrün, hellstes 259
43 e = Maigrün, mittel 241
44 = = Eisblau, ahellst. 158
45 ≀ = Eisblau, hellstes 159
46 ! = Eisblau, hell 160
47 ᴙ = Taubenblau, hellstes 975
48 ● = Taubenblau, mittel 977
49 ⊞ = Taubenblau 978
50 ∴ = Graublau 940
51 ⍍ = Himmelblau, hell 129
52 < = Blaugrau, hell 920
53 ▲ = Blaugrau 921
54 ■ = Sandbraun, hell 375
55 ᴗ = Holz, hellstes 886 *
56 / = Holzbraun, hell 888 *
57 ὺ = Schilf, mittel 853 *
58 ⊤ = Schilf, dunkel 856
59 ╲ = Olivengrün, hell 842 *
60 s = Olivengrün, mittel 843
61 ॥ = Olivengrün 844
62 ⸭ = Olivengrün 844 + Sandbraun, hell 375
63 ⊡ = Olivengrün, dunkel 845
64 ◤ = Olivengrün, dunkel 845 + Altrosa, dunkelstes 972
65 ⍝ = Olivengrün, dunkel 845 + Gelbgrün, hell 279
66 ◇ = Zimtbraun, dunkel 370 + Olivengrün, mittel 843
67 ✗ = Olivengrün, dunkelstes 846
68 ▼ = Olivengrün, dunkelstes 846 + Karminrot, hell 41
69 ε = Patinagrün, hell 858
70 z = Patinagrün, mittel 859
71 ⍏ = Patinagrün, mittel 859 + Goldgelb 306
72 ◢ = Patinagrün 860
73 ● = Patinagrün, dunkel 861
74 ⌀ = Seegrün, hellstes 875
75 ◧ = Seegrün, hell 876
76 ⌿ = Petrolblau, mittel
77 ᴎ = Antikblau, hellstes 847
78 ᴚ = Antikblau, hell 848
79 ɪ = Antikblau, mittel 849
80 ϟ = Antikblau 850
81 ▼ = Antikblau, dunkel 851
82 ∩ = Kupferrot, hell 882
83 ▫ = Antikviolett, hellstes 869
84 ⊡ = Antikviolett, hellstes 869 + Schneeweiß 1
85 ✗ = Antikviolett, hell 870
86 = = Antikviolett, mittel 871
87 ⁄ = Antikviolett 872
88 ⧗ = Antikviolett, d. 873
89 ■ = Torfbraun, dunkelstes 382
□ = Beige, hell 390 (Fond)

Ausführung: Auf dem Stramin die Längsmitte markieren. Mit dem Sticken ca. 12 cm ab oberem Straminrand lt. Zählmuster A beginnen. (Die Pfeile geben jeweils die Mitte der Motive an.) Sticktwist ganzfädig verwenden. Bei einigen Nuancen je 3 Fd. der entsprechenden Farben zusammennehmen. Die Randbordüre oben mit 3, seitlich mit je 2 Fadenkaros Abstand zu Motiv A anordnen. Direkt unterhalb des Blumenmotivs 2 Bordüren mit 3 Stichen Abstand und zusätzlich 1 R. in Fondfarbe sticken. Darunter lt. Zählmuster B weiterarbeiten. Stickfläche unter dem Motiv in 4 gleichgroße Abstände einteilen und in Längsrichtung drei ca. 9 cm lange Bordürenstreifen sticken, dann lt. Zählmuster C fortfahren. Als Übergang zu Motiv D die Streifen mit 1 R. Abstand anordnen. Bevor mit Motiv D begonnen wird, 5 R. Fond sticken. Als Abschluß mit 2 R. Abstand die 9 cm langen Längsstreifen ausführen. Die Randbordüren nach und nach arbeiten (Motiv D ragt am linken Rand etwas in die Bordüre hinein). Den Fond außerhalb der Randbordüre auf die gewünschte Größe ergänzen. Fertige Stickerei spannen. Mit kleinen Nägeln auf die Tür aufnageln. Straminrand mit einer Zierleiste verdecken.

20 Sesselbezug in Gobelintechnik

Zählmuster siehe Bogen C
1 Mustersatz 102 x 160 Stiche/ca. 19,5 x 30,5 cm

Material: Zweifädiger Baumwollstramin, 60 cm breit, 52 Fadenkaros/ca. 10 cm (z. B. Zweigart Art. 500/52); MEZ Sticktwist in folgenden Farben (der Verbrauch richtet sich nach der Größe des jeweiligen Sessels):

1 ○ = Lindgrün, hell 260
2 × = Lindgrün, dunkel 262
3 ● = Lindgrün, dunkelstes 263
4 ╲ = Antikrot 893
5 v = Antikrot, dunkel 895
6 ■ = Antikrot, dunkelstes 897
7 ⁄⁄ = Terracotta, allerhellstes 336
8 e = Terracotta 339
9 ⁖ = Goldgelb, hell 305
10 ▲ = Goldgelb, dunkel 307
11 s = Elfenbein 386
12 △ = Grau, dunkel 400
13 ◢ = Schwarz 403
14 z = Taubenblau, hellstes 975
15 r = Blaugrau 921
16 ⦀ = Antikviolett, hellstes 869
17 ⁄ = Antikviolett 872
18 ▫ = Ecru 956 (Fond)

Ausführung: Vor Beginn einen Schnitt für die Bezugsteile anfertigen oder anfertigen lassen. Das Muster ab Mitte einteilen. Lt. Zählmuster im Perlstich sticken, das Muster nach allen Seiten bis zur gewünschten Größe ergänzen. Teile exakt spannen (siehe auch Hinweis bei Modell Nr. 04) und vom Polsterer montieren lassen.

21 Buchzeichen, ca. 5,5 x 21,5 cm

Zählmuster auf Bogen G
Stickerei 30 x 112 Stiche (5 Stiche/ca. 1 cm)

Material: 0,10 m zweifädiger Stramin, 60 cm breit, 52 Fadenkaros/ca. 10 cm (z. B. Zweigart Art. 500/52); ca. 10 x 30 cm farblich passender Stoff für die Rückseite; je 1 Str. MEZ Sticktwist in folgenden oder ähnlichen Farben:

1 × = Patinagrün, hell 858
2 ○ = Patinagrün, mittel 859
3 • = Patinagrün 860
4 ● = Patinagrün, dunkel 861
5 v = Himmelblau, hellstes 128
6 u = Blaugrau, dunkel 922
7 ∕ = Taubenblau, hell 976
8 = = Taubenblau 978
9 = Blaßviolett 95
10 z = Antikviolett, hell 870
11 + = Antikviolett, mittel 871
12 ⊖ = Antikviolett, dunkel 873
13 ⌓ = Maisgelb, hellstes 300
14 e = Goldgelb, hell 305
15 ▲ = Goldgelb, dunkel 307
16 = Lindgrün, hellstes 259
17 c = Kupferrot 883
18 = Elfenbein 386

Ausführung: Ca. 2 cm ab Straminrand mit dem Sticken lt. Zählmuster beginnen. Es wird mit ungeteiltem Faden gestickt. Fertige Stickerei exakt spannen. Überstehenden Stramin auf gleiche Breite beschneiden, Buchzeichen mit dem Stoff verstürzen.

22 Mitteldecke, ca. 80 x 80 cm

Zählmuster siehe Bogen C
Stickerei 210 x 244 Stiche/ca. 38 x 43 cm (11 Stiche/ca. 2 cm)

Material: 0,60 m Stramin, 60 cm breit, 56 Fadenkaros/ca. 10 cm (z. B. Zweigart Art. 500/56); 50 x 50 cm passender Futterstoff; je 1 Str. (* = 2 Str., Fond = 26 Str.) MEZ Sticktwist in folgenden oder ähnlichen Farben:

1 – = Perlrosa, hellstes 73 (4 Fä) + Weiß 2 (2 Fä)
2 ○ = Perlrosa, hell 74
3 ♦ = Rosenrosa 25
4 □ = Perlrosa 75
5 × = Erikarot, hell 76
6 y = Altrosa, dunkel 970
7 ⁒ = Altrosa, hell 968
8 ∕ = Altrosa, hell 968 (4 Fä) + Perlrosa, hellstes 73 (2 Fä)
9 ϑ = Altrosa, dunkelstes 972
10 = Erikarot, dunkel 78
11 ● = Karminrot, dklst. 44 (4 Fä) + Brombeerrot 70 (2 Fä)
12 = Lachsrosa, hell 08
13 z = Hummerrot, hell 328
14 ⌀ = Orange, dunkel 316 (3 Fä) + Terracotta, hellstes 337 (3 Fä)
15 e = Terracotta 339 (4 Fä) + Hummerrot, dkl. 330 (2 Fä)
16 ▽ = Kupferrot, dunkel 884
17 ━ = Kupferrot, hell 882
18 ı = Kupferrot, hellstes 881
19 ∕ = Braun, hell 370
20 = Kupferrot, allerhellstes 880
21 ± = Ginstergelb, hellstes 293
22 ⁄ = Maisgelb 302
23 + = Maisgelb, dunkel 303
24 .• = Eisblau, allerhellstes 158
25 ψ = Türkis, hellstes 167
26 ⌓ = Blaugrün, hellstes 928
27 ◺ = Himmelblau 130
28 ■ = Kobaltblau 133
29 e = Violett, hellstes 97
30 ∥ = Zartviolett 96
31 ∕ = Smaragdgrün, dklst. 923
32 ⊧ = Smaragdgrün, hellstes 225
33 v = Lindgrün 261 (3 Fä) + Birkengrün, dunkel 257 (3 Fä)
34 ∊ = Lindgrün, hell 260
35 ∩ = Lindgrün, hellstes 259
36 ⌐ = Gelbgrün, hell 279 *
37 ◫ = Birkengrün, dunkelstes 258 (3 Fä) + Grasgrün, mittel 244 (3 Fä)
38 ⊕ = Grasgrün, hell 243 *
39 = Smaragdgrün 228
40 · = Weiß 2
41 # = Gold 945
42 ᴗ = Creme, hell 926 (Fond)
43 ▲ = Schwarz 403
44 = Nußbraun 375

Ausführung: Mit der Stickerei ca. 8 cm ab Straminrand lt. Zählmuster beginnen. Mit ganzfädigem Sticktwist arbeiten. Um einige Farbnuancen zu erzielen, wurden Fäden von 2 verschiedenen Farben zusammen verarbeitet, das Mischverhältnis geben die Zahlen in den Klammern an. Den Fond ringsum quadratisch auf die angegebene Größe ergänzen. Als Abschluß rundherum 1 Rd. in Gold 945 und 2 Rd. in Nußbaum 375 ausführen.

23 Gobelin-Beutel, ca. 22,5 x 27 cm

Zählmuster siehe Bogen H
Stickerei 180 x 215 Stiche (8 Stiche/ca. 1 cm)

Material: 0,30 m zweifädiger Stramin, 60 cm breit, 8 Fadenkaros/ca. 1 cm (z. B. Zweigart Art. 500/80); 30 x 35 cm schwarzes Wildleder; 2,50 m schwarze Atlas-Kordel, 5 mm Ø; 30 cm Nahtband, 2,5 cm breit; Rest schwarzer Futterstoff; je 1 Str. MEZ Sticktwist in folgenden oder ähnlichen Farben (* = 4 Str.):

1 ↑ = Erikarot, dunkel 78
2 ⌓ = Erikarot, hell 76
3 ⁒ = Perlrosa 75
4 v = Perlrosa, hell 74
5 ᴗ = Perlrosa, hellstes 73
6 ⊟ = Orange, dunkelstes 925
7 ⌀ = Orange
8 ᛉ = Orange, hell 313
9 ⊢ = Maisgelb 302
10 • = Maisgelb, hell 301
11 ◢ = Kirschrot, dunkel 20
12 × = Kirschrot 19
13 ○ = Leuchtend Rot 46
14 ■ = Mohnrot 333
15 ∕ = Graublau, dunkel 941
16 e = Graublau 940
17 ⫽ = Graublau, hell 939
18 ⊤ = Graublau, allerhellstes 128
19 Y = Taubenblau, hell 976
20 ı = Taubenblau, hellstes 975
21 ∕ = Silbergrau 397
22 ■ = Petrolblau, dunkel 922
23 + = Petrolblau, mittel 920
24 ∕ = Petrolblau, hell 847
25 ● = Tannengrün 217
26 s = Tannengrün, mittel 216
27 ıı = Tannengrün, hell 215
28 – = Tannengrün, hellstes 214
29 ▲ = Schwarz 403 * (Fond)

Ausführung: Nach Zählmuster mit zweifädigem Twist sticken. Fertige Stickerei von links unter feuchtem Tuch bügeln. Überstehenden Stramin mit 1 cm Zugabe abschneiden, Wildlederrücken und zwei Futterteile entsprechend zuschneiden. Oberkante knapp an der Stickerei nach links umlegen und anhexen. Beim Lederteil von links zur Versteifung in die obere Bruchkante Nahtband kleben, Nahtzugabe nach links umkleben. Vorder- und Rückteil rechts knapp an der Stickerei zusammensteppen (Papier unter Leder legen, damit es beim Nähen nicht schiebt!) Nahtzugabe beschneiden, an den Rundungen einschneiden. Tasche wenden. Futter zusammensteppen und von Hand einnähen. Kordel annähen.

24 + 25 Kleiderbügel

Zählmuster 24 und 25 siehe Bogen H
Motiv 164 x 40 Stiche/ca. 41 x 10 cm (4 Stiche/ca. 1 cm)

Material: 1 Kleiderbügel, 42,5 cm breit (z. B. Knorr Art. 7696000); 0,20 m zweifädiger Stramin, 60 cm breit, 40 Fadenkaros/ca. 10 cm (z. B. Zweigart Art. 500/40); Rest schwarzer Samt für die Rückseite; 1 m Goldborte, 1,5 cm breit; je 1 Str. MEZ Kelimwolle in den Farben lt. Tabelle (* = 3 Str.).

24	25
1 v = Pink, hell 3067	1 . = Lachsrosa 3290
2 ○ = Pink 3068	2 ○ = Pink, hellstes 3066
3 ▲ = Rot 3152	3 v = Pink, hell 3067
4 ● = Aubergine 3072	4 ▲ = Rot 3152
5 · = Hellblau 3257	5 ● = Aubergine 3072
6 ∕ = Mittelblau 3452	6 ∕ = Lindgrün, hellstes 3086
7 s = Gelb 3425	7 = = Lindgrün, hell 3087
8 = = Lindgrün, hell 3087	8 × = Lindgrün 3043
9 × = Lindgrün 3043	9 ◢ = Olivgrün 3288
10 ◆ = Schwarz 3056 (Fond) *	10 ■ = Olivgrün, dunkel 3089
	11 △ = Ocker 3046
	12 s = Braun 3004
	13 ◆ = Schwarz 3056 (Fond) *

Ausführung: Auf dem Stramin die Umrisse des Kleiderbügels markieren. Lt. Zählmuster im einfachen Gobelinstich sticken. Stickerei spannen (siehe auch Hinweise bei Modell Nr. 04), Stramin auf 2 cm beschneiden, über dem Bügel aufkleben (Rand evtl. einschneiden). Rückseite mit Samt verkleiden, Samt schmal umgelegt aufsäumen, Goldborte aufnähen oder -kleben.

26 Kleiderbürste, ca. 6 x 18 cm

Zählmuster siehe Bogen H
Motiv 19 x 68 Stiche/ca. 5 x 17,5 cm (4 Stiche/ca. 1 cm)

Material: Rest zweifädiger Stramin, 39 Fadenkaros/ca. 10 cm (z. B. Leibfried Art. 39/100); eine Kleiderbürste mit Aufhängung, Rückenmaß ca. 6 x 18 cm; 0,50 m Brokatborte, 1,5 cm breit; je 1 Str. oder Reste MEZ Kelimwolle in folgenden oder ähnlichen Farben:

1 · = Naturweiß 3204
2 ○ = Hellgelb 3424
3 ○ = Dunkelgelb 3374
4 = = Altrosa 3893
5 v = Fraise 3069
6 ▲ = Weinrot 3152
7 △ = Lindgrün 3087
8 × = Lindgrün, dunkel 3044
9 ● = Dunkelbraun 3076

Das Modell ist im Fachhandel als Fixpackung erhältlich: BTW-Art. 8684.

Ausführung: Bürstenkontur auf den Stramin übertragen, lt. Zählmuster sticken. Bei größerem Bürstenmaß den Fond entsprechend ergänzen. Überstehenden Stramin auf ca. 1 cm beschneiden, Stickerei auf den Bürstenrücken kleben. Straminränder mit Brokatborte verzieren.

27 Handtasche, ca. 28 x 23 cm

Zählmuster siehe Bogen G
Motiv 161 x 156 Stiche/ca. 20 x 19,5 cm (8 Stiche/ca. 1 cm)

Material: 0,70 m zweifädiger Stramin, 60 cm breit, 8 Fadenkaros/ca. 1 cm (z. B. Zweigart Art. 500/80); 1 Taschenbügel, 27 cm lang; je 1 Str. Springer Zephirwolle „Orchidee" in folgenden oder ähnlichen Farben (✱ = 30 Str.):

1	•	= Beige 2150	18	△	= Holzbraun, dunkel 2162
2	–	= Rost, hell 2088	19	0	= Grasgrün, hellstes 2112
3	~	= Rost, mittel 2089	20	/	= Patinagrün, mittel 2074
4	=	= Rost 2091	21	▲	= Grasgrün 2118
5	/	= Fraise, hell 2248	22	"	= Holzbraun, hellstes 2158
6	ø	= Antikviolett 2257	23	▼	= Grasgrün, dunkelstes 2120
7	I	= Braunrot, dunkel 2212	24	e	= Lila, hellstes 2007
8	+	= Braunrot, dunkelstes 2213	25	×	= Violett, hell 2082 A
9	●	= Fraise, dunkel 2250	26	⩙	= Violett 2083
10	⸸	= Rosa 2830	27	↗	= Violett, dunkel 2084
11	s	= Rosa, hellstes 2019	28	⊥	= Dunkelbraun 2244
12	o	= Gelb 2286	29	⫪	= Rehbraun 2237
13	◉	= Hellgelb 2285	30	◫	= Rehbraun, dunkel 2238
14	⊖	= Messinggelb, hell 2078	31	∩	= Rost, hellstes 2087
15	□	= Messinggelb 2080	32	T	= Rehbraun, hell 2234 A
16	‡	= Apfelgrün, hellstes 2193	33	■	= Schwarz 2801 ✱
17	v	= Olivgrün 2071			

Ausführung: Einen Taschenschnitt anfertigen oder vom Sattler anfertigen lassen. Den Schnitt auf den Stramin übertragen. Nach Zählmuster sticken. Das Motiv (Pfeile im Zählmuster = Mitte) auf Vorder- und Rückseite arbeiten. Den Fond entsprechend ergänzen. Fertige Stickerei spannen, anfeuchten und trocknen lassen. Das Ausfertigen der Tasche sollte einem Sattler übergeben werden. Seitenteile und Boden sind beim Originalmodell aus Wildleder gearbeitet.

28 Puderdosenetui, ca. 9,5 cm ∅

Zählmuster siehe Bogen G
Motiv 60 x 71 Stiche/ca. 6 x 7 cm (10 Stiche/ca. 1 cm)

Material: 15 x 30 cm schwarzer Seidenkrepp, Rest schwarzes Futter, Rest Vlieseline, 0,35 m schwarze Tresse, 8 mm breit; Rest Siebleinen, 10 Gewebefäden/ca. 1 cm (z. B. Zweigart Art. 3604 „Dublin"; je 1 Str. oder Reste von MEZ Sticktwist in folgenden oder ähnlichen Farben:

1 = Maisgelb, hell 301
2 ● = Antikrot, dunkel 896
3 s = Violett, mittel 99
4 · = Creme, hell 926
5 o = Antikrosé, hell 893
6 ı = Taubenblau 978
7 – = Taubenblau, dunkel 979
8 = = Lindgrün, hellstes 259
9 × = Lindgrün 261
10 0 = Lindgrün, dunkel 262
11 / = Zartviolett 96

Ausführung: Auf dem Krepp 2 Kreise mit 11 cm ∅ markieren. Über einen der Kreise Siebleinen heften. Motiv lt. Zählmuster in der Mitte anordnen. Den Gobelinstich mit 2fädigem Twist über 1 Fadenkreuz sticken. Zum Schluß Siebleinen ausfransen und unter der fertigen Stickerei herausziehen. Stickerei von links bügeln. Beide Kreise mit Futterstoff verstürzen und schmalkantig absteppen, dabei am Vorderteil Tresse untersteppen, so daß ein ca. 2 mm breiter Rand zu sehen ist. Tresse lt. Modellbild mit ganzfädigem Twist in Gelb verzieren. Teile aufeinandernähen.

29 Gobelinbild mit Veilchen, ca. 10 cm ∅

Zählmuster auf Bogen B
Motiv 39 x 40 Stiche/ca. 6,5 x 6,5 cm (6 Stiche/ca. 1 cm)

Material: 15 x 15 cm zweifädiger Stramin, 6 Fadenkaros/ca. 1 cm (z. B. Zweigart-Art. 500/60, 60 cm breit); 1 Bilderrahmen, Innenmaß 10 cm ∅; Schürer Mouliné (Sticktwist) in folgenden oder ähnlichen Farben:

1 = 1 Str. Zartviolett 2322
2 / = 1 Str. Violett, mittel 2323
3 ◤ = 1 Str. Violett 2325
4 o = 1 Str. Ginstergelb, hell 2546
5 · = 1 Str. Terracotta, hell 2103
6 ● = 1 Str. Schwarz 0020
7 + = 1 Str. Olivengrün, mittel 5165
8 ■ = 1 Str. Schilf, dunkel 2264
9 × = 1 Str. Olivengrün, hell 5164
10 e = 2 Str. Beige, hell 3062 (Fond)

Ausführung: Das Motiv in Straminmitte anordnen, lt. Zählmuster mit ganzfädigem Twist im einfachen Gobelinstich arbeiten. Fond auf Rahmeninnenmaß ergänzen. Fertige Stickerei rechtwinklig spannen, anfeuchten und trocknen lassen. Über einen passenden Karton spannen und in den Rahmen einfügen.

30 Gobelinbild mit Rose, ca. 7 cm ∅

Zählmuster auf Bogen B
Motiv 28 x 30 Stiche/ca. 5 x 5 cm (6 Stiche/ca. 1 cm)

Material: 15 x 15 cm zweifädiger Stramin, 6 Fadenkaros/ca. 1 cm (z. B. Zweigart-Art. 500/60, 60 cm breit); 1 Bilderrahmen, Innenmaß 7 cm ∅; je 1 Str. Schürer Mouliné (Sticktwist) in folgenden oder ähnlichen Farben:

1 × = 1 Str. Olivengrün, hell 5164
2 z = 1 Str. Olivengrün, mittel 5165
3 ◤ = 2 Str. Olivengrün, dunkelstes 5167 (Fond)
4 + = 1 Str. Zimtbraun, dunkel 2724
5 · = 1 Str. Perlrosa, hellstes 2321a
6 s = 1 Str. Altrosa 2274
7 / = 1 Str. Brombeerrot, hell 2704
8 ● = 1 Str. Brombeerrot, mittel 2706

Ausführung: siehe Modell 29.

31 Gobelinbild, ca. 77 x 58 cm

Zählmuster auf Bogen B
Motiv 303 x 226 Stiche/ca. 76 x 57 cm (4 Stiche/ca. 1 cm)

Material: 0,70 m Gobelin-Stramin, 90 cm breit, 4 Fadenkaros/ca. 1 cm (z. B. Leibfried-Art. 39/235); DMC Colbert Tapisseriewolle in folgenden Farben:

1 · = 7 Str. Beige, hell 7460
2 / = 2 Str. Gelb 7503
3 o = 1 Str. Gold 7846
4 + = 2 Str. Braun 7518
5 z = 2 Str. Beige, dunkel 7413
6 △ = 1 Str. Grau 7618
7 0 = 6 Str. Seegrün, hell 7321
8 s = 4 Str. Graugrün 7394
9 v = 5 Str. Apfelgrün 7384
10 e = 3 Str. Grasgrün 7386
11 ● = 4 Str. Dunkelgrün 7347
12 = = 2 Str. Violett 7262
13 × = 2 Str. Hellrot 7110
14 ◢ = 2 Str. Dunkelrot 7219
15 ⌿ = 2 Str. Hellblau 7799
16 ▼ = 10 Str. Mittelblau 7297
17 ■ = 1 Str. Dunkelbraun 7469
18 = 19 Str. Dunkelblau 7299

Das Modell ist im Fachhandel als Fertigpackung erhältlich: Vervaco Nr. 52.

Ausführung: Im einfachen Gobelinstich, ca. 8 cm ab Straminrändern, lt. Zählmuster beginnen. Außerhalb der roten Umrandungslinie noch ringsum als Rahmenleiste 12 Reihen in Mittelblau 7297 ausführen. Fertige Stickerei rechtwinklig spannen, anfeuchten und trocknen lassen. Überstehenden Stramin fadengerade auf 8 Fadenkaros beschneiden. Stickerei über einen passenden Karton spannen und in einen Rahmen einfügen.

32–42 Länder-Wappen, ca. 12 x 12 cm

Stickerei:
32 (Berlin) 33 x 52 Stiche/ca. 5,5 x 8,5 cm, Bg. G
33 (Baden-Württemberg) 33 x 48 Stiche/ca. 5,5 x 8 cm, Bg. C
34 (Hessen) 41 x 49 Stiche/ca. 7 x 8 cm, Bg. G
35 (Nordrhein-Westfalen) 40 x 44 Stiche/ca. 6,5 x 7,5 cm, Bg. G

36 (Saarland) 37 x 47 Stiche/ca. 6 x 8 cm, Bg. C
37 (Niedersachsen) 41 x 47 Stiche/ca. 7 x 8 cm, Bg. C
38 (Bremen) 40 x 52 Stiche/ca. 6,5 x 8,5 cm, Bg. G
39 (Hamburg) 39 x 46 Stiche/ca. 6,5 x 7,5 cm, Bg. G
40 (Bayern) 38 x 46 Stiche/ca. 6,5 x 7,5 cm, Bg. C
41 (Schleswig-Holstein) 33 x 46 Stiche/ca. 5,5 x 7,5 cm, Bg. C
42 (Rheinland-Pfalz) 37 x 48 Stiche/ca. 6 x 8 cm, Bg. C
(6 Stiche/ca. 1 cm)

Material: Für ein Wappen 20 x 20 cm zweifädiger Stramin, 6 Fadenkaros/ca. 1 cm (z. B. Zweigart Art. 500/60); 1 Bilderrahmen (12 x 12 cm Innenmaß); 1 Stück Karton 13 x 13 cm; je 1 Röllchen bzw. ein Rest MEZ Zierlitze und je 1 Str. oder Reste von MEZ Sticktwist (Fond = 2 Str.) in folgenden oder ähnlichen Farben. (Soll nur 1 Wappen gestickt werden, die Farben lt. Abb. bzw. Zählmuster aussuchen):

1 × = Schwarz 403
2 ○ = Gold (Zierlitze)
3 ∕ = Leuchtend Rot 46
4 · = Silbergrau 397
5 = = Weiß 2
6 s = Birkengrün 256
7 ✗ = Himmelblau, dkl. 131
□ 0 = Ecru 926 (Fond)

Alle Wappen sind auch als Fixpackung erhältlich: DeHaWe: 32-Art. 97511; 33-Art. 97504; 34-Art. 97501; 35-Art. 97502; 36-Art. 97505; 37-Art. 97508; 38-Art. 97503; 39-Art. 97510; 40-Art. 97507; 41-Art. 97506; 42-Art. 97509.

Ausführung: Lt. entsprechendem Zählmuster das Motiv in Straminmitte mit vierfädigem Sticktwist sticken. Den Fond auf 12 x 12 cm oder auf gewünschte Größe ergänzen. Stickerei auf der Rückseite leicht dämpfen, anschließend über den Karton spannen und in den Rahmen einfügen.

43 Kissen, ca. 54,5 x 38 cm

Zählmuster siehe unten
Stickerei 235 x 163 Stiche (9 Stiche/ca. 2 cm)

Material: 0,50 m zweifädiger Stramin, 58 cm breit, 43 Fadenkaros/ca. 10 cm (z. B. Leibfried Art. 43/100); ca. 45 x 60 cm farblich passender Samt für die Rückseite; Schürer Perlgarn 3 in folgenden oder ähnlichen Farben:

1 = 4 Str. Erdbraun, dunkel 2046
2 = 5 Str. Terracotta, dunkel 2105
3 = 5 Str. Goldgelb, dunkelstes 2167
4 = 10 Str. Sand 2303
5 = 10 Str. Kanariengelb, dunkel 2483
6 = 5 Str. Orange 2550

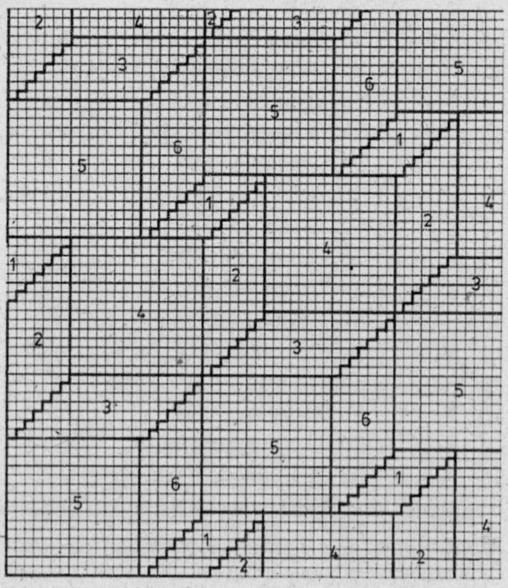

Ausführung: Auf dem Stramin die Kissengröße markieren. Lt. Zählmuster im einfachen Gobelinstich sticken. Das Muster fortlaufend arbeiten. Fertigstellen siehe Hinweise für Kissen bei Modell Nr. 51.

44 Kissen, ca. 40 x 35 cm

Zählmuster auf Bogen D
Stickerei 175 x 153 Stiche (9 Stiche/ca. 2 cm)

Material: 0,45 m zweifädiger Stramin, 58 cm breit, 43 Fadenkaros/ca. 10 cm (z. B. Leibfried Art. 43/100); 40 x 45 cm farblich passender Samt für die Rückseite; Schürer Perlgarn 3 in folgenden oder ähnlichen Farben:

1 = 4 Str. Kirschrot, dunkel 2445
2 = 4 Str. Geranienrot, dunkel 2607
3 = 5 Str. Feuerrot, dunkel 2194
4 = 4 Str. Orange, dunkel 2552
5 = 5 Str. Kanariengelb 2482
6 = 4 Str. Goldgelb 2014

Ausführung: Auf dem Stramin die Kissengröße markieren. Im einfachen Gobelinstich sticken. Den Mustersatz (jeweils von Pfeil bis Pfeil) fortlaufend wiederholen. Fertigstellen siehe Hinweise für Kissen bei Modell Nr. 51.

45 Nadelkissen, ca. 10,5 x 10,5 cm

Stickerei 50 x 50 Stiche (5 Stiche/ca. 1 cm)

Material: 15 x 15 cm zweifädiger Stramin, 48 Fadenkaros/ca. 10 cm (z. B. Leibfried Art. 48/100); farblich passender Samtrest für die Rückseite; je 1 Str. MEZ Kelim-Wolle in folgenden oder ähnlichen Farben:

1 = Dunkelrot 3169
2 = Gelb 3208
3 = Ocker 3002

Ausführung: Nach nebenstehendem Zählmuster sticken; es zeigt die gesamte Höhe und von Pfeil bis Pfeil einen Mustersatz in der Breite. Diesen Mustersatz fortlaufend wiederholen.

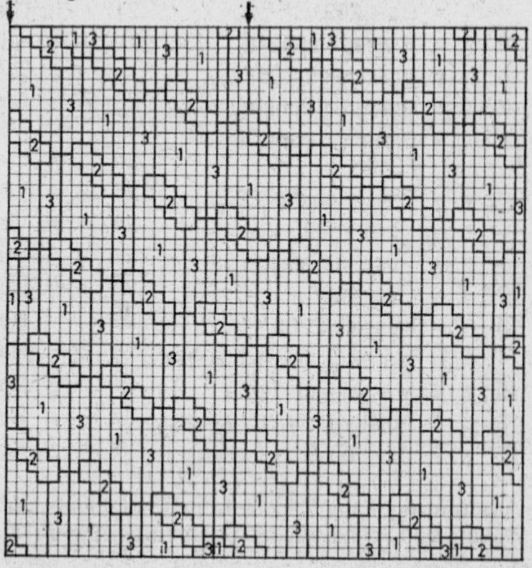

46 Brillenetui, ca. 9 x 17 cm

Zählmuster siehe Bogen H
Stickerei 43 x 81 Stiche (5 Stiche/ca. 1 cm)

Material: 20 x 30 cm zweifädiger Stramin, 48 Fadenkaros/ca. 10 cm (z. B. Leibfried Art. 48/100); Rest farblich passender Stoff für die Rückseite, Rest Futterstoff; MEZ Tauben-Zephir in folgenden Farben:

1 = 1 Str. Dunkelgelb 2312
2 = 1 Str. Hellgelb 2308
3 X = 2 Str. Dunkelrot 4571
4 = 1 Str. Orange 3836
5 = 1 Str. Pink, dunkel 3250

Ausführung: Auf dem Stramin die Stickereigröße markieren. Lt. Zählmuster im einfachen Gobelinstich arbeiten. Das Muster fortlaufend sticken. Stickerei mit dem Stoff für die Rückseite verstürzen. Futter zusammensteppen, von Hand einnähen.

47 Buchhülle, ca. 14 x 19 cm

Zählmuster siehe Bogen H
Stickerei 90 x 151 Stiche/ca. 19 x 31,5 cm (5 Stiche/ca. 1 cm)

Material: 0,30 m zweifädiger Stramin, 60 cm breit, 48 Fadenkaros/ca. 10 cm (z. B. Zweigart Art. 500/48); 25 x 50 cm farblich passender Stoff für die Innenseite; MEZ Tauben-Zephir in folgenden oder ähnlichen Farben:

1 X = 2 Str. Schwarz 2510
2 = 1 Str. Dunkelgrün 4447
3 = 1 Str. Hellgrün 4441
4 = 2 Str. Dunkelgelb 2884
5 = 2 Str. Hellgelb 2883
6 = 2 Str. Hellblau 4663
7 = 2 Str. Dunkelblau 4665
8 = 1 Str. Lila 4623
9 = 1 Str. Fraise, dunkel 4466
10 = 1 Str. Pink 4521

Ausführung: Mit dem Sticken an einer Längsseite beginnen. Lt. Zählmuster im einfachen Gobelinstich sticken. Den Mustersatz (von Pfeil bis Pfeil) in Höhe und Breite fortlaufend wdh., an den gegenüberliegenden Seiten jeweils gegengleich enden. Fertige Stickerei spannen. Den Futterstoff an den Schmalseiten zu ca. 5 cm breiten Taschen einschlagen. Stickerei mit dem Futter verstürzen.

48 Kissen, ca. 36,5 x 40 cm

Stickerei 66 x 72 Stiche (9 Stiche/ca. 5 cm)

Material: Ca. 0,45 m „Smyrna-Stramin", 100 cm breit, 18 Fadenkaros/ca. 10 cm (z. B. Leibfried Art. 180/855); ca. 45 x 45 cm farblich passender Stoff für die Kissenrückseite; Reste von MEZ Sudanwolle, Farben siehe 50.

Ausführung: In einer Ecke mit dem Sticken beginnen. Nach Zählmuster arbeiten. Überstehenden Stramin auf gleiche Breite beschneiden, mit dem Stoff für die Rückseite verstürzen. Fertigstellung siehe Hinweise für Kissen bei Modell Nr. 51.

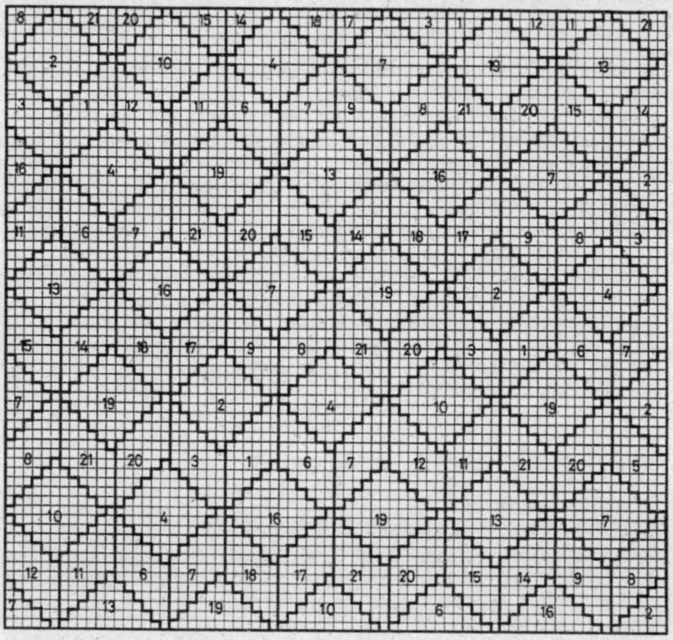

49 Tasche, ca. 25 x 35,5 cm

Zählmuster siehe Bogen G
Stickerei 46 x 132 Stiche/ca. 25,5 x 73 cm (9 Stiche/ca. 5 cm)

Material: 0,35 m „Smyrna-Stramin", 100 cm breit, 18 Fadenkaros/ca. 10 cm (z. B. Leibfried Art. 180/855); 30 x 75 cm Futterstoff; 6 m geflochtene Kordel, 0,5 cm ∅ (z. B. Homberg); Reste von MEZ Sudanwolle, Farben siehe 50.

Ausführung: An einer Schmalseite, ca. 4 cm von den Straminkanten entfernt, mit dem Sticken beginnen. Nach Zählmuster arbeiten; es zeigt die gesamte Stickerei. Überstehenden Stramin auf gleiche Breite beschneiden, rechts auf rechts zur Hälfte legen und knapp entlang der Stickerei zusammensteppen. Tasche wenden, Oberkanten nach innen umschlagen und mit Hexenstichen befestigen. Futter zusammensteppen und gegensäumen. Aus der Kordel einen ca. 1,50 m langen Zopf flechten, Enden verknoten und Zopf abbildungsgemäß annähen.

50 Teppich, ca. 64,5 x 107 cm

Zählmuster siehe Bogen G
Stickerei 129 x 219 Stiche/ca. 61,5 x 104 cm (21 Stiche/ca. 10 cm)

Material: 0,80 m „Sudan-Stramin", antique, 150 cm breit, oder ca. 1,20 m, 100 cm breit, 21 Fadenkaros/ca. 10 cm (z. B. Zweigart Art. 1201/210); je 1 Str. MEZ Sudanwolle in folgenden Farben (* = 2 Str., ** = 3 Str.):

1	= Altrosa 3895		
2	= Altrosa, hell 3893	12	= Mittelblau 3454
3	= Bordeauxrot 3153	13	= Lachsrosa 3269
4	= Gelb 3419	14	= Rot 3927
5	= Weinrot 3152 (nur für Tasche 49)	15	= Dunkelrot 3548
		16	= Zartlila 3400
6	= Rotorange 3427	17	= Lila 3402
7	= Orange 3261 *	18	= Dunkelblau 3456
8	= Rostbraun 3028	19	= Zitronengelb 3417
9	= Dunkelbraun 3076	20	= Saftgrün 3253
10	= Hellblau 3257	21	= Flaschengrün 3151 *
11	= Himmelblau 3452	22	= Schwarz 3056 **

Die angegebene Menge umfaßt auch das Material für 48 + 49!

Ausführung: In einer Ecke, ca. 5 cm von den Straminkanten entfernt, mit dem Sticken beginnen. Zunächst nach Zählmuster sticken; es zeigt die ganze Breite des Teppichs und die ersten 55 Reihen. (Anmerkung: Jede Farbengruppe ist bis hierher mindestens 1mal vollständig gezeichnet, um die Farbverteilung zu zeigen). Danach lt. Abb. weiterarbeiten; die Farbaufteilung wie im Zählmuster angegeben einhalten. Überstehenden Stramin auf gleiche Breite beschneiden, mit 1 Fadenkaro Zugabe nach links umlegen und anhexen. Rand in Dunkelbraun umstechen.

51–55 5 Kissen, ca. 37 x 37 cm

Zählmuster 51–54 auf Bogen B, 55 auf Bogen H

Material: Für jedes Kissen 0,45 m zweifädiger Stramin, 60 cm breit, 30 Gewebekaros/ca. 10 cm (z. B. Zweigart Art. 500/30); 0,45 x 0,45 m farblich passender Stoff für die Kissenrückseite; Sudan-Wolle in folgenden Farben:

51
1 | = 30 g Gelb
2 = 25 g Hellbraun
3 = 20 g Rotbraun
4 | = 10 g Dunkelbraun
5 ¦ = 20 g Graubraun
6 ‖ = 30 g Natur
7 = 15 g Rost

52
1 = 50 g Dunkelblau
2 = 25 g Hellblau
3 ‖ = 25 g Blau
4 | = 50 g Pink

53
1 ‖ = 25 g Blaßrosa
2 = 40 g Erika
3 | = 25 g Rost, dunkel
4 = 40 g Dunkelrot

54
1 ‖ = 20 g Natur
2 = 20 g Hellgelb
= 20 g Gelb
4 = 20 g Senf
5 = 20 g Gold
6 = 20 g Messing
7 | = 20 g Dunkelbraun

55
| = 15 g Dunkelbraun
= 20 g Rotbraun, dunkel
= 20 g Rotbraun
= 20 g Beige
= 25 g Natur
= 15 g Gelb
= 15 g Orange
‖ = 15 g Rot
= 15 g Rost

Jedes der Modelle ist im Fachhandel als Fixpackung mit bereits angefangener Stickerei erhältlich: Interco Modell-Nr. 181 (51), Modell-Nr. 132 (52), Modell-Nr. 147 (53), Modell-Nr. 136 (54), Modell-Nr. 159 (55).

Ausführung: Kissengröße auf dem Stramin markieren. Mit dem Sticken lt. dem entsprechenden Zählmuster in Kissenmitte beginnen. Den Mustersatz (in den Zählvorlagen durch Pfeile gekennzeichnet) jeweils in Breite und Höhe so oft wiederholen, bis die Kissenfläche ausgefüllt ist. Überstehenden Stramin auf Nahtbreite beschneiden. Vorder- und Rückseite miteinander verstürzen. Fertigstellen siehe allgemeine Hinweise bei Modell Nr. 04 und:

Allgemeine Hinweise für Kissen:
Stoffzuschnitt fadengerade ausführen. Die Fläche, für welche die Stickerei vorgesehen ist, auf der Oberseite umgrenzen. Die Nähte so anordnen, daß die Öffnung zum Einschieben der Kissenfüllung entweder an den unteren Rand (Schema a) oder in die Mitte der Kissenrückseite zu liegen kommt (Schema b).
Ist die Stickerei sorgfältig gebügelt, die Nähte schließen. Nahtrand auf gleichmäßige Breite beschneiden, an den Ecken abschrägen und versäubern.
Wird ein Kissen auf Stramin gestickt, verwendet man für die Rückseite Samt, Duvetine oder schmalgerippten Cordsamt. Die Verbindungsnaht muß exakt fadengerade knapp neben der Stickerei verlaufen: Man kann die Naht von außen durch eine hohl aufgenähte Kordel, die farblich mit der Kissenrückseite bzw. mit der Stickerei harmoniert, verdecken. Die Öffnung zum Einschieben der Füllung kann man mit einem Reißverschluß schließen, der verdeckt einzunähen ist (in die Kissenrückseite verlegen – Schema b).

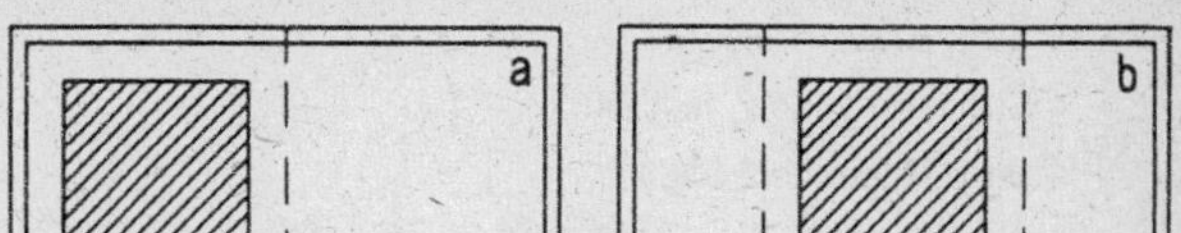

56 Stuhlbezug, ca. 48 x 60 cm

Zählmuster auf Bogen H
Mustersatzbreite 19 Stiche/ca. 3,4 cm

Material: 0,60 m Zählstoff, 110 cm breit, 70 Gewebefäden/ca. 10 cm (z. B. Leibfried Art. 115/165 „Kongreßstoff"); Schürer Mattstickgarn in folgenden Farben:

1 = 20 Strg. Braun 2307
2 = 20 Strg. Naturweiß 3220
= 20 Strg. Beige 2302
| = 20 Strg. Mittelbraun 2305

Ausführung: Schnittmuster nach dem alten Stuhlbezug anfertigen oder anfertigen lassen. Den Schnitt auf den Stoff übertragen, mit ringsum ca. 5 cm Stoffzugabe. Mustersatzbreite und -länge sind im Zählmuster durch

Pfeile markiert. Lt. Zählmuster in Stoffmitte mit der Stickerei beginnen, die Fläche mustergemäß ausfüllen, dabei an den Rändern evtl. auch einige kürzere Stiche arbeiten. Stuhlplatte selbst beziehen oder vom Fachmann polstern lassen (siehe auch allgemeine Hinweise für Möbelbezüge bei Modell Nr. 08).

57 Gelbe Umhängetasche, ca. 15 x 16 cm

Zählmuster und Schnitt auf Bogen H

Material: Ca. 20 x 50 cm Zählstoff, 7 Gewebefäden/ca. 1 cm (z. B. Zweigart Art. 3770); 20 x 50 cm Futterstoff; je 2 Strg. Schürer Perlgarn 3 in folgenden oder ähnlichen Farben:

ɸ = Silbergrau 2501
‖ = Grau, mittel 2504
| = Kanariengelb, dunkel 2483
ł = Kanariengelb 2482
ɫ = Kanariengelb, hell 2481

Ausführung: Taschenschnitt fadengerade auf den Stoff übertragen. Taschenvorderteil und Klappe lt. Zählmuster besticken. Das Muster von der Mitte aus beginnen, es zeigt jeweils von Pfeil bis Pfeil einen Mustersatz in Länge und Breite.

58 Kissen, ca. 40 x 40 cm

Zählmuster auf Bogen H
Breite eines Mustersatzes: 14 Stiche/ca. 2 cm.

Material: 0,50 m einfädiger Stramin, 60 cm breit, 68 Gewebefäden/ca. 10 cm (z. B. Zweigart Art. 1010 „Camilla"); 0,50 x 0,50 m Samt für die Rückseite; MEZ Perlgarn 3 in folgenden oder ähnlichen Farben:

1 + ┃ = 6 Strg. Schwarz 403
2 = 5 Strg. Violett 100
3 + ɸ = 4 Strg. Goldgelb 306
4 + ⁎ = 3 Strg. Weiß 2
5 + ł = 6 Strg. Erikarot 77

Ausführung: Kissengröße mit Heftstichen auf die Stoffmitte übertragen. Mit dem Sticken beginnen, das Muster von der Mitte aus einteilen. Nach Zählmuster arbeiten. Den Mustersatz (von Pfeil bis Pfeil im Zählmuster) 5mal nebeneinander und 13mal übereinander sticken. Mit reichlich Nahtzugabe ausschneiden, fertige Stickerei spannen. Samt für die Rückseite zuschneiden und versäubern, Kissenvorder- und -rückseite rechts auf rechts legen, an der Stickerei entlang zusammensteppen, Schlitz zum Füllen offenlassen. Kissenhülle wenden. Fertigstellen siehe allgemeine Hinweise bei Modell Nr. 51.

59 Stuhlbezug

Zählmuster auf Bogen A
Mustersatzbreite 34 Stiche/ca. 5 cm.

Material: 0,70 m Zählstoff, 110 cm breit, 7 Gewebefäden/ca. 1 cm (z. B. Leibfried Art. 115/165 „Kongreßstoff"); MEZ Kelim-Wolle in folgenden Farben:

1 = 7 Strg. Naturweiß 3204
┃ = 4 Strg. Braun 3081
ɸ = 4 Strg. Rosenholz, hell 3462
ɫ = 4 Strg. Rosenholz 3464
⁞ = 4 Strg. Rosenholz, dunkel 3115

Dieser Verbrauch richtet sich nach der Größe Ihres Stuhls. In unserem Fall haben wir folgende Maße: Sitz 55 x 58 cm und Lehne 17 x 39 cm.

Ausführung: Schnittmuster nach dem alten Stuhlbezug anfertigen oder anfertigen lassen. Den Schnitt auf dem Stoff markieren, ringsum mit ca. 5 cm Stoffzugabe zuschneiden. Mustersatzbreite und -länge sind im Zählmuster durch Pfeile begrenzt. Lt. Zählmustervorlage in Stoffmitte mit der Stickerei beginnen und die Fläche mustergemäß aussticken. Den Stuhl selbst beziehen oder vom Fachmann arbeiten lassen (siehe auch allgemeine Hinweise bei Modell Nr. 08).

60 Rundes Kissen, ca. 40 cm ∅

Zählmuster auf Bogen C
Kissendurchmesser 278 Gewebefäden/ca. 40 cm.

Material: 0,50 m einfädiger Zählstoff, 110 cm breit, 7 Gewebefäden/ca. 1 cm (z. B. Leibfried Art. 115/165 „Kongreßstoff"); 0,65 m farblich passender Samt für Rückseite und Rand; 1,40 m Einlageschnur, ca. 1 cm ∅; MEZ Kelim-Wolle in folgenden oder ähnlichen Farben:

1 = 2 Strg. Lindgrün 3236
2 = 3 Strg. Lindgrün, dunkel 3238
3 = 3 Strg. Elfenbein 3370
4 = 2 Strg. Lindgrün, hellstes 3234
5 = 3 Strg. Holzbraun 3046
6 + ┃ = 4 Strg. Holzbraun, dunkel 3201

Ausführung: Über die Stoffmitte einen Kreis mit 40 cm ∅ markieren und mit Heftstichen fadengerade in 4 Viertel teilen. Nach Zählmuster (= ⅛ der Stickerei) 12 Gewebefäden von der Mitte entfernt mit der Grundreihe beginnen, danach die Fläche dem Zählmuster gemäß aussticken. Jeder Stich greift über 4 Gewebefäden, auch in den Flächen 1 in der Mitte und 6 am Rand. Zweites Achtel gegengleich sticken, die übrigen drei Viertel entsprechend ergänzen. Stramin auf 1,5 cm zur Stickerei beschneiden. Für die Rückseite aus dem Samt einen Kreis mit 44 cm ∅, für Rand und Besatz zwei 11 und 6 cm breite Samtstreifen, je 140 cm lang, zuschneiden. Den schmalen Streifen links auf links der Länge nach falten, Einlageschnur zwischenfassen und knapp an der Schnur steppen. Die mit dem Samt bezogene Schnur von rechts am Rand der Stickerei entlang anheften, der Wulst zeigt nach innen. Randstreifen dicht an der Kordel rechts auf rechts um die Vorderseite nähen. Rückseite verstürzt annähen, Schlitz zum Wenden und Füllen offenlassen.

61 Rundes Kissen, ca. 40 cm ∅

Zählmuster auf Bogen C
Kissendurchmesser 280 Gewebefäden/ca. 40 cm.

Material: 0,50 m einfädiger Stramin, 110 cm breit, 7 Gewebefäden/ca. 1 cm (z. B. Leibfried Art. 115/165 „Kongreßstoff"); 0,50 m farblich passender Stoff für Rand und Rückseite; 1,40 m Einlageschnur, ca. 1 cm ∅; MEZ Kelim-Wolle in folgenden oder ähnlichen Farben:

1 + × = 6 Strg. Erikarot, hell 3067
2 + ┃ = 2 Strg. Erikarot, dunkel 3070
3 = 3 Strg. Erikarot, hellstes 3066
4 = 2 Strg. Erikarot 3068

Ausführung: Über der Straminmitte einen Kreis mit 40 cm ∅ markieren und mit Heftstichen fadengerade in vier Viertel teilen. Nach Zählmuster (= ⅛ der Stickerei) in der Mitte (= Pfeile im Zählmuster) mit dem Sticken beginnen. Jeder Stich greift, auch in den großen Flächen, über 4 Gewebefäden. Flächen in der angegebenen Farbfolge aussticken. Das zweite Achtel gegengleich arbeiten, die übrigen drei Viertel auch jeweils gegengleich arbeiten. Stramin bis auf 1,5 cm zur Stickerei beschneiden. Für die Rückseite einen Kreis von 44 cm ∅, für Rand und Besatz 2 Streifen, 11 bzw. 6 cm breit und jeweils 1,40 m lang, zuschneiden. Den schmalen Streifen links auf links der Länge nach falten, Einlageschnur zwischenfassen und dicht an der Schnur steppen. Bezogene Kordel am Rand der Stickerei entlang aufheften, der Wulst zeigt nach innen. Randstreifen rechts auf rechts dicht an der Kordel um die Vorderseite nähen. Rückseite verstürzt gegennähen, dabei Schlitz zum Wenden und Füllen des Kissens offenlassen.

62 Rundes Kissen, ca. 41 cm ∅

Zählmuster auf Bogen D
Kissendurchmesser: 288 Gewebefäden/ca. 41 cm.

Material: 0,50 m einfädiger Stramin, 110 cm breit, 70 Gewebefäden/ca. 10 cm (z. B. Leibfried Art. 115/165 „Kongreßstoff"); 0,65 m farblich passender Stoff, 140 cm breit; ca. 1,40 cm Einlageschnur, ca. 1 cm ∅; je 2 Strg. MEZ Kelim-Wolle in folgenden oder ähnlichen Farben:

1 = Rost, allerhellstes 3462
2 = Rost, hellstes 3464
3 = Rost, hell 3465
4 = Rost 3466
5 + ┃ = Braun, dunkel 3040
6 = Holzbraun 3135
7 = Hellbeige 3370
8 = Hellbeige 3203
9 + ɸ = Nußbraun, dunkel 3081

Ausführung: Über der Straminmitte einen Kreis mit 41 cm ∅ markieren und mit Heftstichen fadengerade in 4 Viertel einteilen. Nach Zählmuster (= ¼ der Stickerei) beim Pfeil mit dem Sticken des unteren linken Viertels beginnen. Flächen in der angegebenen Farbfolge aussticken. Die Stiche im Muster greifen über 6 Gewebefäden (einzelne Stiche in Kissenmitte und am Rand sind auch kürzer bzw. länger). Rechtes Viertel gegengleich, die übrigen Viertel entsprechend arbeiten. Stramin bis auf 1,5 cm zur Stickerei beschneiden. Für die Rückseite einen Kreis von 44 cm ∅, für Rand und Besatz 2 Streifen, 11 bzw. 6 cm breit und jeweils ca. 1,40 m lang, zuschneiden. Den schmalen Streifen der Länge nach falten, links auf links legen, Einlageschnur zwischenfassen, dicht an der Schnur steppen. Bezogene Kordel am Rand der Stickerei entlang aufheften, die Kordel zeigt nach innen. Randstreifen rechts auf rechts dicht an der Kordel um die Vorderseite nähen. Rückseite gegennähen, dabei einen Schlitz zum Wenden und Füllen offenlassen.

63 Kissen, lila-grau, ca. 36 x 36 cm

Zählmuster auf Bogen H
Breite eines Mustersatzes: 52 Stiche/ca. 7,6 cm (68 Stiche/ca. 10 cm).

Material: 0,45 m einfädiger Stramin, 60 cm breit, 68 Gewebefäden/ca. 10 cm (z. B. Zweigart Art. 1010 „Camilla"); 0,45 x 0,45 m Samt in passender Farbe für die Rückseite; je 3 Strg. MEZ Kelim-Wolle in folgenden oder ähnlichen Farben:

1 + ǂ = Erika 3070
2 = Dunkelgrau 3448
3 + | = Grau 3446
4 + ǂ = Hellgrau 3445

Ausführung: Kissengröße mit Heftstichen auf dem Stramin markieren. Muster von der Mitte aus einteilen. Mit dem Sticken lt. Zählmuster beginnen, es zeigt von Pfeil bis Pfeil einen Mustersatz. Das Muster in Breite und Höhe so oft wdh., bis die Kissenfläche gefüllt ist. Überstehenden Stramin auf Nahtbreite beschneiden. Fertigstellen siehe allgemeine Hinweise bei Modell Nr. 51.

64 Kissen, ca. 50 x 50 cm

Zählmuster auf Bogen H

Material: 0,60 m Stramin, 110 cm breit, 7 Gewebefäden/ca. 1 cm (z. B. Leibfried Art. 115/165 „Kongreßstoff"); 60 x 60 cm Stoff in passender Farbe für die Rückseite; MEZ Tauben-Zephir in folgenden oder ähnlichen Farben:

1 + | = 7 Strg. Grün 4344
2 = 3 Strg. Orange 4334
3 = 3 Strg. Maisgelb, dunkel 3810
4 = 3 Strg. Maisgelb, hell 3808
5 = 2 Strg. Ginstergelb, hell 2308
6 = 2 Rollen MEZ Zierlitze in Gold
7 = 9 Strg. Oliv 4384
8 = 9 Strg. Lindgrün, hellstes 4382
9 = 9 Strg. Gelb 2314

Ausführung: Ein 50 x 50 cm großes Quadrat auf dem Stramin markieren. Die Mittellinien fadengerade heften. In der Mitte (siehe Pfeile im Zählmuster) mit dem Sticken beginnen. Nach Zählmuster arbeiten, zuerst eine Hälfte fertigstellen. Muster fortlaufend wiederholen bis die ganze Fläche ausgestickt ist. Zweite Hälfte entsprechend arbeiten, Stickerei exakt spannen (siehe auch allgemeine Hinweise bei Modell Nr. 04). Besticktes Teil mit Stoff für die Rückseite rechts auf rechts legen und zusammennähen, eine Seite zum Füllen und Wenden des Kissens offenlassen.

65 Kissen, ca. 35 x 40 cm

Zählmuster auf Bogen B

Material: 0,45 m zweifädiger Stramin, 60 cm breit, 30 Gewebekaros/ca. 10 cm (z. B. Zweigart Art. 500/30); 0,40 x 0,40 m farblich passender Stoff für die Rückseite; Sudan-Wolle in folgenden Farben:

| = 25 g Rost
ɸ = 50 g Grün
ǂ = 50 g Hellgrün
ǂ = 50 g Gelb
ǂ = 25 g Dunkelrot

Im Fachhandel auch als Fixpackung mit bereits angefangener Stickerei erhältlich: Interco Modell Nr. 154.

Ausführung: Ca. 4 cm ab Straminrand mit dem Sticken lt. Zählmuster beginnen. Den Mustersatz (im Zählmuster von Pfeil bis Pfeil) in Breite und Höhe so oft wdh. bis die entsprechende Kissengröße erreicht ist. Farbverteilung siehe Abbildung. Überstehenden Stramin auf Nahtbreite beschneiden, Vorder- und Rückseite miteinander verstürzen. Fertigstellen siehe allgemeine Hinweise bei Modell Nr. 51.

66 Gardinenband, ca. 4 cm breit

Zählmuster auf Bogen H
Mustersatz: 20 Stiche/ca. 2,8 cm.

Material: Ca. 10 cm Zählstoff, 140 cm breit, 7 Gewebefäden/ca. 1 cm (z. B. Zweigart Art. 3770 „Davosa"); je 1 Strg. MEZ Perlgarn 3 in folgenden oder ähnlichen Farben:

1 = Grau, hell 398
2 = Grau, mittel 399
3 + | = Rot 47
4 + ǂ = Mohnrot 333
5 + ǂ = Maisgelb 302
6 + ɸ = Kanariengelb, hell 288

Ausführung: An einer Schmalseite in Stoffmitte beginnen, nach Zählmuster in beliebiger Länge sticken, dafür den Mustersatz (von Pfeil bis Pfeil) entsprechend oft wiederholen. Band zum Schlauch nähen und verstürzen.

67 Kissen, ca. 36 x 46 cm

Zählmuster auf Bogen F
Breite eines Mustersatzes: 28 Stiche/ca. 9,3 cm.

Material: 0,45 m zweifädiger Stramin, 60 cm breit, 30 Gewebekaros/ca. 10 cm; 0,40 x 0,50 m farblich passender Stoff für die Rückseite; je 30 g Sudan-Wolle in folgenden Farben:

1 ǂ = Natur
2 = Hellgelb
3 = Gelb
4 = Gold
5 = Braun

Das Modell ist im Fachhandel als Fixpackung mit bereits angefangener Stickerei erhältlich: Interco Modell-Nr. 105.

Ausführung: Kissengröße auf dem Stramin markieren. Mit dem Sticken lt. Zählmuster beginnen. Das Muster von der Mitte aus einteilen. Den Mustersatz (in der Zählvorlage durch Pfeile begrenzt) in der Höhe 4mal, in der Breite ca. 3½mal wiederholen. Überstehenden Stramin auf Nahtbreite beschneiden, Vorder- und Rückseite miteinander verstürzen. Fertigstellen siehe allgemeine Hinweise für Kissen bei Modell Nr. 51.

68 Brillenetui, ca. 11 x 17 cm

Zählmuster auf Bogen B

Material: 0,20 m einfädiger Stramin, 60 cm breit, 68 Gewebefäden/ca. 10 cm (z. B. Zweigart-Art. 1010 „Camilla"); 15 x 34 cm Futterstoff in passender Farbe; je 2 Strg. Rödel Gobelin-Wolle in folgenden oder ähnlichen Farben:

1 | = Blaugrau, hellstes 78270
2 ǂ = Violett, dunkel 78106
3 = Violett, hell 78101
4 = Lavendel 78306

Ausführung: Auf dem Stramin ein Rechteck von 10 x 33 cm markieren. An einer Schmalseite mit dem Sticken lt. Zählmuster beginnen. Farbfolge fortlaufend in der angegebenen Reihenfolge ausführen. Den Stramin gleichmäßig ringsum beschneiden, bis auf 0,5 cm nach innen umschlagen, die Stickerei falten. Die Kanten mit Überwendlingstich umstechen und gleichzeitig die Längskanten zusammennähen. Aus dem Futterstoff einen Beutel nähen, ins Etui einschieben und annähen.

69 + 70 Zwei Kissen, ca. 42 x 42 cm

Zählmuster 69 auf C, 70 auf Bogen H
Mustersatzbreite bei 77:12 Stiche/ca. 4 cm.
Mustersatzbreite bei 78:20 Stiche/ca. 6,6 cm.
(30 Stiche/ca. 10 cm).

Material: Für ein Kissen 0,50 m zweifädiger Stramin, 60 cm breit, 30 Gewebekaros/ca. 10 cm (z. B. Zweigart Art. 500/30); 0,50 x 0,50 m farblich passender Stoff für die Rückseite; Sudan-Wolle in folgenden Farben:

69

1 ǂ = 30 g Lavendel, dunkel
2 = 30 g Dunkelrot
3 ǂ = 30 g Lavendel
4 = 30 g Lavendel, hell
5 ‖ = 30 g Hellgrau.

70

1 | = 15 g Natur
2 = 15 g Hellgelb
3 ɸ = 25 g Gelb
4 = 10 g Gold
5 ǂ = 15 g Braun
6 ǂ = 10 g Dunkelbraun
7 ɣ = 25 g Rost
8 ǂ = 20 g Antikrot
9 ǂ = 15 g Weinrot
10 ǂ = 10 g Schwarz

Im Fachhandel als Fixpackung mit bereits angefangener Stickerei erhältlich: Interco Modell-Nr. 133 (69) und Modell-Nr. 128 (70).

Ausführung: Ca. 4 cm vom Straminrand die Kissengröße markieren und mit dem Sticken lt. Zählmuster beginnen. Das Muster von der Mitte aus anordnen. Den Mustersatz (im Zählmuster durch Pfeile begrenzt) in Höhe und Breite so oft wiederholen, bis die entsprechende Kissengröße ausgefüllt ist. Überstehenden Stramin auf Nahtbreite beschneiden, Vorder- und Rückseite miteinander verstürzen. Fertigstellen siehe allgemeine Hinweise für Kissen bei Modell Nr. 51.

71 Deckchen, ca. 37 x 55,5 cm

Zählmuster auf Bogen H
Stickereigröße ca. 35 x 53,5 cm.

Material: 0,45 m Aida-Zählstoff, 58 cm breit, 4 Fadenkaros/ca. 1 cm (z. B. Leibfried Art. 1025); MEZ Kelim-Wolle in folgenden oder ähnlichen Farben:

|+x = 2 Strg. Schwarz 2510
| = 2 Strg. Pink 3248
|+o = 1 Strg. Rosa 3893

Ausführung: In Stoffmitte mit dem Sticken lt. Zählmuster beginnen, es zeigt ¼ der Stickerei. Ab Pfeil im Zählmuster jeweils gegengleich arbeiten. Die Zeichen x und o im Zählmuster werden im Kreuzstich über je 1 Fadenkaro gestickt. Als Abschluß mit 4 Fadenkaros Abstand zur Stickerei 2 Reihen Hexenstich ausführen, in der Höhe über 2, in der Breite über 3 Fadenkaros. Innere Reihe in Pink, äußere in Schwarz arbeiten. Überstehenden Stoff fadengerade auf 3 cm beschneiden, Ecken für einen 1 cm breiten, doppelten Saum abschrägen. Stoff 1 cm außerhalb der Stickerei umlegen, heften und mit Saumstich befestigen.

72 Tischdecke, ca. 135 x 135 cm

Zählmuster auf Bogen H
Stickereigröße: 463 x 463 Stiche/ca. 55 x 55 cm.

Material: 1,40 m Zählstoff, 140 cm breit, 9 Gewebefäden/ca. 1 cm (z. B. Zweigart Art. 3950 „Cordova"); MEZ Sticktwist in folgenden oder ähnlichen Farben:

1 + | = 6 Strg. Terracotta, dunkelstes 341
2 = 4 Strg. Terracotta, hell 338
3 = 4 Strg. Terracotta, allerhellstes 336
4 = 4 Strg. Lachsrosa, hellstes 6
5 = 4 Strg. Beige, hell 390
6 = 4 Strg. Creme, hell 926

Ausführung: Nach allen Seiten die Mitte mit Heftstichen markieren. Auf einer Mittellinie im Abstand von 236 Gewebefäden zum Mittelpunkt mit dem Sticken der äußeren Bordüre beim Doppelpfeil mit Farbe 1 mit ungeteiltem Sticktwist beginnen. Nach Zählmuster (= 1 Mustersatz von Pfeil bis Pfeil) arbeiten; den Mustersatz an jeder Seite 5mal ausführen. Die linke Ecke nach Zählmuster sticken, rechte Ecke gegengleich ergänzen. Die übrigen drei Seiten entsprechend arbeiten. Nach innen die Farben 2 bis 6 über 6 Gewebefäden ansticken. Für die innere Bordüre im Abstand von 155 Gewebefäden zum Mittelpunkt auf einer Mittellinie beginnen. Nach Zählmuster sticken, jedoch nur eine Grundreihe in Farbe 1 ausführen. Mustersatz an jeder Seite 3mal sticken. Decke im Abstand von ca. 68 cm zur Mitte schmal säumen und von links bügeln.

73 Mitteldecke, ca. 92 x 92 cm

Zählmuster auf Bogen H
Mustersatzbreite: 52 Stiche/ca. 5,2 cm.

Material: 1 m Zählstoff, 140 cm breit, 10 Gewebefäden/ca. 1 cm (z. B. Zweigart Art. 3835/252 „Lugana"); MEZ Sticktwist in folgenden oder ähnlichen Farben:

1 | = 14 Strg. Zimtbraun, dunkelstes 371
2 = 8 Strg. Braun, dunkel 360
3 = 7 Strg. Zimtbraun, hell 368
4 = 7 Strg. Zimtbraun 369
5 = 7 Strg. Zimtbraun, allerhellstes 366
6 | = 7 Strg. Creme 387

Ausführung: An einer Seitenmitte, ca. 8 cm vom Rand entfernt, mit dem Sticken beginnen. Nach Zählmuster arbeiten. Für die äußere Bordüre den Mustersatz (von Pfeil bis Doppelpfeil = ½ Mustersatz, der gegengleich ergänzt wird) an jeder Seite 13mal ausführen, die Ecken wie im Zählmuster angegeben sticken. Die Grundreihe in den Farben 1–6 und 1 von außen nach innen sticken. Die innere Bordüre exakt über der äußeren im Abstand von 84 Gewebefäden (= ca. 8,5 cm) zur äußeren Bordüre sticken, Mustersatz dabei auf jeder Seite 7mal, Ecken wie außen arbeiten. Kanten versäubern und Stoff im Abstand von ca. 4 cm zur Stickerei nach hinten umschlagen und unsichtbar säumen.

74 Kissen, ca. 40 x 40 cm

Zählmuster auf Bogen A

Material: 0,50 m Stramin, 60 cm breit, 7 Gewebefäden/ca. 1 cm (z. B. Zweigart Art. 500/70); 45 x 45 cm; farblich passender Stoff für die Rückseite; MEZ Tauben-Zephir in folgenden oder ähnlichen Farben:

1 = 4 Strg. Jadegrün, hell 2371
2 = 5 Strg. Jadegrün, mittel 2373
3 = 5 Strg. Jadegrün 2375
4 = 2 Strg. Jadegrün, dunkel 3479
5 = 5 Strg. Silbergrau, hell 4551
6 = 7 Strg. Silbergrau 4552
7 = 7 Strg. Blaugrau, hell 4502
8 | = 2 Strg. Blaugrau, dunkel 4505
9 | = 7 Strg. Wollweiß 2513

Ausführung: Mit Heftstichen auf dem Stramin nach allen Seiten die Mitte markieren. Im Mittelpunkt mit der Stickerei beginnen. Nach Zählmuster (= ⅛ des Kissens) arbeiten. Erstes Achtel an der Mittellinie (= Doppelpfeil) „spiegeln", d. h. gegengleich sticken. Dann das Zählmuster um 90° drehen und das 2. Viertel ebenso arbeiten. Die 2. Hälfte entsprechend ergänzen. Fertige Stickerei mit dem Stoff für die Rückseite verstürzen, dabei dicht an der Stickerei entlang steppen. Kissen fertig nähen (siehe auch allgemeine Hinweise bei Modell Nr. 51).

75 Kissen, ca. 37 x 37 cm

Zählmuster auf Bogen F
Motivgröße ca. 31 x 31 cm.

Material: 0,40 m Sudan-Stramin, 100 cm breit, 24 Gewebekaros/ca. 10 cm (z. B. Zweigart Art. 1204/240); 0,40 x 0,70 m dunkelblauer Samt; je 1 Strg. MEZ Sudan-Wolle, 50 g, Farben siehe Brücke 77.

Ausführung: 4 cm ab Straminrand mit dem Sticken lt. Zählmuster beginnen. Aus dem Samt vier 6 x 40 cm große Streifen zuschneiden und die Stickerei damit einfassen, Ecken schräg absteppen. Aus dem restlichen Samt die Kissenrückseite zuschneiden, Kissennähte schließen.

76 Telefonuntersetzer, ca. 31 x 31 cm

Zählmuster auf Bogen F
Motivgröße ca. 15,5 x 15,5 cm.

Material: 0,40 m Stramin, 60 cm breit, 48 Gewebekaros/ca. 10 cm (z. B. Zweigart Art. 500/48); MEZ Kelim-Wolle in folgenden oder ähnlichen Farben:

1 = 4 Strg. Gelb 3372
2 | = 1 Strg. Mittelblau 3452
3 = 3 Strg. Blau 3454
4 = 1 Strg. Hellblau 3450
5 = 4 Strg. Dunkelblau 3109

Ausführung: Ca. 4 cm ab Straminrand mit dem Sticken lt. Zählmuster beginnen, es zeigt 1 Motiv. Insgesamt 2 x 2 Motive sticken. Überstehenden Stramin auf 3 cm beschneiden, dicht an der Stickerei nach links umlegen und mit Hexenstich annähen. Unterlage evtl. mit Schaumstoff abfüttern.

77 Brücke, ca. 62 x 93 cm

Zählmuster auf Bogen F
Motivgröße ca. 31 x 31 cm.

Material: 0,75 m Sudan-Stramin, 100 cm breit, 24 Gewebekaros/ca. 10 cm (z. B. Zweigart Art. 1204/240); MEZ Sudan-Wolle, 50 g, in folgenden oder ähnlichen Farben:

1 = 3 Strg. Gelb 3419
2 | = 1 Strg. Mittelblau 3452
3 = 1 Strg. Blau 3454
4 = 1 Strg. Hellblau 3257
5 ! = 3 Strg. Dunkelblau 3109

Ausführung: Ca. 5 cm ab Straminrand mit dem Sticken lt. Zählmuster beginnen, es zeigt 1 Motiv. In der Breite das Motiv 2mal, in der Länge 3mal arbeiten. Überstehenden Stramin auf 3 cm beschneiden, dicht an der Stickerei nach links umlegen, mit Hexenstich annähen und mit Teppichband versäubern. Teppich evtl. mit Gleitschutz unterlegen.

78 Läufer, ca. 40 x 100 cm (mit Fransen)

Zählmuster auf Bogen J

Material: 1 m Stramin, 60 cm breit, 34 Fadenkreuze/ca. 10 cm (z. B. Zweigart Art 500/34); 0,45 x 1,05 m grüner Stoff für die Rückseite; Schoeller Teppichwolle in folgenden oder ähnlichen Farben:

1 + ○	= 65 g Natur (30 g)	5 + +	= 40 g Hellgrün (20 g)
2 + z	= 70 g Grün (30 g)	6 + x	= 50 g Dunkelgrün (25 g)
3 + ▲	= 25 g Rost (15 g)	7	= 20 g Rost, hell (10 g)
4 + ●	= 5 g Dunkelbr. (5 g)	8	= 25 g Gelb (10 g)

Ausführung: Mit dem Sticken ca. 5 cm ab Straminrand lt. Zählmuster beginnen, es zeigt ein Viertel der Stickerei. Jedes Zeichen im Zählmuster bedeutet 3 Stiche über 3 Gewebefäden. Ab der Mittelreihe (= Doppelpfeil) gegengleich ergänzen. Für die Fransen ca. 12 cm lange Fäden in Grün 50 zuschneiden und an den Schmalseiten über 4 Fadenkreuze einknüpfen. Fransen auf gleiche Länge, überstehenden Stramin auf 1,5 cm beschneiden, Läufer und Futterstoff an den Längsseiten miteinander verstürzen, an den Schmalseiten unsichtbar säumen.

79 Kissen mit Vogel, ca. 40 x 40 cm

Zählmuster auf Bogen D
Stickereigröße: 141 Stiche x 47 Reihen.
Material: siehe 80.
Ausführung: siehe 80.

80 Kissen mit Häusern, ca. 40 x 40 cm

Zählmuster auf Bogen J 79 + 80.
Stickereigröße: 141 Stiche x 47 Reihen.

Material: 0,50 m Stramin, 60 cm breit, 34 Fadenkaros/ca. 10 cm (z. B. Zweigart Art. 500/34); 0,45 x 0,45 m grüner Stoff für die Rückseite; Stickwolle in folgenden oder ähnlichen Farben:

1 + ○	= 30 g Natur (25 g)	5 ● +	= 35 g Dunkelbr. (35 g)
2 + ▲	= 20 g Rost (10 g)	6 + s	= 15 g Hellgelb (20 g)
3	= 15 g Dunkelgelb (25 g)	7	= 15 g Grün (15 g)
4 + x	= 10 g Dunkelgrün (15 g)		

Ausführung: 4 cm ab Straminrand mit dem Sticken lt. Zählmuster beginnen. Ein Zeichen im Zählmuster steht für 3 Stiche über 3 Fadenkreuze. Der äußere Rand der Kissen 79 + 80 ist gleich. Die mit dicken Linien eingefaßten beiden Mittelstücke können gegeneinander ausgetauscht werden. Kissenvorder- und Rückseite miteinander verstürzen. Fertigstellen siehe allgemeine Hinweise bei Modell Nr. 51.

81 Kissen, ca. 40 x 40 cm

Zählmuster siehe 530/59 auf Bogen J
Stickereigröße: 143 Stiche x 47 Reihen.

Material: 0,50 m Stramin, siehe 78, 0,45 x 0,45 m grüner Stoff für die Rückseite; Stickwolle, Farben siehe 78 – die Zahl in Klammern gibt den Verbrauch für das Kissen an.

Ausführung: 5 cm ab Straminrand mit dem Sticken lt. Zählmuster beginnen, es zeigt bis Pfeil ein Viertel der Stickerei. Jedes Zeichen im Zählmuster steht für 3 Stiche über 3 Gewebefäden. Ab Pfeil die Zählvorlage um 180 Grad drehen und das Muster gegengleich ergänzen. Kissennähte schließen. Fertigstellen siehe allgemeine Hinweise bei Modell Nr. 51.

82 + 83 Kissen in 2 Farbvarianten, ca. 35 x 35 cm

Zählmuster 82 + 83 auf Bogen F

Material: Für ein Kissen 0,45 x 0,45 m Dreherstramin, 100 cm breit, 48 Gewebefäden/ca. 10 cm (z. B. Zweigart Art. 604/48); 0,40 x 0,40 m farblich passender Stoff für die Kissenrückseite; Kelim-Wolle (Interco) in folgenden Farben:

Farbstellung in Rosa	Farbstellung in Grün
1 = 5 g Natur	1 = 5 g Natur
2 = 5 g Rosa, hellstes	2 = 5 g Schilfgrün, hellstes
3 = 10 g Rosa, hell	3 = 10 g Seegrün, hell
4 = 10 g Rosa	4 = 10 g Seegrün
5 = 15 g Erika, hell	5 = 15 g Seegrün, dunkel
6 = 15 g Erika	6 = 15 g Seegrün, dunkelstes
7 = 20 g Erika, dunkel	7 = 20 g Dunkelgrün
8 = 20 g Schwarz	8 = 20 g Schwarz

Im Fachhandel auch als Fixpackung mit bereits angefangener Stickerei erhältlich: Interco Modell Nr. 782 (Rosa) und 787 (Grün).

Ausführung: Mit dem Sticken lt. Zählmuster in Stoffmitte beim Pfeil beginnen. Das Zählmuster zeigt ¼ der Kissenfläche. Ab Mitte das Muster gegengleich ergänzen. Farbverteilung beider Varianten siehe Abbildung. Überstehenden Stramin auf Nahtbreite beschneiden, Vorder- und Rückseite miteinander verstürzen. Fertigstellen siehe allgemeine Hinweise bei Modell Nr. 51.

84 Bild

76 x 100 cm Dessin 8973-01

Material: Das Bild ist über den Fachhandel als Fixpackung erhältlich. Es wird auf einfädigem Stramin gestickt, 5 Stiche/ca. 1 cm.

Ausführung: Streifen im Muster werden im Plattstich jeweils über so viele Gewebefäden, wie die Farbskizze auf dem Stramin anzeigt, gestickt. Große Flächen (z. B. der Fond) in ineinandergreifenden, versetzten Spannstichen arbeiten.

85 Kissen mit Löwenmotiv, 43 x 59 cm

Zählmuster auf Bogen J
Stichanzahl 139 x 190 (32 Stiche/ca. 10 cm).

Material: 0,75 m Aida, 58 cm breit, 32 Gewebekaros/ca. 10 cm (z. B. Leibfried Art. 1025/402); für die Rückseite 50 x 70 cm Samt oder Cord; zum Sticken je 1 Strg. AMC Orientwolle in folgenden oder ähnlichen Farben (Strg. à 20 g):

		9	= Graubraun 654
1	= Altrosa 494 (5 Strg.)	10 + /	= Holzbraun 671
2	= Hellbeige 715 (4 Strg.)	11 + /	= Goldbraun 502
3 + /	= Lachs 481	12 + /	= Graugrün 678
4 + /	= Dunkelbraun 548	13 + /	= Oliv, hell 540
5 + /	= Braun 509	14 + /	= Oliv, dunkel 575
6 + /	= Rotbraun 649	15 + /	= Messing 562
7 + /	= Beige 537	16 + /	= Graublau 665
8 + /	= Dunkelbeige 539	17 + /	= Rost 526

Ausführung: Das Kissen ist quer gestickt, d. h. man beginnt an einer Schmalseite. Lt. Zählmuster sticken, es zeigt das gesamte Kissen. Fertigstellung siehe allgemeine Hinweise bei Modell Nr. 51.

86 Turkestan-Teppich, 97 x 154 cm

Zählmuster auf Bogen A
Stichzahl 141 x 223 (14,5 Stiche/ca. 10 cm).

Material: 1,70 m Turkestan, 100 cm breit, 14,5 Gewebekaros/ca. 10 cm (z. B. Zweigart Art. 4046); Lindhorst Turkestan-Wolle Marke „Edelfrau" in folgenden oder ähnlichen Farben:

1 + /	= 550 g Beige 621
2	= 300 g Dunkelbeige 601
3	= 100 g Braun 615
4 + /	= 100 g Messing 605
5	= 50 g Goldbraun 606
6 + /	= 250 g Rost 603
7 + /	= 150 g Graublau 609
8 + /	= 150 g Graublau, dunkel 610
9 + /	= 300 g Dunkelbraun 611

Ausführung: Direkt neben der Webkante, ca. 7 cm ab Schnittrand beginnen, lt. Zählmuster sticken. Nach Erreichen der Mittelreihe (= Pfeil im Zählmuster) die Vorlage um 180° drehen und den Teppich gegengleich beenden. Den überstehenden Turkestan (an den Schmalseiten auf 5 cm beschneiden) nach links umlegen und über der Rückseite anhexen. In die Stichlücken an den Schmalseiten doppelfädige Fransen einknüpfen, Fadenlänge 40 cm. Farbverteilung siehe Modellbild.

87 Sesselbezug

Zählmuster (½ Mustersatz) auf Bogen J
1 Mustersatz 170 x 201 Stiche = ca. 52 x 62 cm (8 Stiche/ca. 2,5 cm).

Material: Zählstoff „Aida", 60 cm breit, 32,5 Gewebekaros/ca. 10 cm (z. B. Zweigart Art. 1006) – der Verbrauch richtet sich nach der Größe des jeweiligen Bezuges. Gestickt wird mit MEZ Kelimwolle. Jeder Bezug hat eine andere Größe, daher können wir keinen genauen Verbrauch angeben. Kaufen Sie von den Farben 2–7 nur je 3 Strg. und berechnen dann den Wollverbrauch – spätestens nachdem ein halber Mustersatz gestickt ist. Farbe 1 (Fondfarbe) kaufen Sie zuletzt aus **einer** Farbpartie.

1 + /	= Hellbeige 3191 (Fond)
2 + /	= Dunkelbeige 3041
3 + /	= Dunkelbraun 3076
4 + /	= Grün 3088
5 + /	= Braun 3038
6 + /	= Blau 3035
7 + /	= Gold 3002

Ausführung: Vor Beginn einen Schnitt für die Bezugsteile anfertigen oder anfertigen lassen. Die Stickerei ab Mitte (= Doppelpfeil 2) einteilen, lt. Zählmuster sticken. Ein Mustersatz (in der Höhe von Pfeil A bis Pfeil B) wird in der Breite ab Doppelpfeil 2 gegengleich ergänzt. Doppelpfeil 1 bis Doppelpfeil 2 = ½ Mustersatz. Nach allen Seiten bis zur gewünschten Größe vervollständigen. Fertigstellen siehe allgemeine Hinweise für Möbelbezüge bei Nr. 08.

88 Gebetsteppich, 140 x 205 cm

Zählmuster auf Bogen A
Stichanzahl 252 x 369 (18 Stiche/ca. 10 cm).

Material: 2,20 m Sudanstramin, 150 cm breit, 18 Gewebekaros/ca. 10 cm (z. B. Zweigart Art. 955/180); MEZ Sudan-Wolle (50 g Strg.) in folgenden Farben:

1 + / = 450 g Torfbraun, dunkelstes 3040
2 = 300 g Patinagrün 3175
3 + / = 400 g Schilf, allerhellstes 3276
4 + / = 200 g Goldgelb, dunkel 3001
5 = 550 g Kirschrot, dunkel 3548
6 = 250 g Blaugrau, dunkel 3030

Ausführung: Nach Zählmuster sticken, es zeigt die Hälfte des Modells. Ab Mitte (= Pfeil im Zählmuster) gegengleich ergänzen. Den überstehenden Stramin fadengerade auf 4 cm beschneiden, nach links umlegen, mit grobem Hexenstich befestigen.

89 Wandbehang Gebetsteppich, 60 x 192 cm

Zählmuster auf Bogen F
Stichzahl 112 x 355 (18,5 Stiche/ca. 10 cm).

Material: 2,10 m Sudan-Stramin, 100 cm breit, 18,5 Gewebekaros/ca. 10 cm (z. B. Zweigart Art. 1210/185); 70 x 200 cm Stoff zum Abfüttern der Rückseite; 1 Holzleiste 192 cm lang; MEZ Sudan-Wolle, 50 g Strg., in folgenden oder ähnlichen Farben:

1 / = 4 Strg. Dunkelblau 3032
2 = 3 Strg. Maisgelb, hell 3208
3 / = 5 Strg. Patinagrün 3175
4 / = 9 Strg. Geranienrot, dunkelstes 3169
5 / = 3 Strg. Porzellanblau, mittel 3108
6 / = 3 Strg. Creme, mittel 3204

Ausführung: Nach Zählmuster sticken; es zeigt die Hälfte des Musters einschließlich der Mittelreihe (sie wird nur 1mal gestickt). Ab Mitte (= Pfeil im Zählmuster) gegengleich ergänzen. Die Bordüre am oberen Rand gegengleich zur unteren sticken (Mitte = Doppelpfeil an den Schmalseiten). Den fertigen Wandbehang spannen. Die überstehenden Stoffränder nach links umheften. Futterstoff gegensäumen. Am oberen Rand einen Zugsaum einarbeiten und Holzleiste einschieben (siehe allgemeine Hinweise für Wandbehänge bei Modell Nr. 03).

90 Wandbehang Gebetsteppich, 49 x 85 cm

Zählmuster auf Bogen F
Stichanzahl 91 x 158 (18,5 Stiche/ca. 10 cm).

Material: 0,70 m Sudan-Stramin, 100 cm breit, 18,5 Gewebekaros/ca. 10 cm (z. B. Zweigart Art. 1210/185); 55 x 90 cm Baumwollstoff zum Abfüttern der Rückseite; MEZ Sudanwolle in folgenden Farben:

1 + / = 100 g Creme, hell 3203
2 + / = 100 g Nußbraun, dunkelstes 3039
3 + / = 150 g Dunkelblau 3032
4 + / = 150 g Birkengrün, hell 3235
5 + / = 200 g Rostrot, mittel 3025

Ausführung: Nach Zählmuster sticken; es zeigt die Hälfte des Modells. Ab Mitte (= Pfeil im Zählmuster) gegengleich ergänzen. Den fertigen Teppich mit dem Futterstoff abfüttern (siehe auch allgemeine Hinweise bei Modell Nr. 03).

91 Kissen in Grobkelim, 42 x 42 cm

Zählmuster siehe Läufer 92, Bogen A
Stickerei 61 x 61 Stiche (14,5 Stiche/ca. 10 cm).

Material: 0,60 m Turkestan, siehe Läufer 92; für die Rückseite 50 x 50 cm Cord oder Samt; 1 Reißverschluß 35 cm lang; zum Sticken Springer Sudanwolle „Angelita" in den Farben lt. Tabelle von Läufer 92. Das Kissen ist als Fixpackung im Fachhandel erhältlich (Asca-Modell, Dessin 280).

Ausführung: Lt. Zählmuster 92 sticken. Nach Erreichen der Mitte (= Doppelpfeil im Zählmuster) die Zählvorlage um 180 ° drehen und das Muster gegengleich ergänzen. Die Stichlücken an den Rändern mit Spannstichen schließen. Die fertige Stickerei von links unter feuchtem Tuch sorgfältig bügeln. Rückseite dicht neben der Stickerei verstürzt ansteppen, an der unteren Seite für den Reißverschluß einen 35 cm langen Schlitz lassen. Reißverschluß verdeckt einnähen oder Öffnung von Hand schließen.

92 Tischläufer in Grobkelim, 42 x 100 cm

Zählmuster auf Bogen A
Stickerei 61 x 145 Stiche (14,5 Stiche/ca. 10 cm).
Mustersatzlänge 42 Stiche = 29 cm.

Material: 0,60 m Turkestan, 135 cm breit, 14,5 Gewebekaros/ca. 10 cm (z. B. Zweigart Art. 4046); Springer Sudanwolle „Angelita" in den Farben lt. Tabelle (Strg. à 20 g). Der Läufer ist als Fixpackung (Stramin mit Vordruck, Wolle und Nadel) im Fachhandel erhältlich (Asca-Modell „Dessin 280").

		Läufer	Kissen
1	= Natur 720	4 Strg.	2 Strg.
2 ,	= Beige 617	4 Strg.	2 Strg.
3 + /	= Braun 682	4 Strg.	2 Strg.
4 + /	= Dunkelbraun 683	4 Strg.	2 Strg.
5 + /	= Graugrün 625	2 Strg.	1 Strg.
6 + /	= Rost 570	3 Strg.	1 Strg.

Ausführung: Mit dem Sticken ca. 5 cm ab Schnittrand beginnen, lt. Zählmuster arbeiten. Den Mustersatz von Pfeil A bis B noch 2mal wdh. Die Randbordüre fortlaufend sticken. Nach der letzten Wdh. den Läufer gegengleich zum Anfang beenden. Die Stichlücken an den Rändern mit Spannstichen schließen. Überstehenden Grundstoff auf gleiche Breite beschneiden, nach links umlegen und auf der Rückseite anhexen.

93 Läufer, 40 x 111 cm

Zählmuster auf Bogen A
Stichzahl 129 x 355 (32 Stiche/ca. 10 cm).

Material: 1,30 m Aidastoff, 58 cm breit, 32 Gewebekaros/ca. 10 cm (z. B. Leibfried Art. 1025); 50 x 120 cm Stoff zum Abfüttern der Rückseite; MEZ Kelim-Wolle in folgenden oder ähnlichen Farben:

1 + / = 6 Strg. Schwarz 3056
2 = 22 Strg. Blau 3058
3 = 10 Strg. Rot 3024
4 = 4 Strg. Beige 3171

Ausführung: Nach Zählmuster sticken; es zeigt einen Ausschnitt des Läufers (etwas mehr als die Hälfte). Die Randbordüre an den Längsseiten von Pfeil A bis Pfeil B noch 2mal wdh., dann die Ecke gegengleich ergänzen. Die Schmalseiten ab Pfeil (= Mitte) gegengleich arbeiten. Die schrägen Musterstreifen ab Läufermitte (= Pfeil) fortlaufend im Wechsel 1mal rot, 1mal blau wdh. Fertige Stickerei spannen und dämpfen. Überstehenden Stoff nach links umlegen und Futterstoff dagegen säumen.

94 Quadratisches Sitzkissen, 75 x 75 cm

Stichzahl 139 x 139 (18,5 Stiche/ca. 10 cm).

Material: 0,90 m Sudanstramin, 100 cm breit, 18,5 Gewebekaros/ca. 10 cm (z. B. Zweigart Art. 1210/185); für die Kissenrückseite 85 x 85 cm Cord in passender Farbe; MEZ Sudanwolle, 20 g Strg., in folgenden oder ähnlichen Farben:

1 + / = 4 Strg. Dunkelblau 3031
2 + / = 4 Strg. Taubenblau, mittel 3077
3 + / = 3 Strg. Natur 3205
4 + / = 4 Strg. Gobelinrot, hell 3896
5 + / = 18 Strg. Antikrosé, dunkel 3895

Ausführung: Nach nebenstehendem Zählmuster sticken; es zeigt ¼ des Motivs einschließlich Mittelreihe. Ab Mitte (= Pfeil im Zählmuster) die Reihen gegengleich ergänzen. Rings um das Mittelmotiv noch folgende Anzahl Reihen bzw. Stiche ausführen: 1 R. Natur, 1 R. Dunkelblau, 3 R. Taubenblau, 3 R. Gobelinrot und 23 R. Antikrosé. Fertige Kissenplatte spannen und dämpfen. Den Cord gegennähen, untere Naht ein Stück offen lassen, Füllung einschieben, Naht schließen (siehe auch allgemeine Hinweise bei Modell Nr. 51).

Vor Beginn der Arbeit die ganze Anleitung durchlesen!

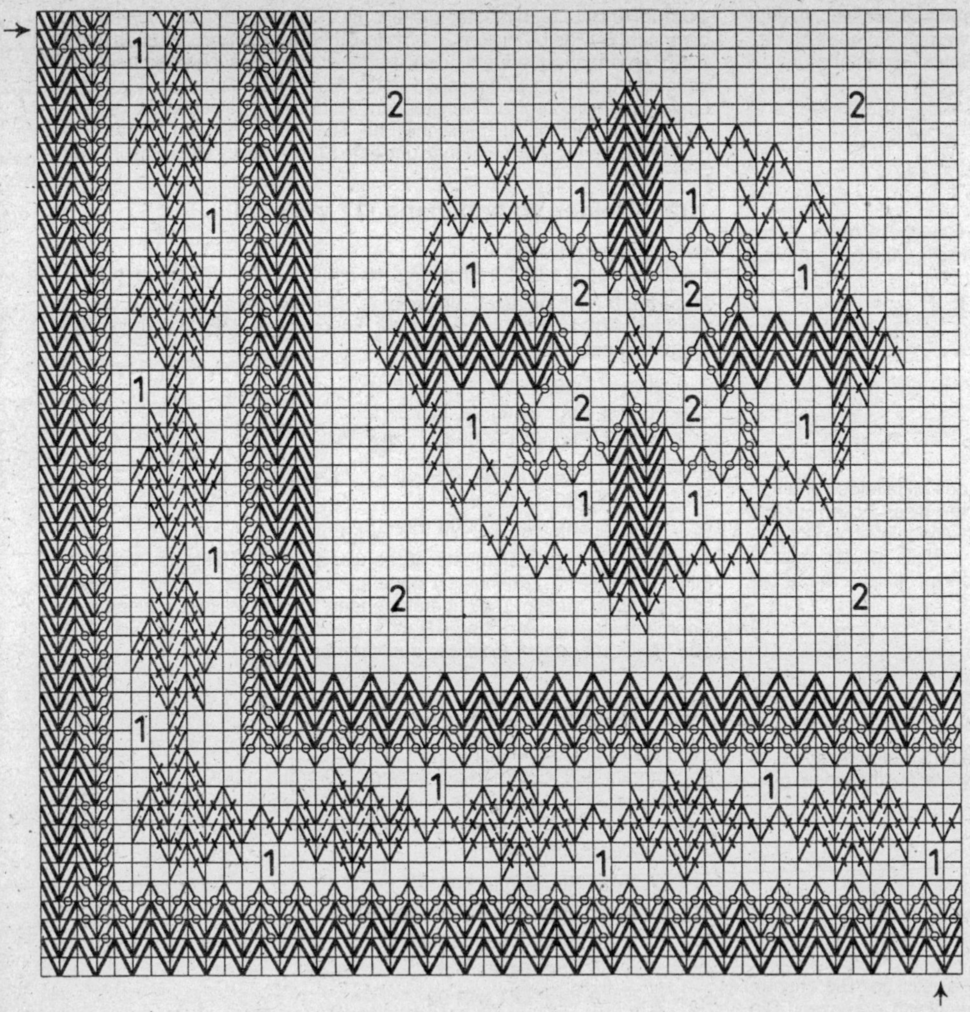

◀ 95

95 Deckchen, 30 x 30 cm

Stichzahl 97 x 97 (32 Stiche/ca. 10 cm).

Material: 40 x 40 cm Aidastoff, 32 Gewebekaros/ca. 10 cm (z. B. Leibfried Art. 1025); 35 x 35 cm Futterstoff in passender Farbe; MEZ Kelimwolle in folgenden oder ähnlichen Farben:

1 = 2 Strg. Rot 3927
2 + = 2 Strg. Weiß 3205
= 2 Strg. Dunkelblau 3032
= 1 Strg. Gelb 3261
= 1 Strg. Mittelblau 3453

Ausführung: Nach Zählmuster sticken; es zeigt ¼ des Modells und die Mittelreihe. Ab Mitte (= Pfeil im Zählmuster) die Reihen gegengleich ergänzen. Fertige Stickerei exakt rechtwinklig spannen und bügeln. Überstehenden Aidastoff nach links umlegen, Futter gegensäumen.

94

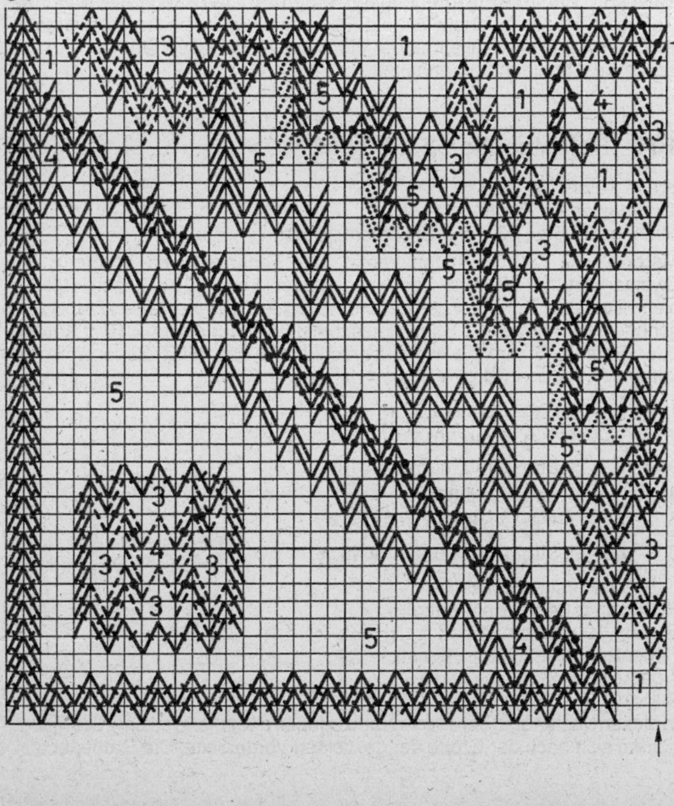

96 Brücke, 71 x 121 cm

Zählmuster auf Bogen A
Stichanzahl 92 x 157 (13 Stiche/ca. 10 cm).

Material: 1,40 m Smyrna-Stramin, 80 cm breit, 13 Fadenkaros/10 cm (z. B. Zweigart Art. 1229/130); rustica-Stickwolle (von smyrnafix) in folgenden oder ähnlichen Farben (B. = 50 g Bündel à 30 Fäden, ca. 80 cm lang, auch fadenweise erhältlich):

1 + / = 5 B. Rot 948
2 = 4 B. Pink 418
3 + / = 1 B. Rosa 401
4 = 14 B. Dunkelblau 565

Ausführung: Mit der Stickerei 10 cm ab Schnittkante und 4 cm ab Webkante beginnen. Lt. Zählmuster sticken, es zeigt die Hälfte einer Schmalseite (Doppelpfeil = Mitte). In den Randbordüren für die 2. Hälfte ebenfalls 5 Motive (von Pfeil bis Pfeil) sticken, dann lt. Zählmuster ab Pfeil die Bordüre für die Längsseite anschließen. Für das Mittelteil 7 Reihen à 5 Motive sticken, der Anfang der 2. Motivreihe ist im Zählmuster eingezeichnet. Farben lt. Modellbild wechseln. Stichlücken mit kurzen, senkrechten Stichen schließen. Überstehenden Stramin auf 5 cm beschneiden, nach links umlegen und anhexen.

97 Bosnische Brücke, 90 x 130 cm

Zählmuster auf Bogen J
Stichanzahl 129 x 189 (14,5 Stiche/ca. 10 cm).
Auch zu sticken nach dem farbigen burda-Zählmuster 393, Bezugsbedingungen siehe Seite 132.

Material: 1,50 m Turkestan, 100 cm breit, 14,5 Gewebekaros/ca. 10 cm (z. B. Zweigart Art. 4046); AMC Sudanwolle Marke „Bärenwolle" in folgenden oder ähnlichen Farben:

1 + / = 325 g Rohweiß 829
2 + / = 125 g Maisgelb 887
3 + / = 50 g Goldgelb 890
4 + / = 225 g Persischrot 962
5 + / = 125 g Weinrot 973
6 + / = 100 g Grünblau 902
7 + / = 250 g Dunkelbraun 879

Für die Fransen 75 g AMC Sudanwolle Farbe 960.

Ausführung: Die Farben können lt. obigen Angaben (= lt. Modellbild) oder nach den Angaben auf dem Zählmuster gewählt werden. An den Schmalseiten jeweils zwischen die Stiche Fransen einknüpfen, Fadenlänge ca. 15 cm.

98 Tischläufer, 31 x 62 cm

Zählmuster auf Bogen A
Stichanzahl 101 x 201 (32,5 Stiche/ca. 10 cm).

Material: 0,50 m Aida-Zählstoff, 85 cm breit, 32,5 Gewebekaros/ca. 10 cm (z. B. Zweigart Art. 3707 „Hertarette"); AMC-Orientwolle, Marke „Bärenwolle", in folgenden oder ähnlichen Farben (Strg. à 20 g):

1 + / = 4 Strg. Dunkelblau 640
2 + / = 1 Strg. Graublau 623
3 + / = 5 Strg. Rot 698
4 + / = 1 Strg. Grün 604
5 + / = 2 Strg. Gelb 530
6 + / = 3 Strg. Beige 725

Ausführung: Lt. Zählmuster sticken; es zeigt ¼ des Mittelfeldes und von der Randbordüre eine Hälfte der Schmalseite mit einer Ecke. Für die Längsseite den Mustersatz der Randbordüre (von Doppelpfeil bis Doppelpfeil) fortlaufend sticken. Die Reihen ab Mitte (= Pfeile im Zählmuster) gegengleich ergänzen. Überstehenden Grundstoff auf gleiche Breite beschneiden, nach links umlegen und anhexen.

99 Brücke, 88 x 145 cm

Zählmuster auf Bogen D
Stichanzahl 159 x 261 (18 Stiche/ca. 10 cm).

Material: 1,60 m Feinsmyrna-Stramin, 100 cm breit, 18 Fadenkaros/ca. 10 cm (z. B. Leibfried Art. 180/850): MEZ Sudanwolle in folgenden oder ähnlichen Farben (Strg. à 50 g):

1 + / = 6 Strg. Beige 3205
2 + / = 6 Strg. Rot 3219
3 + / = 5 Strg. Gelb 3000
4 + / = 4 Strg. Blau 3109
5 + / = 5 Strg. Dunkelbraun 3040

Ausführung: Lt. Zählmuster (= ¼ des Teppichs) sticken. Die Reihen jeweils ab Mitte (= Pfeile im Zählmuster) gegengleich ergänzen. Die Randbordüre fortlaufend sticken. Den überstehenden Stramin auf gleiche Breite beschneiden, nach links umlegen und anhexen.

100 Läufer, 64 x 119 cm

Zählmuster auf Bogen A
Stichanzahl 83 x 155 (13 Stiche/ca. 10 cm).
1 Mustersatz der Randbordüre 12 Stiche = 9 cm.

Material: 1,40 m Smyrna-Stramin, 70 cm breit, 13 Fadenkaros/ca. 10 cm (z. B. Zweigart Art. 1229/130 – auch 80, 100, 150 und 200 cm breit erhältlich); rustica-Stickwolle (von smyrnafix) in folgenden oder ähnlichen Farben (F. = Fäden, 30 Fäden je Bündel von 50 g, im Handel auch fadenweise erhältlich):

1 + / = 128 F. Gold 225
2 + / = 43 F. Gelb 217
3 + / = 43 F. Rost 963
4 + / = 82 F. Goldbraun 810
5 = 319 F. Grün 655

Ausführung: Lt. Zählmuster sticken, es zeigt reichlich ⅓ des Läufers. Das Ausmaß ist beliebig veränderbar, es sollte jedoch jeweils um Randmusterlänge verändert werden. Beim Sticken der Motive können Sie sich an den Punkten (= ●) im Zählmuster orientieren. Farbverteilung siehe Modellbild. Überstehenden Stramin auf 5 cm fadengerade beschneiden, nach links umlegen und über der Rückseite anhexen.

101 Wandteppich, 90 x 161 cm

Zählmuster auf Bogen J
Stichanzahl 117 x 209 (13 Stiche/ca. 10 cm).

Material: 1,80 m Smyrna-Stramin, 100 cm breit, 13 Fadenkaros/ca. 10 cm (z. B. Zweigart Art. 1229/130); 1 m Teppichband; rustica-Stickwolle (von smyrnafix) in folgenden oder ähnlichen Farben (B. = 50 g Bündel à 30 Fäden, ca. 80 cm lang, auch fadenweise erhältlich):

1 + / = 10 B. Braun 930
2 + / = 8 B. Dunkelbraun 892
3 + / = 9 B. Gold 810
4 + / = 6 B. Beige 321
5 + / = 7 B. Rot 919
6 = 6 B. Rost 963
7 = 1 B. Orange 902

Ausführung: Lt. Zählmuster sticken, mit 10 cm Abstand zur Schnittkante beginnen. Bis Pfeil A sticken, dann das Zählmuster um 180° drehen und ab Pfeil B ergänzen. Überstehenden Stramin auf 5 cm beschneiden, nach links umlegen – an den Längsseiten mit 1 Fadenkaro Zugabe –, anhexen. Längskanten im Zopfstich umstechen. An den Schmalseiten die Stichlücken mit senkrechten Stichen schließen. Zum Aufhängen am oberen Rand das Teppichband gegensäumen und eine Stange bzw. Leiste einschieben.

102 Kleiner Wandbehang, 32 x 58 cm

Zählmuster auf Bogen D
Stichzahl 102 x 186 (32 Stiche/ca. 10 cm).

Material: 0,70 m Aidastoff, 58 cm breit, 32 Gewebekaros/ca. 10 cm (z. B. Leibfried Art. 1025/22); 1 Holzstab, 58 cm lang; MEZ Kelim-Wolle in folgenden oder ähnlichen Farben:

1 + / = 2 Strg. Lindgrün, dunkel 3201
2 + / = 1 Strg. Lindgrün, hell 3102
3 + / = 1 Strg. Rot 3306
4 + / = 1 Strg. Orange 3427
5 = 1 Strg. Gelb 3425
6 = 8 Strg. Natur 3205 (Fond)

Ausführung: Nach Zählmuster sticken; es zeigt eine Hälfte des Motivs. Ab Mitte (= Pfeil im Zählmuster) gegengleich ergänzen. Fertige Stickerei spannen und bügeln. Den überstehenden Stoff nach links umlegen, unsichtbar festnähen. Am oberen Rand in gleichmäßigem Abstand Schlaufen aus Wolle anbringen, Holzstab durchziehen.

103 Teppich, 229 x 229 cm

Zählmuster auf Bogen J
Stichanzahl 332 x 332 (14,5 Stiche/ca. 10 cm).

Material: 5 m Turkestan, 135 cm breit, 14,5 Gewebekaros/ca. 10 cm (z. B. Zweigart Art. 4046); Lindhorst Turkestanwolle Marke „Edelfrau" (50 g Strg.) in folgenden Farben:

1 + / = 21 Strg. Natur 6041
2 = 17 Strg. Graubraun, hell 601
3 = 18 Strg. Graubraun 635
4 + / = 36 Strg. Braun B 51
5 + / = 8 Strg. Ocker B 93
6 + / = 14 Strg. Dunkelbraun 611
7 + / = 7 Strg. Gelb 6037

Ausführung: Zuerst den Stramin in 2 Bahnen zu je 2,50 m teilen und zusammennähen. Nach Zählmuster sticken. Es zeigt einen Teil der Mittelfläche und der inneren und äußeren Randbordüre. Für die Mittelfläche jeweils im Wechsel 1 großes, 1 kleines Motiv sticken (insgesamt 6 große und 5 kleine). Für die innere Randbordüre den Rapport (= Pfeil c bis Pfeil d) noch 2mal wdh., dann die Ecke gegengleich ergänzen. Den Rapport der äußeren Randbordüre fortlaufend wdh., die Eckmotive jeweils gegengleich ergänzen. Den Rand mit dunkelbrauner Wolle umstechen. Den Stoff auf gleiche Breite beschneiden und anhexen.

104 Reisetasche 32 x 50 cm

Breite 10 cm
Zählmuster auf Bogen J
Stichanzahl 59 x 93 (18,5 Stiche/ca. 10 cm).

Material: 50 x 60 cm Sudanstramin, 18,5 Fadenkaros/ca. 10 cm (z. B. Zweigart Art. 1210/185); 6 qfs weiches Leder (1 qfs = 30 x 30 cm) – Maße siehe Tabelle. (Zum Kauf des Leders empfehlen wir Ihnen einen Papierzuschnitt mitzunehmen); 1 Spezialmaschinennadel für Leder; 1,10 m Kordel oder Schnur, 5 mm Ø; 1 Reißverschluß 70 cm; MEZ Sudanwolle in folgenden Farben (Strg. à 20 g, * = Strg. à 50 g):

1 + / = 1 Strg. Beige 3203 *
2 + / = 1 Strg. Grau 3017
3 + / = 1 Strg. Grau, dunkel 3018
4 + / = 1 Strg. Gold 3001
5 + / = 1 Strg. Rotbraun 3061 *
6 + / = 1 Strg. Dunkelbraun 3040 *

Lederzuschnitte für Tasche:
Rückwand: 34 x 52 cm (1mal)
Boden: 12 x 52 cm (1mal)
Seitenteil: 12 x 23,5 cm (2mal)
Oberseite: 5 x 71 cm (2mal)
Bügel: 2,5 x 50 cm (4mal)
In diesen Maßen sind bereits die Nahtzugaben enthalten (je 1 cm). Die Maße richten sich nach der Größe der gestickten Vorderseite. Die Größe für die

Rückwand errechnet sich aus der Größe der Stickerei plus ringsum 1 cm Nahtzugabe. Weicht die Größe der Stickerei von unseren Maßen ab, verändern sich entsprechend auch die Längenmaße für Boden und Seitenteile. Die Länge der Oberseite darf nicht geändert werden, sie entspricht der Länge des Reißverschlusses.

Nähen: Boden und Seitenteil an den Schmalseiten zusammennähen. Dabei nur bis 1 cm vor die Lederkanten steppen (an beiden Nahtenden). Zwischen die beiden Teile der Oberseite den Reißverschluß einnähen, Zähnchen bleiben sichtbar. Reißverschluß schließen. Die Seitenteile auf die Schmalseiten der Oberseite steppen. Den so entstandenen Rahmen aus Boden, Seitenteilen und Oberseite rechts auf rechts an die Stickerei legen und direkt an der Stickerei entlang steppen. Für die oberen Ecken die Nahtzugabe am Oberteil 1 cm tief einschneiden. Ebenso die Rückwand annähen, zuvor den Reißverschluß öffnen. Tasche zur rechten Seite wenden. Je zwischen 2 Lederstreifen für die Henkel ein Stück Kordel legen und die Streifen aufeinandersteppen. Henkel mit ca. 30 cm Abstand voneinander an der Oberseite feststeppen, auf der Innenseite Lederflecken zur Verstärkung unterlegen. Über die Ansatzstelle der Henkel kleine Lederecken kleben.

Sticken: Auf dem Stramin die Stickereigröße markieren. Lt. Zählmuster sticken, es zeigt genau eine Hälfte. Die Reihen jeweils ab Mitte (= Pfeil) gegengleich ergänzen. Fertige Stickerei von links unter feuchtem Tuch bügeln.

105 Tischläufer, 45 x 88 cm

Zählmuster auf Bogen D
Stichzahl 95 x 186 (21 Stiche/ca. 10 cm).

Material: 0,60 m Sudanstramin, 100 cm breit, 21 Gewebekaros/ca. 10 cm (z. B. Zweigart Art. 1201/210); MEZ Sudanwolle, 50 g Strg., in folgenden oder ähnlichen Farben:

1 + / = 3 Strg. Schwarz 3056
2 + / = 3 Strg. Rot 3548
3 + / = 1 Strg. Grün 3236
4 + / = 2 Strg. Gold 3013
5 + / = 4 Strg. Weiß 3222
6 + / = 1 Strg. Blau 3035

Ausführung: Lt. Zählmuster sticken; es zeigt ¼ des Modells. Die Reihen jeweils ab Mitte (= Pfeile im Zählmuster) gegengleich ergänzen. Die Stichlücken an den Schmalseiten ausfüllen. Fertige Stickerei exakt rechtwinklig spannen. Den überstehenden Stramin auf gleiche Breite beschneiden, nach links umlegen – an den Längsseiten mit 1 Fadenkaro Zugabe – und über der Rückseite anhexen. Die Längsseiten mit Schwarz im Zopfstich umstechen.

106 Läufer, 51 x 111 cm

Zählmuster auf Bogen J
Stichanzahl 92 x 200 (18 Stiche/ca. 10 cm).

Material: 0,70 m Sudanstramin, 150 cm breit, 18 Gewebekaros/ca. 10 cm (z. B. Zweigart Art. 955/180); 55 x 120 cm Baumwollstoff zum Abfüttern; MEZ Sudanwolle, 50 g Strg., in folgenden Farben:

1 + / = 200 g Dunkelblau 3032
2 + / = 150 g Ocker 3001
3 = 150 g Rot 3219
4 + / = 100 g Natur 3204

Ausführung: Lt. Modell mit 3 Reihen Dunkelblau beginnen, dann das Muster lt. Zählvorlage sticken; die Reihen ab Mitte (= Doppelpfeil) gegengleich ergänzen. Beiderseits des Musters je 4 Stiche Dunkelblau anfügen. Fürs genannte Maß den Mustersatz von Pfeil bis Pfeil 2mal wdh., gegengleich zum Anfang – mit 3 Reihen Dunkelblau – enden. Den überstehenden Stramin auf gleiche Breite beschneiden, nach links umlegen und anhexen. Futterstoff gegensäumen.

107 Lodengrünes Kissen, 43 x 51 cm

Zählmuster auf Bogen J
Stichanzahl 49 x 63 = 23 x 30 cm (21 Stiche/ca. 10 cm).

Material: 35 x 45 cm Sudanstramin, 21 Gewebekaros/ca. 10 cm (z. B. Zweigart Art. 1201/210); 47 x 105 cm Wollstoff; 1 Reißverschluß 30 cm lang; je 1 Strg. Springer Sudanwolle 50 g, Marke „Angelita" in folgenden oder ähnlichen Farben:

1 + / = Creme 617
2 + / = Dunkelbraun 554
3 + / = Rost 570
6 + / = Grün 526

Ausführung: Nach Zählmuster sticken; es zeigt das ganze Motiv. Auf dem Kissenstoff die Vorderseite markieren. Auf der Mitte der Kissenvorderseite die Größe der Stickerei markieren. Rundum 1,5 cm Nahtzugabe anrechnen und diese Fläche für den Einsatz ausschneiden. Nahtzugabe nach links umheften, dabei in den Ecken bis an die Markierung einschneiden. Stickerei unterheften und von rechts steppen oder unsichtbar von Hand einnähen.

108 Rostfarbenes Kissen, 46 x 46 cm

Zählmuster auf Bogen J
Stichzahl 57 x 57 = 27 x 27 cm (21 Stiche/ca. 10 cm).

Material: 40 x 40 cm Sudanstramin, 21 Gewebekaros/ca. 10 cm (z. B. Zweigart Art. 1201/210); 0,50 m Baumwollsamt, 140 cm breit; 1 Reißverschluß 30 cm lang; je 1 Strg. Springer Sudanwolle 50 g, Marke „Angelita" in folgenden oder ähnlichen Farben:

1 + / = Creme 617
2 + / = Dunkelbraun 554
3 + / = Rost (Fond) 570
5 + / = Blau 584
6 + / = Grün 526

Ausführung: Nach Zählmuster sticken; es zeigt das ganze Motiv. Weiteres siehe Kissen Nr. 107.

109 Zeitungstasche, 59 x 60 cm

Zählmuster auf Bogen H
Stichzahl 97 x 113 = 46 x 54 cm (21 Stiche/ca. 10 cm).

Material: 0,60 m Sudanstramin, 100 cm breit, 21 Gewebekaros/ca. 10 cm (z. B. Zweigart Art. 1201/210); 1 Preßspanplatte ca. 59 x 60 cm; 1 Stück Nappaleder, groß genug, um die Vorderseite der Platte damit zu bespannen; 59 x 60 cm Filz zum Versäubern der Rückwand; 50 x 60 cm Stoff zum Abfüttern der Stickerei; Polsternägel mit ca. 1 cm Ø; Springer Sudanwolle „Angelita", 50 g, in folgenden Farben:

1 + / = 1 Strg. Hellbeige 617
2 + / = 1 Strg. Dunkelbraun 554
3 + / = 1 Strg. Rost 570
4 = 2 Strg. Ocker (Fond) 694
5 + / = 1 Strg. Blau 584
6 + / = 1 Strg. Grün 526

Ausführung: Nach Zählmuster sticken; es zeigt das ganze Motiv und etwas mehr als ein Viertel der Randbordüre. Ab Mitte (= Pfeil im Zählmuster) die Randbordüre gegengleich ergänzen. Fertige Stickerei exakt rechtwinklig spannen und dämpfen. Überstehenden Stramin nach links umlegen, Futterstoff gegensäumen. Die Spanplatte straff mit dem Leder bespannen und das Leder von links festnageln. Rückseite mit Filz bekleben. Zuletzt die Stickerei mit den Polsternägeln auf die Platte nageln, Abstand zum unteren und seitlichen Rand ca. 2 cm.

110 Brücke, 82 x 140 cm

Zählmuster auf Bogen D
Stichanzahl 119 x 203 (14,5 Stiche/ca. 10 cm).

Material: 1,60 m Turkestan, 100 cm breit, 14,5 Gewebekaros/ca. 10 cm (z. B. Leibfried Art. 1037); Springer Sudanwolle „Angelita" in folgenden oder ähnlichen Farben (Strg. à 50 g):

1 = 10 Strg. Goldgelb 586
2 + / = 6 Strg. Braun 554
3 + / = 5 Strg. Rost 570

Ausführung: Lt. Zählmuster sticken. Die Reihen jeweils ab Mitte (= Pfeile im Zählmuster) gegengleich ergänzen. Überstehenden Grundstoff auf 5 cm beschneiden, nach links umlegen und anhexen. An den Schmalseiten in die Stichlücken braune Fransen doppelfädig einknüpfen, Fadenlänge 20 cm, dann die Fadenbündel teilen und je 4 Fäden miteinander verknoten.

110A Set mit aufgedruckten Schnecken

Musterzeichnungen auf Bogen H

Größe: 50 x 35 cm

Material: 53 x 38 cm Handarbeitsstoff „Lugana" (Art. 3835/901 von Zweigart & Sawitzki); 1 Gläschen Bügelfarbe in Weiß (z. B. von Deka); starke Klarsichtfolie, ca. 20 x 30 cm; Kunststoffschwamm; Pinsel; Passepartoutmesser oder kleine spitze Schere; Pauspapier; Transparentpapier; Haushaltshandschuhe; altes Zeitungspapier.

Ausführung: Set säumen, d. h. alle Kanten 0,5 cm umschlagen und dann 1 cm eingeschlagen feststeppen. Auf die Hälfte der Folie die Musterzeichnungen für die große und die kleine Schnecke, die zuvor auf Transparentpapier durchgezeichnet wurden, mittels Pauspapier übertragen. Das Muster herausschneiden. Unter das Set eine Lage Zeitungen legen, um die überschüssige Farbe aufzufangen. Nun die Schablone für die große Schnecke am rechten oberen Rand auflegen (je ca. 1 cm von der Stepplinie entfernt) und mit tesafilm festkleben. Auf den Schwamm mit dem Pinsel etwas Farbe bringen und den Schwamm dann auf den Stoff bzw. Schablone tupfen. Schablone vorsichtig abheben. Die Schablone für die kleinen Schnecken hinter der großen anordnen und ebenfalls Farbe auftupfen. Ist die Farbe getrocknet, wird sie von der linken Stoffseite überbügelt (Bügeleiseneinstellung auf Baumwolle), womit die Farbe waschecht fixiert ist.

111 Bedruckter Paravent, Kissen, Bettüberwurf

Musterzeichnungen auf Bogen F

Paravent

Größe eines Paraventteils 0,50 x 1,60 m

Material: 1,50 m Nessel, 160 cm breit; 1 Paravent (zu beziehen z. B. von den Albert-Schweitzer-Werkstätten, 7600 Offenburg); Lack- oder Farbspray in Nußbraun (z. B. Ultra-Color-Lackspray von K. Vogelsang).

Tip: Nessel vor dem Verarbeiten waschen, damit er später nicht einläuft.

Material zum Drucken: Ca. 3 Gläschen Stoffmalfarbe in Dunkelbraun (Deka-Permanent-Stoffmalfarbe Nr. 416); ca. 20 x 20 cm feste Folie (z. B. Klarsichthülle); Schaumstoffschwamm; Pinsel; Passepartoutmesser oder kleine spitze Schere; alte Zeitungen; Haushaltshandschuhe; Kopierpapier; Transparentpapier; tesafilm.

Ausführung: Paravent braun lackieren bzw. sprühen. Für die Bespannungsteile 3 Bahnen je 1,33 m lang und 47 cm breit zuschneiden. Seitliche Kanten der Teile 2 cm breit nach links bügeln, 1 cm einschlagen und feststeppen. Die oberen und unteren Kanten jeweils 3,5 cm breit nach links bügeln und schmal eingeschlagen feststeppen. – Motiv vom Bogen auf Transparentpapier und dann mit Kopierpapier auf die Folie übertragen. Motiv mit dem Messer ausschneiden. Unter den Stoff einige Lagen Zeitungen legen, diese nach jedem Druckvorgang wechseln. Schablone auf den Stoff legen, mit tesafilm festkleben und in einer Ecke beginnen. Nun auf den Schwamm mit dem Pinsel etwas Farbe auftragen (Arbeitshandschuhe anziehen!). Dann die Farbe mit dem Schwamm auf den Stoff tupfen, so daß alle ausgeschnittenen Flächen der Schablone mit Farbe ausgefüllt sind. Schablone vorsichtig abnehmen und neu ansetzen. 3 Motive in der Breite und 9 Motive in der Länge eng aneinanderliegend aufdrucken. Für jeden Druckvorgang neue Farbe auf den Schwamm bringen. Die Bespannungsteile anschließend bügeln, so daß die Farbe fixiert wird. – Holzstäbe aus dem Paravent nehmen und an den oberen und unteren Kanten der Bespannung einschieben. Stäbe wieder befestigen.

Kissenbezug

Größe: ca. 48 x 48 cm

Material: 1,00 x 0,50 m Nessel; 1 Reißverschluß, 30 cm lang; 1 Gläschen Stoffmalfarbe in Nußbraun (Deka-Permanent-Stoffmalfarbe).

Ausführung: Kissenteil zur Hälfte falten (= Vorder- und Rückseite), die Bruchkante wird obere Kissenkante. Nun die Mitte der Vorderseite markieren, sowie die Mittelpunkte der Eckmotive festlegen, die jeweils 9 cm von der Nahtlinie entfernt liegen. Nun die Motive drucken (s. o.) und bügeln. Kissenteile links auf links falten und die seitlichen Nähte und je 9 cm lang die untere Naht steppen (Nahtzugabe 1 cm). Dazwischen den Schlitz für den Reißverschluß offen lassen, Kissen wenden, Reißverschluß einnähen.

Bettüberwurf

Größe: ca. 1,70 x 2,70 m

Material: 3,70 m Nessel, 160 cm breit; ca. 3 Gläschen Stoffmalfarbe in Nußbraun (Deka-Permanent-Stoffmalfarbe Nr. 416).

Zuschneiden: 2mal 1,80 m, 142 cm breit.

Ausführung: Stoffbahnen an den Schmalseiten zusammensteppen (Nahtzugabe 2 cm), Schnittkanten versäubern. Decke säumen, d. h. die Kanten 5 cm nach links bügeln und 2 cm eingeschlagen feststeppen. Decke bedrukken, dabei mit den Eckmotiven beginnen, deren Mitten jeweils 9 cm von der Kante entfernt liegen. Danach den Kanten entlang drucken, so daß die Motive möglichst eng aneinanderliegen. Für die Einteilung der Motive die jeweilige Mitte der Kantenlängen markieren und diese Strecken nochmals halbieren. Auf den so erhaltenen Punkten liegen die Mittelpunkte der Motive. Die restlichen Motive dazwischensetzen.

112 Lampenschirm mit gepreßten Pflanzen

Größe: Höhe 56 cm, oben ca. 24 cm Ø, unten ca. 36 cm Ø.

Material: Lampenschirmgestell (z. B. G. A. Dietz, Freiburg); ca. 130 cm PVC-Lampenschirmfolie, 60 cm breit; 2 Zuschnitte Japanpapier 60 x 91 cm; Uhu PVC-Kleber; getrocknete Gräser, Farne, Wiesenblumen; Transparentpapier.

Ausführung: Für die Folie und das Japanpapier muß zunächst ein Schnitt angefertigt werden: Gestell auf das Transparentpapier legen und die Ansatzlinie entlang eines Stäbchens auf dem Gestell und dem Papier markieren (s. Skizze, a). Das Gestell 1 mal ganz auf dem Papier abrollen und dabei mit einem Bleistift am oberen Ring mitfahren = obere Rundung. Gestell nochmals an die Ansatzlinie legen und am unteren Ring entlang mitfahren = untere Rundung (s. Skizze, b). Papierschnitt ausschneiden. Schnitt auf die Folie legen, Folie zuschneiden und an einer Seite 2 cm Stoßfläche zugeben. Folie evtl. ansetzen. Schnitt auch auf das Japanpapier legen und mit 2 cm Zugabe an den Rundungen (s. Skizze c) zuschneiden. Auf einer Seite ebenfalls 2 cm Stoßfläche zugeben. Von der Folie das Trägerpapier abziehen. Nun die gepreßten Farne, Gräser usw. auf die Folie kleben, Anordnung s. Modellbild. Japanpapier auf die Folie kleben. Die Bespannung um das Gestell legen und die Stoßfläche mit PVC-Kleber übereinanderkleben. Das Japanpapier um den oberen und unteren Ring legen und auf der Innenseite mit PVC-Kleber festkleben.

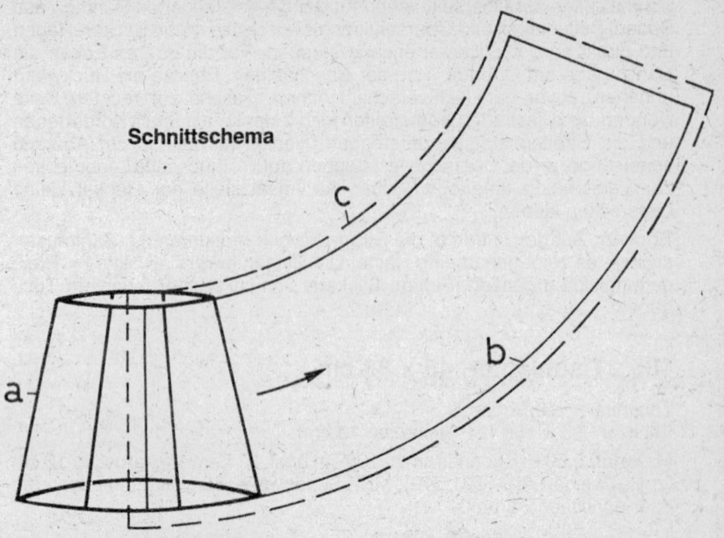

113 Überhandtuch

Vorzuzeichnen mit burda-Bügelmuster 650/003, DM 4,–. Bezugsbedingungen S. 132.

Größe: 55 x 115 cm

Material: 65 cm Nessel, 140 cm breit; Stoffmalfarbe Wacolux von Fa. Heinrich Wagner & Co., in Hellgrün, Dunkelgrün, Hellbraun, Dunkelbraun, Zitronengelb, Goldgelb, Weiß, Rot, Blau, Schwarz; feiner Pinsel; Kopierpapier; Transparentpapier; 1 Handtuchhalter (z. B. von Ikea).

Ausführung: Nessel vor dem Verarbeiten waschen, damit er später nicht eingeht. Nessel 60 x 130 cm zuschneiden. Längskanten 2,5 cm nach links umbügeln und 1 cm eingeschlagen schmalkantig steppen. Obere Kante 7 cm nach links umbügeln, 1,5 cm eingeschlagen feststeppen. Für den Tunnel im Abstand von 2,5 cm zur 1. Stepplinie steppen. Untere Kante 7 cm nach links umbügeln, 2 cm eingeschlagen feststeppen. Motiv vom Bogen auf Transparentpapier übertragen und im Abstand von 8 cm zur unteren Bruchkante auf den Stoff kopieren (oder Bügelmuster aufbügeln, Ausschnitt s. Modellbild). Die Ansatzlinie für das Muster evtl. mit Heftstichen markieren. Nun das Motiv ausmalen, Farbverteilung s. Modellbild. Nachdem die Farben getrocknet sind, werden sie von links überbügelt, wodurch sie waschecht werden (Bügeleiseneinstellung auf Baumwolle).

114 Springrollos

Material: Deka Bügelfarben in Zitron, Brillantgrün und Rot; Synthetiksatin, 140 cm breit (z. B. von Colsman), 30 cm länger als das fertige Rollo; 1 Rolle Federwelle komplett mit Zubehör (z. B. von Ikea); getrocknete Blätter, Farne; glattes weißes Papier; alte Zeitungen; Pinsel.

Ausführung: Für den Stoffzuschnitt Höhe und gewünschte Breite des Fensters messen. Beim Berechnen der Breite darauf achten, daß die Metallkapseln des Rollos frei bleiben müssen und ca. 1 cm Saumzugabe auf jeder Seite notwendig sind. Beim Berechnen der Länge 30 cm zugeben. Saumzugabe mit Zickzackstich versäubern, nach links bügeln und schmalkantig feststeppen. An der unteren Stoffkante einen Tunnelsaum nähen, in den die Leiste später eingeschoben wird. – Nun die ausgewählten Motive wie Blätter und Farne mit der Bügelfarbe bestreichen und auf ein glattes, nicht saugendes Papier bügeln (Bügeleisen dabei nicht hin- und herschieben!). Dieser Abdruck kann nun auf den Stoff gebügelt werden, Bügeleiseneinstellung auf Wolle. Papier mit der farbigen Seite auf den Stoff legen und das Bügeleisen ca. 1–2 Minuten auf das Motiv stellen. Als Bügelunterlage eignet sich z. B. altes Zeitungspapier, darauf eine Lage unbedrucktes Papier. Man kann ein Motiv mehrmals nacheinander aufbügeln, dabei ändern sich jedoch die Farbtöne. Auch bei mehrmaligem Aufbügeln immer die oberste Papierlage der Bügelunterlage auswechseln. Wir empfehlen, für jedes Motiv zunächst einen Probeabdruck auf einem Stoffrest auszuführen, Anordnung der Motive s. Modellbild.

Fertigstellung: Die obere Stoffkante mit kurzen Nägeln rechtwinklig an der Federwelle befestigen. Rolle mit den Trägern an der Wand anbringen, in den Tunnelsaum die Leiste einschieben und in der Mitte die Zugschnur befestigen.

115 Gemalte Tischdecke, ca. 110 x 140 cm

Originalgroße Vorzeichnung auf Bogen K
Motive 33 x 23 cm und 24 x 24 cm

Material: 1,20 m Stoff, 140 cm breit – 80% Polyester, 20% Leinen. Beim Einkauf des Stoffes den Prozentsatz an Synthetik beachten, da Naturfasern die Farben nicht annehmen! 5,50 m Spitze, 2,5 cm breit (z. B. Homberg); je 1 Haarpinsel Nr. 2 und Nr. 4; je 1 Glas DEKA-Bügelfarbe in folgenden Farben: 471 Zitron, 473 Orange, 474 Pink, 475 Zinnober, 476 Karmin, 478 Violett, 483 Brillantgrün, 485 Braun, 488 Schwarz, 470 Farblos und 1 Glas DEKA Permanent Deckweiß 469.

Ausführung: Fadengerader Stoffzuschnitt 140 x 110 cm, Stoffränder mit Zickzackstich versäubern. Musterzeichnung auf Transparentpapier zeichnen und mit Kopierpapier das Eckmotiv 2mal und das Motiv 5mal auf holzfreies Schreibpapier übertragen. Vor dem Bemalen die Gebrauchsanweisung der Farben durchlesen und beachten: Bügelprobe ausführen. Farbaufteilung siehe Modellbild. Die Mischtöne können erzielt werden, indem man mehrere Farben auf das Papier übereinander aufträgt oder die Farben direkt auf dem Papier eine in die andere mischt. Mit dem dicken Pinsel zuerst die großen Flächen ausmalen, zuletzt mit dem dünnen Pinsel die kleineren Flächen, Blattadern, Stiele und Ranken bemalen. Anschließend das bemalte Papier auf dem Stoff anordnen. Zwischen den Eckmotiven an den Schmalseiten 2 Motive, an den Längsseiten je 3 Motive lt. Modellbild anordnen und mit Stecknadeln feststecken. Die Motive können Sie problemlos 2mal aufbügeln (je mehr Farbe man aufträgt, desto öfters kann man das Motiv aufbügeln). Vorsichtshalber sollte man nur jedes 2. Motiv der angeordneten Motive aufbügeln, das nicht aufgebügelte Motiv durch ein schon einmal abgebügeltes ersetzen. Falls Farbunterschiede entstehen, wären die Motive dann abwechselnd stärker und schwächer. Beim zweiten Aufbügeln die Bügeldauer möglichst etwas verlängern und den Druck verstärken. Wir haben die bemalten Motive mit minimalen Farbunterschieden bis zu 4mal aufgebügelt. Bevor man das Papier vom Stoff nimmt, sollte man sich absichern, daß das Motiv ganz und gleichmäßig aufgebügelt ist, falls nicht, die betreffende Stelle nochmals überbügeln. Zuletzt mit dem dünnen Pinsel und Deckweiß direkt auf den Stoff in die Blüten kleine weiße Tupfer einmalen. Fertig bemalte Decke auf der Rückseite kräftig überbügeln. Anschließend Spitze aufsteppen.

Tip: Bei dieser Maltechnik kann man auch Blätter von Bäumen und verschiedenen Pflanzen und Blumen bemalen, Farbe nicht zu dick auftragen. Die bemalte Seite auf das Papier aufdrücken, gleichzeitig ein saugfähiges Papier (Küchentuch) darüberlegen, so daß die überschüssige Farbe gleich aufgesaugt wird. Mit ein wenig Phantasie können Sie die verschiedenen Blätter zu einem schönen Motiv auf dem Papier anordnen und mit dem dünnen Pinsel Stiele, Ranken, Blüten, Beeren oder sonstiges noch zusätzlich einmalen. Um das Motiv nicht so oft zeichnen zu müssen, können Sie die gewünschte Musterzeichnung auf einem Kopiergerät kopieren. Die Kopien vor dem Bemalen jedoch auf einem Rest Stoff oder einem weißen Papier gut abbügeln, denn es kommt vor, daß sich die kopierten Linien als schwarze Linien auf den Stoff übertragen.

116 Gemaltes Set, ca. 50 x 35 cm

Originalgroße Musterzeichnung siehe 115

Material: Siehe Decke 115, jedoch 50 x 35 cm Stoff; 2 m Spitze, 2 cm breit (z. B. Homberg).

Ausführung: siehe Decke 115 und Modellbild.

117 Eule

Größe: 46 x 44 cm, Motivgröße 40 x 38 cm,
Musterzeichnung auf Bogen K

Material: 46 x 44 cm Baumwollbatist, DEKA-Batikfarben je 1 Beutel 101/L Orange, 75/L Scharlach, 94/L Rehbraun, 100/L Tiefschwarz, 1 Block Batikwachs, feine und breite Borstenpinsel, eventuell ein Tjanting für feine Tropfen, 1 Spannrahmen und Reißzwecken, Essig und Salz für die Farbbäder, 1 Plastikgefäß für die Färbungen, Gummihandschuhe.

Ausführung: Wenn der Stoff keine Appretur mehr enthält, trocken und glatt ist, übertragen Sie das Motiv darauf. Spannen Sie den Stoff auf den Rahmen und schmelzen das Wachs. Nun arbeiten Sie nach dem Modellbild weiter. Alles, was weiß bleiben soll, wird zuerst mit flüssigem Wachs ausgemalt: Halsfedern, Schnabel, Stirn (Pünktchen), Krallen, ein Bein und der Stamm. Auf dem Flügel sind auch noch weiße Bogen und Pünktchen auszumalen. Danach kommt der Stoff in das erste Farbbad Orange. Nach dem Trocknen bekommt alles einen Wachsauftrag, was orange bleiben soll, so z. B. der gesamte Hintergrund (Modellbild). Die nächste Färbung ist Scharlachrot. Diese Farbe wird nur an ganz wenigen Stellen reserviert, gibt aber der nächsten Farbe Rehbraun einen besonders warmen Ton. Wenn die Rehbraunfärbung beendet und der Stoff wieder trocken ist, bekommt der größte Teil der Eule einen Wachsauftrag mit Ausnahme von Flügel und Schwanz. Die Konturen des Vogels müssen schmal ausgespart werden, damit bei der letzten Färbung in Tiefschwarz die Farbe eindringen kann. Zum Schluß das Wachs zwischen dicken Lagen Zeitungspapier (Seidenpapier) herausbügeln. Die Reste des Wachses entfernt ein Kleiderbad.

118 Pferdchen

Größe: 50 x 30 cm, Musterzeichnung auf Bogen K

Material: 50 x 30 cm Baumwollbatist, DEKA-Batikfarben je 1 Beutel 72/L Gelb, 101/L Orange, 75/L Scharlachrot, 100/L Tiefschwarz, 87/L Giftgrün, 1 Block Batikwachs, Essig und Salz für die Farbbäder, feine und breite Borstenpinsel, 1 Spannrahmen, Reißzwecken, Plastikgefäß für die Färbung, Gummihandschuhe.

Ausführung: Wenn der Stoff keine Appretur mehr enthält, trocken und glatt ist, übertragen Sie das Motiv darauf. Spannen Sie den Stoff auf einen Rahmen und erhitzen das Wachs. Arbeiten Sie nun nach dem Modellbild weiter. Alles, was weiß bleiben soll, wird zuerst mit Wachs abgedeckt: Halsschmuck, Teile der Satteldecke und die Zügel. Erstes Farbbad ist Gelb. Jetzt bekommen weitere Teile des Halsschmuckes, die gelb bleiben sollen, einen Wachsauftrag. Teile der ersten überwachsten Flächen, die bereits gelbe Krakeluren haben, werden abermals mit Wachs bestrichen. Bereiten Sie jetzt ein sehr konzentriertes Farbbad in Giftgrün und malen diese Farben in die entsprechenden Teile der Satteldecke und über den Vordergrund auf. Diesen Vorgang so lange wiederholen, bis die gewünschte Farbtiefe erreicht ist. Erst nach völligem Trocknen die grünen Flächen mit Wachs ausmalen. Nächstes Farbbad ist Orange. Danach wird der gesamte Hintergrund mit Wachs übermalt. Jetzt kommt das Färbebad Scharlachrot. Nach dieser Färbung erhält die Umrandung des Halsschmuckes, das Auge, das Maul, die Konturen der Satteldecke und der Körper einen Wachsauftrag. Der Hintergrund sollte an Stellen, die bereits Krakeluren haben, weiter mit Wachs überzogen werden. Jetzt ist nur noch die Horizontlinie und das Fell des Maultieres ohne Wachs. Das letzte Farbbad ist dann Schwarz. Zum Schluß das Wachs zwischen dicken Lagen Zeitungspapier (Seidenpapier) herausbügeln. Die letzten Reste des Wachses entfernt ein Kleiderbad.

119 Antilope

Größe: 41 x 70 cm, Musterzeichnung auf Bogen G

Material: 41 x 70 cm Baumwollbatist, je 1 Beutel DEKA-Batikfarbe 72/L Gelb, 101/L Orange, 91/L Kupfer, 89/L Dunkelgrün, 100/L Tiefschwarz. Salz und Essig für das Farbbad, 1 Block DEKA-Batikwachs, 1 feiner Pinsel oder 1 Tjanting, 1 breiter Borstenpinsel, 1 Spannrahmen und Reißzwecken, Plastikgefäße zum Färben, Gummihandschuhe.

Ausführung: Wenn der Stoff keine Appretur mehr enthält, trocken und glatt ist, übertragen Sie die Musterzeichnung. Spannen Sie den Stoff auf einen Rahmen und erhitzen das Wachs. Die feinen Konturen um die Sonne und den symbolischen Regenbogen, die weiß bleiben sollen, mit Tjanting oder feinem Pinsel mit Wachs versehen. Die weiße Fläche hinter den Bäumen mit Hilfe des breiten Pinsels wachsen.

1. Farbbad ist Gelb. (Unbedingt bei allen Farben Anleitung auf Verpackung beachten, Salz und Essig nicht vergessen.) Nach Färben und Trocknen alle Flächen, die gelb bleiben sollen, mit Wachs ausfüllen. Die Konturen der Antilope wieder mit feinem Pinsel oder Tjanting.

2. Farbbad ist Orange. Danach alle Partien, die orange bleiben sollen, mit Wachs versehen.

3. Farbbad ist Kupfer. Jetzt bekommen die Antilope, ein Teil des Himmels, die Berge und die Wiese einen Wachsauftrag. Und nur der Himmel, die Bäume und die Zwischenräume in den Bergen sind noch wachsfrei für die 4. Färbung mit Dunkelgrün.

Grün über Rot ergibt normalerweise ein Braun. Färben Sie sehr lange, ca. 1 Stunde. Dann erreichen Sie den gewünschten Grünton. Für den 5. und letzten Färbegang mit Schwarz sind nur noch die Bäume ohne Wachs. Um wirklich ein Tiefschwarz zu erreichen, färben Sie ca. 1 Stunde.

Zum Schluß bügeln Sie das Wachs zwischen dicken Lagen Zeitungspapier (Seidenpapier) heraus. Kleine Rückstände beseitigt ein Kleiderbad.

120 Sonne über Garten

Größe: 54 x 70 cm. Musterzeichnung auf Bogen K

Material: 54 x 70 cm Baumwollbatist; je 1 Beutel DEKA-Batikfarbe 72/L Gelb, 101/L Orange, 91/L Kupfer, 88/L Russischgrün, 100/L Tiefschwarz. 1 Glas DEKA-Entfärber, Essig und Salz für die Farbbäder, 1 Block Batikwachs, 1 feiner Pinsel oder 1 Tjanting, 1 breiter Borstenpinsel, 1 Spannrahmen und Reißzwecken, Plastikgefäße zum Färben, Gummihandschuhe.

Ausführung: Wenn der Stoff keine Appretur mehr enthält, trocken und glatt ist, übertragen Sie die Musterzeichnung. Spannen Sie den Stoff auf einen Rahmen und erhitzen das Wachs. Nun arbeiten Sie nach dem Modellbild. Weiß bleiben hier nur die Konturen um Sonne und Tautropfen, also werden sie mit dem Tjanting oder dem dünnen Pinsel mit Wachs versehen. 1. Farbbad ist Gelb. Nach Färben und Trocknen alle Flächen, die gelb bleiben sollen, mit Wachs ausfüllen (Sonne, Gräser und Punkte in den Früchten.) 2. Farbbad ist Orange. Die Wolke, Teile der Sonne und Pünktchen auf dem Gras bekommen einen Wachsauftrag. Nach dem 3. Farbbad, Kupfer, malen Sie mit Wachs die Tautropfen und die Sonne und die Früchte aus.

Jetzt können wir das helle Grün nur erreichen, wenn das Kupfer auf der Wiese wieder herausgezogen wird. Vergewissern Sie sich, daß alle bisher mit Wachs versehenen Stellen noch gut geschützt sind. Evtl. tragen Sie erneut Wachs auf. Setzen Sie das Entfärbebad an und lassen den Stoff so lange darin, bis alle noch nicht mit Wachs bedeckten Stellen fast farblos sind. Gründlich spülen und erst dann das 4. Farbbad in Russischgrün bereiten und darin färben. Nach dem Trocknen die Weise ganz mit Wachs überziehen, so daß nur noch der Himmel frei bleibt.

Im 5. und letzten Farbbad Schwarz ca. 1 Stunde lang färben, um wirklich Tiefschwarz zu erreichen.

Zum Schluß bügeln Sie das Wachs zwischen dicken Lagen Zeitungspapier (Seidenpapier) heraus. Kleine Rückstände beseitigt ein Kleiderbad.

121 Marktstand

Größe: 62 x 58 cm, Musterzeichnung auf Bogen K

Material: 62 x 58 cm Baumwollbatist; DEKA-Batikfarbe je 1 Beutel 71/L Zitron, 101/L Orange, 77/L Karminrot, 100/L Tiefschwarz, Essig und Salz für das Farbbad, 1 Block Batikwachs, 1 Spannrahmen und Reißzwecken, feine und breite Borstenpinsel, Plastikgefäß zum Färben, Gummihandschuhe.

Ausführung: Wenn der Stoff keine Appretur mehr enthält, trocken und glatt ist, Musterzeichnung übertragen. Batist auf den Rahmen spannen und das Wachs erhitzen. Die Punkte im Kleid bleiben weiß. Sie werden zuerst mit Wachs aufgemalt. Erster Färbegang ist Zitron. Nach Spülen und Trocknen erhält das Gesicht der Marktfrau, mit Ausnahme von Augen, Nase, Mund und Haaren, sowie die Innenfläche des Apfels einen Wachsauftrag. Nächste Färbung erfolgt in Orange. Vor der Färbung in Karminrot malen Sie das Kleid, die Schabracke am oberen Apfel und den Brettzwischenraum unten am Marktstand mit Wachs aus. Dabei die später dunkle Kontur des Ärmels und die Hände aussparen. Nach dem karminroten Farbbad, was rot bleiben soll (vergleichen Sie stets mit dem Modellbild) mit Wachs versehen. Also: Kopftuch, Mund, die kleinen Äpfel, die Hände, die Kontur des Ärmels, den Schabrackenrand, die Blattadern und letztlich den ganzen Fond. Blatt, Stiel und Blüte dabei für den nächsten Färbegang aussparen. Letzte Färbung ist Tiefschwarz. Zum Schluß das Wachs zwischen dicken Lagen Zeitungspapier (Seidenpapier) herausbügeln. Verbleibende kleine Wachsreste beseitigt ein Kleiderbad.

122 Elefanten

Größe: 30 x 30 cm, Musterzeichnung auf Bogen H

Material: 30 x 30 cm Batist, DEKA-Batikfarbe je 1 Beutel in den Farben 74/L Altrosa, 85/L Violett, 100/L Tiefschwarz, 1 Block Batikwachs, Essig und Salz für das Farbbad, 1 Spannrahmen, Reißzwecken, verschieden breite Borstenpinsel, Plastikgefäß zum Färben, Gummihandschuhe.

Ausführung: Wenn der Stoff keine Appretur mehr enthält, trocken und glatt ist, übertragen Sie die Musterzeichnung. Batist auf den Rahmen spannen und das Wachs heiß werden lassen. Um das gesamte Motiv herum den Hintergrund mit Wachs bemalen. Dabei muß jetzt schon darauf geachtet werden, daß ein schmaler Rand um die weißen Stellen des Motives ausgespart wird, z. B. um den Zahn herum. Außerdem werden, wie Sie auf dem Modellbild sehen, die Augen, das Muster der Satteldecke des großen Elefanten und Teile der Füße mit Wachs bemalt. Färben in Altrosa. Nun werden alle Partien mit Wachs behandelt, die altrosa bleiben sollen: der kleine Elefant, das Muster der Satteldecke des großen Elefanten sowie Fuß und Auge. Auch hier muß wieder darauf geachtet werden, daß die Konturen der Ohren und der Schwanzquaste ausgespart werden. Der Hintergrund wird stückweise noch einmal überwachst, damit die rosa Krakeluren erhalten bleiben. Nächstes Farbbad ist Violett. Danach den großen Elefanten mit Wachs ausmalen, auch hier die Konturen für die Ohren stehen lassen. Teile der Satteldecke und die Augen mit Wachs versehen. Der Untergrund der Satteldecke bleibt frei. Der nächste Färbegang ist Schwarz. Zum Schluß das Wachs zwischen dicken Lagen Zeitungspapier (Seidenpapier) herausbügeln. Verbleibende Wachsreste entfernt ein Kleiderbad.

123 Sets mit Fischen

Größe: 45 x 50 cm, Musterzeichnung auf Bogen K

Material: 2 Stücke Bourette-Seide (Fa. Bodenschatz), 50 x 55 cm, DEKA-Batikfarbe je 1 Beutel 71/L Zitron, 79/L Hellblau, 81/L Brillantblau, Essig und Salz für die Farbbäder, 1 Block Batikwachs, 1 Tjanting oder ein feiner Pinsel, 1 breiter Borstenpinsel, 1 Spannrahmen und Reißzwecken, Plastikgefäß zum Färben, Gummihandschuhe.

Ausführung: Das Motiv auf die Sets übertragen. Den Stoff spannen und das Wachs erhitzen. Alles, was weiß bleiben soll, mit Tjanting oder feinem Pinsel mit Wachs ausmalen. Die Umrandung der Augen, das Maul und die Punkte am Körper, außerdem schmale Ränder, die um die Sets laufen (nach Modellbild arbeiten), mit Wachs versehen. Die Unterseite des Fisches erhält insgesamt mehr Punkte als die Oberseite. Erstes Farbbad ist Gelb. Nach dem Trocknen versehen Sie alle Stellen, die gelb bleiben sollen, mit Wachs. Das sind: die Kiemen, die Flossen, weitere Punkte und Streifen an Flossen und Schwanz. Den zweiten Randstreifen, der auch gelb bleiben soll lt. Modellbild, ebenfalls mit Wachs bemalen. Nächster Färbegang ist Hellblau. Dadurch bekommt der Stoff eine hellgrüne Farbe. Jetzt den ganzen Fisch mit Wachs versehen, dabei jedoch die Zwischenräume zwischen Flosse und Körper aussparen, damit hier die dunkelste Farbe eindringen kann. Den dritten Rand, der hellblau bleiben soll, mit Wachs bemalen. Letztes Farbbad ist Brillantblau. Zum Schluß zwischen dicken Lagen Zeitungspapier (Seidenpapier) das Wachs herausbügeln. Verbleibende Wachsreste entfernt ein Kleiderbad. Sets schmal säumen.

124 Tischdecke mit Blättern

Größe: 88 x 88 cm, Musterzeichnung auf Bogen K

Material: 90 x 90 cm Nessel, DEKA-Batikfarbe je 1 Beutel 72/L Gelb, 90/L Lachs, 94/L Rehbraun, Essig und Salz für die Farbbäder, 1 Block Batikwachs, 1 Spannrahmen und Reißzwecken, 1 schmaler Borstenpinsel, Plastikgefäß zum Färben, Gummihandschuhe.

Ausführung: Wenn der Stoff keine Appretur mehr enthält, trocken und glatt ist, übertragen Sie die Motive, am besten arbeiten Sie nach dem Modellbild. Das innere Quadrat mit den Blättern ist 69 x 69 cm groß. Der umlaufende Rand des inneren Quadrates, wie auch der äußere Rand um die Decke, ist 3 cm breit. Der Abstand zwischen diesen beiden hellen Streifen beträgt 11 cm. Wenn Sie alle diese Linien auf den Stoff gezeichnet haben, machen Sie sich eine Schablone vom Blattmotiv auf dem Musterbogen. Diese Schablone legen Sie beliebig oft auf das Mittelfeld der Decke und zeichnen die Konturen nach. Es empfiehlt sich, die Blattadern mit je einem Strich aufzumalen, als Erinnerung daran, daß sie ausgespart bleiben müssen. Sie bleiben bis zur letzten Färbung ohne Wachs, damit die dunkelste Farbe hineinlaufen kann. Nun erfolgt der erste Wachsauftrag. Der innere 3 cm breite Streifen wird mit Wachs ausgefüllt, ebenso ca. jedes zweite Blatt (Blattadern aussparen). Erstes Farbbad ist Gelb. Wenn der Stoff trocken ist, den äußeren Umrandungsstreifen mit Wachs ausmalen sowie die restlichen noch wachsfreien Blätter. Nächstes Farbbad ist Lachs. Danach die Stiele und Blattumrandungen mit Wachs versehen und im letzten Farbbad Rehbraun färben. Zum Schluß das Wachs zwischen dicken Lagen Zeitungspapier (Seidenpapier) herausbügeln. Verbleibende Wachsreste entfernt ein Kleiderbad. Decke schmal säumen.

125 Seidentuch mit Kreismotiven

Größe: 90 x 90 cm.

Material: 90 x 90 cm Seidenpongé. DEKA-Batikfarbe je 1 Beutel 72/L Gelb, 90/L Lachs, 94/L Rehbraun, Essig und Salz für die Farbbäder, Batikwachs, feine und breite Borstenpinsel, 1 Spannrahmen und Reißzwecken, Plastikgefäß zum Färben, Gummihandschuhe.

Ausführung: An zwei gegenüberliegenden Seiten je einen 12 cm breiten Rand umbügeln. Diese Ränder werden vom eigentlichen Muster (Kreis und Punkte) freigelassen und bekommen nur eine ca. 1 cm breite, helle Umrandung. Der mittlere Teil des Stoffes wird nach eigenem Geschmack mit Kreisen und Punkten ausgemalt. Für die größten Kreise nahmen wir die Umrisse eines Untertellers, für die mittleren den Rand eines Weinglases, und für die kleinsten den Rand eines Schnapsglases. Beim Aufmalen dieser Konturen sollte unter der Seide eine dicke Lage Papier sein. Wenn Sie die Teller und Gläser beim Zeichnen der Umrisse ganz fest aufdrücken, kann die Seide nicht verrutschen. Jetzt das Tuch auf einen Rahmen spannen und das Wachs erhitzen. Malen Sie mit Hilfe des Borstenpinsels das Wachs zunächst auf die Umrandung (siehe Modellbild). Einmal auf die zuvor eingebügelte Hilfslinie zu beiden Seiten des Mittelfeldes und einmal um das ganze Tuch herum. Danach die größten Kreise mit Wachs ausmalen und im ersten Farbbad gelb färben. Nach dem Trocknen bekommen die mittelgroßen Kreise die Wachsabdeckung, weil sie ja gelb bleiben. Die weißen großen, mit Wachs bedeckten Kreise haben durch die erste Färbung schon Brüche bekommen. Diese gelben Krakeluren sollen erhalten bleiben und werden noch einmal mit Wachs übermalt. Das zweite Färbebad ist Lachs. Nach dem Trocknen jetzt die kleinsten Kreise mit Wachs ausfüllen und wiederum alle entstandenen Risse und Brüche der vorherigen Wachsung nochmals überpinseln. Zwischen alle Kreise noch Punkte und Tupfen malen. Die letzte Färbung ist dann Rehbraun. Zum Schluß das Wachs zwischen dicken Lagen Zeitungspapier (Seidenpapier) herausbügeln. Die verbleibenden Wachsreste entfernt ein Kleiderbad. Tuch von Hand rollieren.

126 Großes Tuch

Größe: 230 x 90 cm.

Material: 2,30 m Seidenpongé, 90 cm breit, je 1 Beutel DEKA-Batikfarbe in 85/L Violett, 78/L Bordo, Essig und Salz für das Farbbad, 1 Knäuel dünne, feste Paketschnur, Plastikgefäß zum Färben, Gummihandschuhe.

Ausführung: Überlegen Sie sich, wie Ihr Tuch aussehen soll, und machen Sie eine Skizze, wo große bzw. kleine Kreise entstehen sollen. Für die großen Kreise deren Mitte fassen und abbinden. Dann noch 2mal in beliebigem Abstand wickeln. Wenn die großen Kreise gewickelt sind, verteilen Sie dazwischen kleine Motive, bei denen nur 1mal abgebunden wird.

Das 1. Farbbad ist Violett. Nicht zu lange färben, damit die Farbe nicht unter den Wicklungen eindringen kann.

Nach dem Trocknen die Zipfel der Wicklungen ganz umschnüren, damit sie violett bleiben. Ebenso müssen die Stoffpartien zwischen den Kreisen fest umwickelt werden, damit auch der Fond noch ein wenig Violett behält. Die nächste Färbung erfolgt in Bordo. Nach dem Spülen und Trocknen die Schnüre lösen und das Tuch bügeln.

127 Wandbehang in Nähbatik

Größe: 95 x 49 cm.

Material: 95 x 49 cm Baumwollbatist, Knopflochseide oder fester Zwirn in Weiß, Paketschnur, DEKA-Batikfarbe in 80/L Kornblumenblau, 76/L Rubinrot, 100/L Tiefschwarz, festes Papier oder Karton für die Schablone, Essig und Salz für das Farbbad, Plastikgefäß zum Färben, Gummihandschuhe.

Ausführung: Wenn der Stoff keine Appretur mehr enthält, trocken und glatt ist, übertragen Sie die Motive darauf. Dazu für die Blüte lt. Modellbild Pappschablone anfertigen. Die Sonne hat Ø 26 cm, die kleinen Kreise Ø 8 cm. Die genaue Anordnung sehen Sie auf dem Modellbild. Mit Knopflochseide oder Zwirn (unbedingt weißes Material benützen) die aufgemalten Konturen mit möglichst kleinen Vorstichen nähen. Die Anfangs- und Endfäden hängen lassen. Die Sonne mit zwei Runden reihen. Wenn alle Motive genäht sind, jedes einzelne vorsichtig zusammenziehen und verknoten. Alle so entstehenden Zipfel sollen auf der gleichen Stoffseite sein. Die Blüten werden, damit sie keine Farbe annehmen, noch zusätzlich mit Paketschnur fest umwickelt. Die Sonne wird nur über den Reihstellen nochmals umwickelt. Bereiten Sie das blaue Farbbad und färben den Stoff darin, ohne die Sonne mit einzutauchen. Wenn der Stoff wieder trocken ist, wird der Zipfel, der die Sonne ergibt, in das zweite Farbbad Rot getaucht und gefärbt. Es ist ratsam, den Stoff vor dem weiteren Verschnüren trocknen zu lassen. Dann wird der ganze Stoff, der noch nicht unter Schnüren verschwunden ist, fest umwickelt und verknotet. Der Zipfel für die Sonne wird separat auch gänzlich umwickelt. Es entsteht ein recht lustiges Gebilde mit vielen „Beinen". Das nächste Farbbad Tiefschwarz wird angesetzt und der „Tausendfüßler" darin gefärbt. Wenn das Gebilde trocken ist, vorsichtig mit spitzer Schere die Verschnürungen lösen und den Stoff glattbügeln. Um die vielen kleinen Knitterfalten restlos zu beseitigen, mit feuchtem Tuch bügeln oder mit Dampfbügeleisen arbeiten.

128 Grafisches Bild in Blau/Grün und Rot/Orange

Musterzeichnung auf Bogen F
Größe: 42 x 42 cm.

Material: Savoir Faire Seidenmalfarben (Hobbidee) in Parma, Jade, Venus, Aprikose; Gutta; Guttaliner mit Pen; großes Lineal; evtl. Transparentpapier; Spannrahmen; Pinsel; ca. 45 x 45 cm Pongé-Seide.

Ausführung: Zum Auftragen der Linien auf die Seide gibt es zwei Möglichkeiten: 1. Die Linien für die 4 x 4 cm großen Quadrate (Musterzeichnung siehe 129), jeweils 10 in der Höhe und Breite, direkt auf die Seide mit Bleistift markieren, die Seide glatt auf eine Unterlage spannen und mit Hilfe des Lineals die Linien mit Gutta ziehen. Für die Kurve innerhalb des Quadrats eine Schablone (z. B. aus Karton) anfertigen, in jedem Quadrat anlegen und mit Gutta nachfahren. 2. Auf Transparentpapier eine komplette Musterzeichnung mit Quadraten und Kurven zeichnen. Seide glatt darüberspannen und Linien (mit Lineal) und Kurven mit Gutta nachfahren. Gutta gut trocknen lassen. Nun aus jeder Farbe jeweils 4mal Farbmischungen herstellen, d. h. die Farbe jeweils 4mal mit Wasser verdünnen. Hierzu unbedingt Farbproben anfertigen! Seide aufspannen. Nun mit der reinen Farbe im oberen linken Quadratausschnitt mit Blau beginnen. Den neben- und unterhalbliegenden gleichen Ausschnitt mit der 1. Mischung ausfüllen. So fortfahren bis zum jeweils 5. Quadrat in Höhe und Breite. Nun gegengleich arbeiten bis wieder zur reinen Farbe hin. Nun Grün einsetzen, so daß jeweils das dunkelste Grün neben dem hellsten Blau, also die 5 Ausschnitte in der Mitte (diagonal), liegt. Das hellste Grün liegt jeweils neben dem tiefsten Blau. Das untere, große blau/grüne Quadrat ebenso arbeiten. Bei den rot/orangenen Quadraten ebenso verfahren: Mit dem reinen Rot rechts oben beginnen, das in der Mitte zu 5 hellrosa Quadratausschnitten wird, die dem reinen Orange gegenüberliegen. Beim Arbeiten darauf achten, daß die Ausschnitte mit gleichen Farben in einer Richtung liegen. – Farben gut trocknen lassen und unter Dampf fixieren. Fertige Seidenmalerei aufziehen und rahmen lassen.

129 Bild in Blau/Rot

Musterzeichnung auf Bogen F

Größe: 42 x 42 cm.

Material: Savoir Faire Seidenmalfarben (Hobbidee) in Adria und Kirsche; Gutta; Guttaliner mit Pen; großes Lineal; Spannrahmen; Pinsel; ca 45 x 45 cm Pongé-Seide.

Ausführung: Zum Auftragen der Linien auf die Seide gibt es zwei Möglichkeiten, s. Modell 128. – Gutta auftragen und gut trocknen lassen. Nun von jeder Farbe 19 Farbmischungen herstellen, d. h. die Farbe wird jeweils tropfenweise mit Wasser verdünnt. Hierzu unbedingt Farbproben anfertigen! Seide aufspannen. In einer Ecke mit der dunkelsten Farbe beginnen, dann die beiden neben- und unterhalbliegenden gleichen Quadratausschnitte mit der nächsthelleren Mischung ausfüllen usw. bis zum letzten, diagonal gegenüberliegenden Ausschnitt. Mit der anderen Farbe gegengleich arbeiten. Farben gut trocknen lassen und unter Dampf fixieren. Fertige Seidenmalerei aufziehen und rahmen lassen.

130 Sternkissen

Musterzeichnung auf Bogen F

Größe: 40 cm Ø

Material: Serti Color-Seidenmalfarben (von Prandell) in Bayerisch Blau, Saphirblau, Meerblau, Iris, Brazilgrün, Rot Oriental, Krapprot, Scharlachrot, Gelb, Tabak; Serti Gutta mit Liner und Pen; Spannrahmen; Pinsel; Transparentpapier; Kopierpapier; ca. 45 x 90 cm Pongé-Seide.

Ausführung: Die auf dem Bogen abgebildete Musterzeichnung ist ein Viertel des ganzen Motivs. Zeichnung vom Bogen auf Transparentpapier übertragen und durch Drehen des Viertels zum ganzen Motiv vervollständigen. Motiv mit Kopierpapier auf die gewaschene, 45 x 45 cm große Seide übertragen. Seide aufspannen und Konturen mit dem Lineal mit Gutta nachfahren. Gutta trocknen lassen. Farben lt. Modellbild mit dem Pinsel eintragen. Farben gut trocknen lassen und unter Dampf fixieren. Rückseite des Kissens ebenso gestalten oder gleichgroßes Stoffstück in einer passenden Farbe einfärben. Damit das Kissen eine „Höhe" erhält und das Motiv gut sichtbar bleibt, wird zwischen Kissenrück- und -vorderseite ein 4 cm breiter Streifen eingesetzt, der auch in einer passenden Farbe zuerst eingefärbt werden kann. – Kissenvorder- und -rückseite werden mit 1 cm Nahtzugabe an der äußeren Konturlinie zugeschnitten, ebenfalls einen 6 cm breiten Streifen von 1,20 m Länge. Vorder- und Rückseite rechts auf rechts auf den Streifen steppen, dabei ein Stückchen Naht zum Wenden offen lassen. Kissen wenden, füllen, offene Naht von Hand schließen.

131 Städtebild

Musterzeichnung auf Bogen J

Größe: ca. 53 x 42 cm

Material: Ca. 50 cm Seide in Weiß, 90 cm breit (z. B. von Barth & Könenkamp); Silkolor Seidenmalfarben in Goldgelb, Orange, Rotviolett, Blauviolett, Azurblau, Brillantblau, Grau, Dunkelgrün, Türkis, Silkutta (Gummilösung zum Abgrenzen der Farbflächen); Guttaliner mit Pen; Silkofix (Fixiermittel, welches die Seidenmalfarben wasch- und lichtecht macht), alles von B. Korbach. 1 Pinsel; 1 Spannrahmen; Transparentpapier; Deka-Bügelmusterstift.

Ausführung: Musterzeichnung vom Bogen auf Transparentpapier übertragen. Rückseite der Musterzeichnung mit dem Bügelmusterstift nachfahren. Zuschnitt für die Seide 50 x 60 cm. Musterzeichnung mit der nachgefahrenen Seite auf die Seide legen und Motiv mit dem Bügeleisen abbügeln (Bügeleiseneinstellung Wolle bis Baumwolle). Das Stoffstück auf den Rahmen spannen und mit der Silkutta die Konturen nachfahren. Dabei darauf achten, daß die Lösung durch die Seide dringt, die Linien also geschlossen sind. Nach dem Trocknen der Konturlinien können nun die Seidenmalfarben aufgetragen werden. Farbaufteilung s. Modellbild oder nach eigener Vorstellung. Ist die Seidenmalerei fertig und sind die Farben getrocknet, wird mit einem trockenen Pinsel Silkofix aufgetragen, und zwar so, daß alle gefärbten Flächen gut bedeckt sind. Bei schweren Stoffqualitäten ist es besser, wenn auch die Rückseite mit Silkofix behandelt wird. Silkofix bildet auf der Seide einen Film. Nach 1–1½ Stunden ist die Fixierung erfolgt, nicht länger als 2 Stunden fixieren. Die Seide nun vom Rahmen nehmen und gründlich mit kaltem Wasser ausspülen. Sind alle Silkofix-Reste entfernt, wird die Seide heiß ausgewaschen und sofort trockengebügelt.

132 Hahn

Musterzeichnung auf Bogen K

Größe des Motivs: 26 x 31 cm

Material: Serti Color Seidenmalfarben (von Prandell) in Rot Oriental, Clementine, Rot Madras, Krapprot, Scharlachrot, Franz. Grün, Brazilgrün, Tabak, Gelb, Bayerisch Blau, Franz. Blau, Iris und Meerblau; Serti Gutta farblos; Guttaliner mit Pen; Pinsel; Transparentpapier; Kopierpapier, Spannrahmen; für das Motiv (als Bild) ca. 30 x 35 cm Pongé-Seide; für eine Buchhülle ein der Buchgröße entsprechendes großes Seidenstück; Futterstoff.

Ausführung: Seide waschen und trockenbügeln. Motiv vom Bogen auf Transparentpapier übertragen und mit Kopierpapier auf die Seide kopieren. Für eine Buchhülle die Seide zuerst zuschneiden, dabei den Einschlag (ca. 4 cm) und Nahtzugabe mitrechnen, Plazierung des Motivs festlegen. Seide auf den Rahmen spannen, Konturen mit Gutta nachfahren. Für die Buchhülle auch den Rahmen nachfahren. Gutta trocknen lassen. Farben lt. Modellbild auftragen und gut trocknen lassen.

Die Schwanzfedern zusätzlich mit Punkten und Linien verzieren. Falls gewünscht, mit einem Wattebausch, der z. B. in blaue Farbe getaucht wurde, die restliche Seide außerhalb des Rahmens einfärben. Seide vom Rahmen nehmen und fixieren unter Dampf. – Für die Buchhülle die fixierte Seide mit einem gleichgroßen Stück Futterstoff verstürzen, die schmalen Kanten einschlagen und von Hand mit kleinen Stichen annähen.

133 Hochzeitspärchen

Musterzeichnung auf Bogen K

Größe: 19 x 20 cm

Material: Tobasign-Seidenmalfarben flüssig in Hellblau, Dunkelblau, Hellgrün, Dunkelgrün, Gelb, Weinrot, Braun; Tobasign-transparent als Isoliermittel; 1 Spritzflasche; Tobafix zum Fixieren; Pinsel; kleiner Rahmen zum Spannen der Seide; ca. 20 x 21 cm Pongé-Seide; Transparentpapier; Kopierpapier.

Ausführung: Motiv vom Musterbogen auf Transparentpapier übertragen und dann auf die Seide kopieren, Seide auf den Rahmen spannen. Mit transparent die Konturen nachfahren, trocknen lassen. Farben lt. Modellbild einsetzen und gut trocknen lassen. Nun die bemalte Fläche mit Tobafix bestreichen (z. B. mit Pinsel) und ca. 1 Std. einwirken lassen. Anschließend die Seide mit kaltem Wasser gut ausspülen. Seidenstück fadengerade zuschneiden und ausfransen.

134 Blumenkörbchen

Musterzeichnung auf Bogen K

Größe: 15 x 15 cm

Material: Javana Seidenmalfarben (von C. Kreul) in Gelb, Orange, Dunkelgrün, Blau, Violett, Braun, Rot; 1 Tube Konturenmittel mit feiner Spitzdüse; Effektsalz; Pinsel; kleiner Spannrahmen; Transparentpapier; Kopierpapier; ca. 17 x 17 cm Pongé-Seide.

Ausführung: Musterzeichnung auf Transparentpapier übertragen und mit Kopierpapier auf die Seide kopieren. Seide auf den Rahmen spannen und Konturen mit dem Konturmittel aus der Tube nachfahren, trocknen lassen. Farben lt. Modellbild einsetzen. Auf die noch nasse braune Farbe des Körbchens Effektsalz in zwei Reihen auflegen. Farben gut trocknen lassen, Salz abschütteln. Seide bügeln. Dann Seide in kaltem Wasser einweichen und vorsichtig die Konturen auswaschen und Seide trockenbügeln.

135 Häuser mit Baum

Musterzeichnung auf Bogen K

Größe: ca. 30 x 35 cm

Material: 40 x 45 cm Pongé-Seide; Javana Seidenmalfarben (von C. Kreul) in Blau, Grün, Braun, Gelb, Orange, Rot, Weinrot; Effektsalz; 1 Tube Konturenmittel mit Spitzdüse; 1 Spannrahmen; 1 Pinsel; 1 Deka-Bügelmusterstift.

Ausführung: Musterzeichnung vom Bogen auf Transparentpapier übertragen. Rückseite der Musterzeichnung mit dem Bügelmusterstift nachfahren. Musterzeichnung mit der nachgefahrenen Seite auf die Seide legen und Motiv abbügeln, Bügeleiseneinstellung Wolle bis Baumwolle. Stoffstück auf den Rahmen spannen. Konturen mit dem Konturmittel nachfahren. Nach dem Trocknen der Konturen die Seidenmalfarben auftragen. Farbaufteilung s. Modellbild. In die noch feuchte Farbe am Himmel sowie am Baum Effektsalz aufstreuen. Sind die Farben getrocknet, dann die Salzkörner abschütteln. Die Malerei nun vom Rahmen nehmen und mit dem Bügeleisen vorfixieren. Anschließend wird die bemalte Seide einige Minuten in kaltem Wasser eingeweicht. Danach die Konturlinien vorsichtig herauswaschen und zuletzt die Seide trockenbügeln.

136 Vorhang mit Sträußen

Musterzeichnung auf Bogen F

Größe: ca. 50 x 90 cm

Material: 60 x 90 cm Seide (Pongé); Javana Seidenmalfarben (von C. Kreul) in Orange, Blau, Violett, Weinrot, Dunkelgrün, Grün, Braun; 1 Tube Konturenmittel mit Spitzdüse; 1 Spannrahmen; 1 Pinsel; 1 Plastik-Wäscheklammer; Wattebausch; 95 cm Gardinenband; Deka-Bügelmusterstift.

Ausführung: Musterzeichnung vom Bogen auf Transparentpapier übertragen. Rückseite der Musterzeichnung mit dem Bügelmusterstift nachfahren. Auf der Seide 35 cm ab Schnittkante (über die ganze Breite) eine Linie kennzeichnen. Musterzeichnung mit der nachgefahrenen Seite auf die Seide legen und Motiv 3mal gleichmäßig verteilt in dem gekennzeichneten Feld abbügeln, Bügeleiseneinstellung Wolle bis Baumwolle. Stoffstück auf den Rahmen spannen, Konturen mit dem Konturenmittel nachfahren. Nach dem Trocknen der Konturen die Seidenmalfarben auftragen. Klatschmohn in Weinrot ausmalen. Um Schattierungen zu erreichen, entweder Effektsalz in die nasse Farbe streuen oder Farbe mit etwas Wasser aufhellen. Kornblumen in Blau ausmalen, Kornähren in Hellbraun mit etwas Wasser aufhellen, die übrigen Blümchen in Violett. Blätter in Dunkelgrün und Hellgrün ausmalen. Für den Hintergrund Wattebausch an der Wäscheklammer befestigen, in die Farbe Orange tauchen und Seide bis zur gekennzeichneten Linie damit bestreichen. In die noch nasse Farbe beliebig Effektsalz streuen. Evtl. übrigbleibende weiße Fläche mit dem Pinsel nachmalen. Sind die Farben getrocknet, schüttet man die Salzkörner ab. Die Malerei vom Rahmen nehmen und mit dem Bügeleisen vorfixieren. Anschließend wird die bemalte Seide einige Minuten in kaltem Wasser eingeweicht. Danach die Konturenlinien vorsichtig herauswaschen und die Seide trockenbügeln.

Fertigstellung: Stoffstück an einer Längs- sowie an den beiden Schmalseiten 1,5 cm umgeschlagen festnähen. Für das Gardinenband obere Schnittkante 3 cm umbügeln. Gardinenband mit 1,5 cm Abstand zur Bruchkante aufsteppen.

137 Magnolien

Musterzeichnung auf Bogen F

Größe: 35 x 60 cm

Material: Javana Seidenmalfarben (von C. Kreul) in Weinrot, Grün, Schwarz, Braun, Dunkelgrün; Javana-Effektsalz; 1 Tube Konturenmittel mit feiner Spitzdüse; ca. 40 x 65 cm Reinseide (Zuschnitt 90 x 90 cm), alles von C. Kreul; Pinsel; Watte; Spannrahmen; Transparentpapier; weicher Bleistift.

Ausführung: Seide waschen und trockenbügeln. Motiv vom Musterbogen auf Transparentpapier übertragen. Seide darauflegen und die Konturen mit Bleistift dünn nachfahren. Seide auf den Rahmen spannen. Konturen mit Gutta aus der Tube nachfahren. Gutta trocknen lassen. Nun lt. Modellbild die Farben für Blüten, Stiele usw. einsetzen, Farben verlaufen lassen, evtl. auf einzelne Blütenblätter Salz legen. Hintergrund mit schwarzgetränktem Wattebausch färben, auf die noch nasse Farbe gruppenweise Salzkörner streuen, Aufteilung lt. Modellbild. Farbe trocknen lassen. Salzkörner abschütteln. Seide vom Rahmen nehmen und bügeln (= vorfixieren). Dann Seide in kaltem Wasser einige Minuten einweichen und anschließend vorsichtig die Konturen auswaschen. Zum Schluß den noch feuchten Stoff bügeln, wodurch die Farben fixiert sind und ihre endgültige Farbintensität erhalten.

138 Kissen mit Jugendstil-Bäumchen

Musterzeichnung auf Bogen K

Größe: ca. 53 x 53 cm

Material: Serti Color Seidenmalfarben in Iris, Brazilgrün, Bayerischblau, Krapprot, Rot Madras, Petunie, Schwarz und Saphirblau; Gold-Gutta; Guttaliner mit Pen; Spannrahmen; ca. 1,10 m Seidenpongé, 90 cm breit, alles von Prandell. Pinsel; Wattebausch, Transparentpapier; Deka Bügelmusterstift.

Ausführung: Musterzeichnung vom Bogen auf Transparentpapier übertragen und auf der Rückseite die Konturen mit Bügelmusterstift nachfahren. Seide waschen, bügeln und in 2 Teile mit je 55 x 55 cm zuschneiden. Motiv auf ein Teil bügeln, Seide auf den Rahmen spannen und Konturen mit Gold-Gutta nachfahren. Gutta trocknen lassen. Nun die einzelnen Flächen mit dem Pinsel ausmalen, Farbzusammenstellung s. Modellbild. Für das Grau der Tauben das Schwarz stark mit Wasser verdünnen. Die hellen Blütenblattränder werden mit verdünnter Petunie ausgemalt. Zum Schluß mit dem Wattebausch den Hintergrund mit Iris einfärben, die kleinen Flächen zwischen den Konturen mit dem Pinsel ausfüllen. Kissenrückseite ebenfalls blau einfärben und beide Teile unter Dampf fixieren. Kissenteile rechts auf rechts legen, verstürzen, dabei ein Stückchen Naht zum Wenden offen lassen. Kissen füllen, offene Naht von Hand schließen.

139 Großes Kissen mit Jugendstil-Motiv

Musterzeichnung auf Bogen A

Größe: ca. 54 x 54 cm

Material: Serti Color-Seidenmalfarben in Gelb, Clementine, Scharlachrot, Krapprot, Tabak, Saphirblau, Brazilgrün, Lindgrün, Iris, Meerblau, Bayerisch Blau, Franz. Grün; Gold-Gutta; Guttaliner mit Pen; Spannrahmen; ca. 60 x 120 cm Seide (z. B. Crepé tussah), alles von Prandell; Pinsel; Wattebausch; Transparentpapier; Deka-Bügelmusterstift.

Ausführung: Musterzeichnung vom Bogen auf Transparentpapier übertragen und auf der Rückseite Konturen mit dem Bügelmusterstift nachfahren. Die Seide in je 2 Teile zu 60 x 60 cm zuschneiden und auf ein Teil das Motiv bügeln. Seide auf den Rahmen spannen, Konturen mit Gold-Gutta nachfahren. Gutta trocknen lassen und Farben mit dem Pinsel einsetzen, Farbaufteilung s. Modellbild. Farben gut trocknen lassen, Seide vom Rahmen nehmen. Kissenrückseite aufspannen und mit dem Wattebausch z. B. in Bayerisch Blau einfärben. Beide Kissenteile unter Dampf fixieren und zum Kissenbezug nähen: Teile rechts auf rechts legen, verstürzen, dabei Naht zum Wenden offen lassen. Kissen füllen, offene Naht von Hand schließen.

140 Bild mit Jugendstil-Motiv

Musterzeichnung auf Bogen K

Größe: ca. 57 x 80 cm

Material: Serti Color Seidenmalfarben (v. Prandell) in Iris, Brazilgrün, Bayerisch Blau, Krapprot, Rot Madras, Petunie, Schwarz und Saphirblau; Gold-Gutta; Guttaliner mit Pen; Spannrahmen; 0,70 m Seidenpongé 90 cm breit, alles von Prandell. Pinsel; Wattebausch, Plastikwäscheklammer; Transparentpapier; Deka-Bügelmusterstift.

Ausführung: Musterzeichnung (wie bei Modell 138) vom Bogen auf Transparentpapier übertragen. Dabei den Stamm verlängern und Wurzel sowie Blätter am Stamm einzeichnen, s. Modellbild. Seide mit Feinwaschmittel waschen und trockenbügeln. Auf der Rückseite der Musterzeichnung mit dem Bügelmusterstift die Konturen nachfahren. Motiv auf die Seide bügeln, Bügeleiseneinstellung Wolle bis Baumwolle. Seide auf den Rahmen spannen und Konturen mit Goldgutta nachfahren. Gutta trocknen lassen. Nun die einzelnen Flächen mit dem Pinsel ausmalen, Farbaufteilung s. Modellbild. Für das Grau der Tauben Schwarz stark mit Wasser verdünnen. Die hellen Blütenblattränder werden mit verdünnter Petunie ausgemalt. Zum Schluß mit dem Wattebausch den Hintergrund mit Iris einfärben, die kleinen Flächen zwischen den Konturen mit dem Pinsel ausfüllen. Sind die Farben getrocknet, Seidenmalerei unter Dampf fixieren. Fertige Seidenmalerei aufziehen und rahmen lassen.

141 Fantasie-Bild in Rot

Musterzeichnung auf Bogen K

Größe: ca. 45 x 45 cm

Material: Serti Color Seidenmalfarben (v. Prandell) in Gelb, Clementine, Rot Oriental, Rot Madras, Rostrot, Krapprot, Petunie; Serti-Gutta farblos mit Liner und Pen; Spannrahmen; ca. 50 x 50 cm Pongé-Seide; Pinsel; Wattebäusche; Transparentpapier; Kopierpapier.

Ausführung: Musterzeichnung vom Bogen auf Transparentpapier übertragen und mit Kopierpapier Konturen auf die Seide kopieren. Die Musterzeichnung zeigt zwei verschiedene Linienarten: Die unterbrochene Linie zeigt den ersten Guttaauftrag, die volle Linie den zweiten, d. h. beim ersten Nachfahren der Konturen nur die unterbrochenen Linien mit Gutta abdekken. Seide auf den Rahmen spannen und mit Gutta im Guttaliner mit aufgestecktem Pen die 1. Konturen nachfahren. Gutta trocknen lassen. Farben lt. Modellbild in die umgrenzten Flächen mit dem Pinsel eintragen. Zuerst jedoch jeweils Farbproben anfertigen! Farben evtl. verdünnen oder mischen. Nun wird der Hintergrund gefärbt: Mit Wattebäuschen nacheinander vom Rot über Hellrot (verdünnt), Orange bis zum Gelb ca. 10 cm breite Streifen auftragen, Farben ineinander verlaufen lassen. Allerdings dabei darauf achten, daß das mittlere Feld (s. Modellbild) ausgespart wird, d. h. weiß bleibt. Farben gut trocknen lassen. Nun die restlichen Konturen bzw. vollen Linien mit Gutta nachfahren. Gutta trocknen lassen und Farben mit dem Pinsel nach Modellbild eintragen. Farben gut trocknen lassen. Zum Schluß evtl. an verschiedenen Stellen Alkohol auftropfen, wodurch helle Flecken entstehen. Seide abspannen und unter Dampf fixieren.

142 Fantasie-Bild in Blau/Violett/Grün

Musterzeichnung auf Bogen M

Größe: ca. 45 x 45 cm

Material: Serti Color Seidenmalfarben (v. Prandell) in Violett, Franz. Grün, Brazilgrün, Meerblau; Serti-Gutta Farblos, Gold und Silber mit Liner und Pen; Spannrahmen; ca. 50 x 50 cm Pongé-Seide; Alkohol; Effektsalz; Pinsel; Wattebäusche; Transparentpapier; Kopierpapier.

Ausführung: Musterzeichnung vom Bogen auf Transparentpapier übertragen. Die Musterzeichnung besteht aus drei verschiedenen Linienarten: Die volle Linie zeigt die Konturen mit Goldgutta, die gestrichelte Linie die Konturen mit farbloser Gutta; die dünne Linie mit Silbergutta. Konturen mit Kopierpapier auf die Seide übertragen. Seide auf den Rahmen spannen und Konturen mit der entsprechenden Gutta im Liner mit aufgestecktem Pen nachfahren. Gutta trocknen lassen. Farben lt. Modellbild eintragen, hierzu Farbproben anfertigen und z. B. Farben mit Wasser verdünnen oder miteinander mischen. Den Hintergrund mit Watte einfärben, dabei stark verdünnte Farben verwenden und die Streifen ineinander laufen lassen, Farbverteilung s. Modellbild. Auf die noch nasse Farbe kann stellenweise Effektsalz gestreut werden. Auf die trockene Farbe Alkohol auftupfen, so daß helle Kreise entstehen. Farben gut trocknen lassen und unter Dampf fixieren.

143 Fantasie-Bild – Stilisierter Hahn

Musterzeichnung auf Bogen E

Größe: ca. 45 x 45 cm

Material: Serti Color Seidenmalfarben (v. Prandell) in Schwarz, Violett, Meerblau, Franz. Blau; Serti Gutta farblos mit Liner und Pen; Spannrahmen; Pinsel; Wattebäusche; Alkohol; Transparentpapier; Kopierpapier; ca. 50 x 50 cm Pongé-Seide.

Ausführung: Musterzeichnung vom Bogen auf Transparentpapier übertragen und mit Kopierpapier auf die Seide kopieren. Die Musterzeichnung besteht aus vollen Linien für den ersten Guttaauftrag, aus unterbrochenen Linien für den zweiten Guttaauftrag. Seide auf den Rahmen spannen und zunächst Gutta im Liner und aufgestecktem Pen den vollen Konturen folgend auftragen. Gutta trocknen lassen und Farben lt. Modellbild eintragen. Hierzu Farbproben anfertigen, so z. B. Schwarz mit Wasser zu Grau verdünnen oder in Schwarz etwas Violett einwischen. Nun den Hintergrund mit Watte einfärben, dabei darauf achten, daß das mittlere Feld weiß bleibt, Farbaufteilung s. Modellbild. Farben trocknen lassen. Stellenweise Alkohol auftropfen, so daß helle Kreise entstehen. Nun den unterbrochenen Linien nach die Gutta auftragen und trocknen lassen. Farben lt. Modellbild eintragen. Farben trocknen lassen, Seide abspannen und unter Dampf fixieren.

144 „Welt unter Wasser"

Musterzeichnung auf Bogen E

Größe: ca. 45 x 45 cm

Material: Serti Color Seidenmalfarben (v. Prandell) in Saphirblau, Meerblau, Franz. Blau, Franz. Grün, Brazilgrün, Krapprot, Gelb, Schwarz; Serti Gutta mit Liner und Pen; Effektsalz; Spannrahmen; Pinsel; Transparentpapier; Kopierpapier oder Bleistift; ca. 50 x 50 cm Pongé-Seide.

Ausführung: Seide waschen und trockenbügeln. Musterzeichnung vom Bogen auf Transparentpapier übertragen und Konturen vorsichtig mit Bleistift auf Seide durchzeichnen oder mit Kopierpapier übertragen. Die Konturen der Musterzeichnung haben zwei verschiedene Stärken: Die dicken Linien zeigen den 1. Guttaauftrag, die dünnen Linien den 2., d. h. die Konturen der ersten Guttalinien bleiben weiß, während die anderen die Farbe des Untergrunds haben. Seide auf den Rahmen spannen und mit Gutta die dicken Konturen nachfahren, Gutta trocknen lassen. Farben lt. Modellbild in die begrenzten Flächen mit dem Pinsel auftragen. Nun zunächst den Hintergrund einfärben. Hierbei am unteren Bildrand mit verdünntem Saphirblau beginnen und einen ca. 10 cm breiten Streifen (mit dem Wattebausch) ziehen, evtl. etwas Effektsalz aufstreuen. Darüber einen schmalen Streifen stark verdünntes Brazilgrün auftragen. Farben ineinander verlaufen lassen. Darüber dann einen ca. 8 cm breiten Streifen aus sehr verdünntem Grün und Franz. Blau ziehen, langsam übergehen zu verdünntem Franz. Grün und mit verdünntem Meerblau abschließen. Farben gut trocknen lassen. Nun kann die Gutta den dünneren Konturen folgend aufgetragen werden. Gutta trocknen lassen und Farben lt. Modellbild mit dem Pinsel auftragen. Dabei beachten, daß sich die Farben etwas ändern, da sie auf einen farbigen Hintergrund aufgetragen werden. Zum Schluß stellenweise Alkohol auftropfen, so daß helle Kreise entstehen. Farben gut trocknen lassen, Seide abspannen und unter Dampf fixieren.

145 Fantasie-Bild in Blau/Violett

Musterzeichnung auf Bogen A

Größe: ca. 45 x 45 cm

Material: Serti Color Seidenmalfarben (v. Prandell) in Violett, Saphirblau, Schwarz, Krapprot; farblose Serti Gutta mit Liner und Pen; Spannrahmen; ca. 50 x 50 cm Pongé-Seide; Pinsel; Wattebäusche; Transparentpapier; Kopierpapier.

Ausführung: Musterzeichnung vom Bogen auf Transparentpapier übertragen und mit Kopierpapier auf die Seide kopieren. Die Musterzeichnung zeigt einmal eine unterbrochene Linie für den ersten Guttaauftrag, eine dünne Linie für den zweiten Auftrag und eine dicke Linie für den Baum, der ohne Guttabegrenzung direkt aufgemalt wird. Seide auf den Rahmen spannen. Mit Gutta aus dem Liner mit aufgestecktem Pen die Konturen (unterbrochene Linien) nachfahren. Gutta trocknen lassen und Farben lt. Modellbild in die begrenzten Flächen eintragen. Hierzu evtl. Farbproben anfertigen und Farben mischen oder verdünnen mit Wasser. Mit Wattebäuschen den Hintergrund einfärben, d. h. Streifen in zartem Violett und Blau anlegen, Verteilung s. Modellbild. Am rechten Rand auf die noch nasse Farbe einige Körner Effektsalz streuen. Farben gut trocknen lassen, Salz abschütteln. Nun Gutta den dünnen Konturen folgend auf dem Hintergrund auftragen. Gutta trocknen lassen und Farben lt. Modellbild eintragen. Zum Schluß mit Schwarz den dicken Linien folgend den Baum mit dünnen Pinselstrichen auftragen. Farben gut trocknen lassen. Seide vom Rahmen nehmen und unter Dampf fixieren.

146 Tischdecke und Kissen „Irisblüte"

Musterzeichnung auf Bogen E

Größe: Kissen 40 x 40 cm
Tischdecke 50 cm Ø

Material: 4,15 m Seide in Weiß, 90 cm breit (z. B. von Barth und Könenkamp); Silkolor Seidenfarben in Brillantgrün, Dunkelgrün, Rotviolett, Blauviolett, Lindgrün und Türkis; Silkutta (Gummilösung zum Abgrenzen der Farbflächen); Guttaliner mit Pen; Silkofix (Fixiermittel, welches die Seidenmalfarben wasch- und lichtecht macht); alles von B. Korbach. 1 spitzen Pinsel; 1 Flächenpinsel; 1 Spannrahmen; Transparentpapier; Deka-Bügelmusterstift, weißes Nähgarn; 1 Reißverschluß.

Ausführung Kissen: Stoffzuschnitt für das Kissen 44 x 84 cm. Kissenoberseite 40 x 40 markieren. Den entsprechenden Ausschnitt aus der Musterzeichnung (s. gestrichelte, dicke Linie) vom Bogen auf Transparentpapier übertragen. Rückseite der Musterzeichnung mit dem Bügelmusterstift nachfahren. Zeichnung mit der nachgefahrenen Seite auf die Seide legen

(Anordnung s. Modellbild) und Motiv mit dem Bügeleisen abbügeln (Bügeleiseneinstellung Wolle bis Baumwolle). Stoffstück auf den Rahmen spannen. Nun mit Silkutta die Konturen nachfahren. Dabei darauf achten, daß die Lösung gut durch die Seide dringt, die Linien also geschlossen sind. Nach dem Trocknen der Konturlinien können nun die Seidenmalfarben aufgetragen werden. Blätter = Brillantgrün und Lindgrün, Blütenstiele = Dunkelgrün ausmalen. Für die Irisblüten folgende Farbabstufungen: Am äußeren Blütenblatt beginnen, Rotviolett zum Blattinneren auslaufen lassen, dann mit Blauviolett und Türkis das ganze Blütenblatt ausfüllen. Ist die Seidenmalerei fertig und sind die Farben getrocknet, wird mit dem trockenen Flächenpinsel Silkofix so aufgetragen, daß alle gefärbten Flächen gut bedeckt sind. Bei schweren Qualitäten empfiehlt es sich, auch die Rückseite mit Silkofix zu behandeln. Silkofix bildet auf der Seide einen Film. Nach 1–1½ Std. ist die Fixierung erfolgt, nicht länger als 2 Std. fixieren. Die Seide nun vom Rahmen nehmen, gründlich mit kaltem Wasser ausspülen. Sind alle Silkofix-Reste entfernt, wird die Seide heiß ausgewaschen und sofort trockengebügelt.

Fertigstellung Kissen: Nähte mit 2 cm breitem Nahtrand schließen, auf 1,5 cm zurückschneiden, über den Ecken abschrägen. Nahtränder versäubern. Am unteren Rand Reißverschluß verdeckt einnähen.

Ausführung Tischdecke: Stoffzuschnitt für die Tischdecke: Den Überfall = Volant 3,10 m lang, 80 cm breit; für die Tischplatte einen Kreis von 50 cm Ø plus 4 cm Nahtzugabe zuschneiden. Das komplette Motiv auf den Volant übertragen, Anordnung s. Modellbild. Ausführung der Malerei wie beim Kissen beschrieben:

Fertigstellung Tischdecke: Volant zur Rundung schließen. Untere Stoffkante 2 cm eingeschlagen feststeppen. Obere Stoffkante 3,5 cm umbügeln und 2,5 cm von der Umbruchlinie entfernt 2mal untereinander kräuseln. Auf dem Stoffkreis die Größe der Tischplatte markieren. Volant auf den Umfang der Tischplatte einkräuseln. Stoffbruch der Rüsche an der markierten Linie des Stoffkreises anlegen und in den Kräuselnähten (Volant und Stoffkreis) feststeppen.

147 Babykörbchen

Musterzeichnung auf Bogen F

Material: 2 m Wäschebatist 90 cm breit in Weiß; 8 m Seide in Weiß (z. B. von Barth & Könenkamp), 90 cm breit; Silkolor Seidenmalfarben (von B. Korbach) in Türkis und Goldgelb; Silkutta mit Liner; Silkofix; Silko Gold; 1 Pinsel; 1 Spannrahmen; Transparentpapier; Deka-Bügelmusterstift; weißes Nähgarn; 3,70 m Gummilitze; hellblaues Taftband 1,45 m lang.

Zuschnitt der Seide: Für den Himmel 2 Teile je 90 cm breit, 1,45 m lang. Für den äußeren Überfall 1 Teil von 80 cm Breite, 5,10 m lang. Den inneren Korbbezug aus Batist 1mal 60 cm breit, 2 m lang. 1 Einsatz für die Grifföffnung 60 cm lang, 30 cm breit.

Verarbeitung: Teile für den Himmel an den Längsseiten 1 cm eingeschlagen feststeppen. Unteren Saum 2 cm eingeschlagen feststeppen. Obere Rüsche für das Drahtgestell 4 cm umbügeln, 1 cm einschlagen, feststeppen. Den Tunnel 1 cm breit absteppen, Rüsche = 2 cm breit. Den äußeren Überfall an den Schmalseiten 1 cm breit säumen. Unteren Saum 2 cm breit, 1 cm eingeschlagen feststeppen. Für die Rüsche 4,5 cm umbügeln und 1 cm eingeschlagen feststeppen, davon 1 cm Tunnel absteppen, Rüsche = 2,5 cm breit. **Innerer Bezug für das Körbchen:** Bezugteile an den Schmalseiten aneinandersteppen, dabei Einsatz für die Grifföffnung zwischenfassen und 10 cm lange Schlitze offenlassen. Unteren und oberen Umfang des Stoffstückes säumen. Einsatz für die Grifföffnung extra säumen. In den oberen Saum nur bis zum ersten Schlitz 1,85 m Gummiband einziehen. Bezug in den Korb einspannen, Stoffstück der Grifföffnung unter dem Korbgriff durchschieben und Gummiband fertig einziehen. Enden miteinander vernähen. Gummizug um den Wulst des Korbes nach außen spannen.

Ausführung der Seidenmalerei: Musterzeichnungen (4 Motive, mit a gekennzeichnet) vom Bogen auf Transparentpapier übertragen, Sterne und Wolken je 2mal. Auf der Rückseite der Musterzeichnungen mit dem Bügelmusterstift die Konturen nachfahren. Motive ausschneiden und mit der nachgefahrenen Seite auf die entsprechenden Stoffteile bügeln, Aufteilung s. Modellbild. Seide auf den Rahmen spannen und mit Silkutta die Konturen nachfahren. Dabei ist darauf zu achten, daß die Lösung durch die Seide dringt, die Linien also geschlossen sind. Nach dem Trocknen der Silkutta die Seidenmalfarben auftragen. Mond und Sterne in Goldgelb, Wolken in Türkis ausmalen. Ist die Seidenmalerei fertig und die Farben getrocknet, wird mit einem trockenen Pinsel Silkofix so aufgetragen, daß alle gefärbten Flächen gut bedeckt sind. Bei schwereren Qualitäten empfiehlt es sich, auch die Rückseite mit Silkofix zu behandeln. Silkofix bildet auf der Seide einen Film. Nach 1 bis 1½ Stunden ist die Fixierung erfolgt (nicht länger als 2 Stunden fixieren!). Die Seide nun vom Rahmen nehmen, gründlich mit kaltem Wasser ausspülen. Sind alle Silkofix-Reste entfernt, wird die Seide heiß ausgewaschen und sofort trockengebügelt. Nun die Konturen der einzelnen Motive mit Silko Gold nachfahren. Die Fixierung erfolgt mit dem Bügeleisen – die bemalten Stoffteile nun am Körbchen befestigen. Am äußeren Bezug = Volant in den Tunnel Gummiband einziehen, über das Körbchen spannen und Gummibandenden miteinander vernähen. Die Teile des Himmels über die vorhandene Drahtvorrichtung schieben.

148 Rock und Bluse mit Rosenmotiv

Musterzeichnung für Rosenmotiv auf Bogen F

Größe des Motivs: ca. 20 x 17 cm

Material: Serti Color Seidenmalfarben (von Prandell) in Rot Oriental, Rot Madras, Krapprot, Petunie, Franz. Grün, Brazilgrün, Tabak, Gelb; Serti Gutta in Farblos mit Liner und Pen; Pinsel; großer Spannrahmen; Transparentpapier; Deka-Bügelmusterstift; burda-Fertigschnitt Nr. 8398 und dementsprechend, d. h. je nach Körpergröße, reine Seide (z. B. von Barth & Könenkamp), z. B. bei Gr. 38 = 3,40 m, 90 cm breit.

Ausführung: Da alle burda-Fertigschnitte eine ausführliche Nähanleitung beinhalten, können wir an dieser Stelle auf eine Beschreibung des Modells verzichten. Bei unserem Modell wurde das Rückenteil der Bluse sowie der Rock rundherum bemalt. – Seide waschen und bügeln. Schnitteile auf die Seide legen und mit Heftstichen die Größe des Teils markieren (nur bei den Teilen, die bemalt werden!). Teile großzügig zuschneiden, d. h. genügend Nahtzugabe (ca. 2 cm) zugeben, damit das Teil noch gut auf den Rahmen zu spannen ist. Musterzeichnung für die Rose und unterstehendes kleines Motiv vom Bogen auf Transparentpapier übertragen, auf der Rückseite mit dem Bügelmusterstift Konturen nachfahren. Die Musterzeichnung zeigt das Motiv für den Rock, für das Rückenteil der Bluse die Rose 2mal und versetzt auf Transparentpapier übertragen. Hierbei die Blätter mitübernehmen oder selbst Blätter hinzufügen. Auf der Rückseite ebenfalls mit dem Bügelmusterstift die Konturen nachfahren. Dieses Motiv in die Mitte auf die rechte Seite des Rückenteils bügeln, Abstand zum Halsausschnitt ca. 10 cm. Auf jeweils die rechte Seite am Rocksaum entlang die Rose 5mal aufbügeln. Die kleinen Blümchen wahlweise auf die vorderen und rückwärtigen Rockbahnen verteilen und aufbügeln. Die einzelnen Teile aufspannen und mit Gutta die Konturen nachfahren. Gutta trocknen lassen. Dann die Farbe einsetzen: Für die Blätter wird jeweils das Franz. Grün und Brazilgrün mit Tabak gemischt, so daß ein heller und dunkler Olivton entsteht. Für die Rose die Farben pur und untereinander gemischt auftragen. Farbproben anfertigen! In den gleichen Rottönen die kleinen Blüten ausmalen, in die jeweilige Mitte Gelb tupfen. Farben gut trocknen lassen und Teile unter Dampf fixieren. Nach dem Fixieren die Teile zuschneiden und nähen.

149 Wickelrock mit Sonnenblumen

Musterzeichnung für Sonnenblumen auf Bogen F

Größe der Motive: ca. 8–20 cm Ø

Material: Serti Color Seidenmalfarben (von Prandell) in Gelb, Orange, Franz. Grün, Brazilgrün, Tabak; Effektsalz; Serti Gutta farblos mit Liner und Pen; 1 großer Spannrahmen; Pinsel; Transparentpapier; Deka-Bügelmusterstift; burda-Fertigschnitt Nr. 7869 und dementsprechend, d. h. je nach Körpergröße reine Seide (z. B. von Barth & Könenkamp), z. B. bei Gr. 38 = 3,40 m, 90 cm breit.

Ausführung: Da alle burda-Fertigschnitte aus dem Schnittmusterkatalog eine ausführliche Nähanleitung beinhalten, können wir an dieser Stelle auf eine Beschreibung des Modells verzichten. – Zunächst Seide waschen und bügeln. Schnitteile auf die Seide legen und die Größe des vorderen Rockteils mit Heftstichen auf der Seide markieren. Teile zuschneiden, die vordere Rockbahn großzügig zuschneiden, daß sie gut auf den Rahmen gespannt werden kann. Die vier Motive vom Bogen auf Transparentpapier übertragen. Ebenfalls aus Transparentpapier ein Schnitteil für die vordere Rockbahn anfertigen. Die Sonnenblumenmotive an der vorderen Rundung entlang unter dem Transparentpapier anordnen, s. Modellbild, und Konturen durchzeichnen. Einfache Blätter, wie auf Modellbild zu sehen, hinzufügen. Alle Konturen auf der Rückseite mit dem Bügelmusterstift nachfahren. Transparentpapier paßgenau auf die vord. Rockbahn legen und Konturen abbügeln. Seide auf den Rahmen spannen. Konturen mit Gutta aus dem Liner und aufgestecktem Pen nachfahren. Gutta trocknen lassen. Nun Farben einsetzen: Für das Gelb der Sonnenblume wurde Gelb mit etwas Orange gemischt, beide Grüntöne mit Braun zu Olivtönen mischen. Farbproben anfertigen! Braun in der Mitte pur auftragen und auf die noch nasse Farbe Salz streuen. Farben gut trocknen lassen. Salz abschütteln, Seide vom Rahmen nehmen und unter Dampf fixieren. Vorderes Rockteil zuschneiden und Rock nähen.

150 Hosenanzug

Material: Serti Color Seidenmalfarben (von Prandell) in Iris, Bayerisch Blau, Meerblau, je nach Stoffverbrauch ca. 4 Fläschchen à 30 ml pro Farbe; großer Spannrahmen; Wattebäusche; burda-Fertigschnitt Nr. 8128, DM 8,– und dementsprechend, d. h. je nach Körpergröße, Seide, z. B. Crêpe de Chine, für Gr. 38 benötigt man z. B. 5,85 m, 90 cm breit.

Ausführung: Da alle burda-Fertigschnitte aus dem Schnittmusterkatalog eine ausführliche Nähanleitung beinhalten, können wir an dieser Stelle auf eine Beschreibung des Modells verzichten. – Zunächst die Seide waschen und bügeln. Seide soweit wie möglich auf den Rahmen spannen, während des Arbeitens muß – nachdem die Farbe trocken ist – umgespannt werden. Farben in größeren Behältern mit einer Mischung aus Alkohol und Wasser (1 : 1) verdünnen. Hierbei Farbproben anfertigen, damit die Farbe Ihren Vorstellungen entspricht. Für jede Farbe Wattebäusche mit einer Wäscheklammer als Halterung zurechtlegen. Nun mit der Watte breite Streifen von jeder Farbe nebeneinandersetzen, so daß diese auch ineinanderlaufen können (je höher der Anteil von Wasser und Alkohol, desto besser läuft die Farbe). Die Streifen werden parallel zur Webkante ausgeführt, so daß das fertige Modell Längsstreifen zeigt. Farben gut trocknen lassen und dann fixieren. Bei dieser Stofflänge empfiehlt es sich, den Fixier-Service der Firma Prandell in Anspruch zu nehmen oder ein entsprechendes Hobby-Fixiergerät zu benutzen. Wenn die Teile zugeschnitten sind, können sie auch im Dampfdrucktopf fixiert werden.

151 Bluse mit Streifen

Material: Seidenmalfarben Serti Color (von Prandell) 2 Fläschchen à 30 ml in Krapprot und 3 Fläschchen à 30 ml in Iris; Alkohol; 1 Spannrahmen; 2 Gefäße zum Farbmischen; 2 Plastikwäscheklammern; 2 Wattebäusche; burda-Fertigschnitt Nr. 8135, DM 7,–, und dementsprechend Seide, z. B. Crêpe de Chine, für Gr. 38 benötigt man z. B. 2,20 m, 90 cm breit.

Ausführung: Stoffbahn (an einem Ende beginnend) auf den Rahmen spannen. Jede Farbe in jeweils 1 Gefäß schütten und mit je 30 ml Wasser und Alkohol verdünnen; umrühren. Je 1 Wattebausch an der Wäscheklammer befestigen und in Farbe tauchen. Mit dem Wattebausch quer über die Seide streichen, so daß ein 4 cm breiter Streifen entsteht. Beginnen mit Krapprot, den nächsten Wattebausch in die Farbe Iris tauchen und ebenfalls quer über die Seide streichen, dabei diesen 2. Streifen zu ⅓ in den 1. Farbstreifen setzen. Dann wieder die Farbe Krapprot genauso über den Farbstreifen Iris setzen. So weiter verfahren, bis die ganze Stoffbahn gefärbt ist. Nach dem Trocknen der Farben die Stoffbahn vom Rahmen nehmen und unter Dampf fixieren. – Aus der gefärbten und fixierten Stoffbahn (Seide) nach burda-Fertigschnitt Modell 8135 die Bluse anfertigen.

151 Rock mit feinen Goldstreifen

Material: Seidenmalfarben Serti Color (von Prandell) 4 Fläschchen à 30 ml in Gelb, je 1 Fläschchen à 30 ml in Clementine und Tabak; Gold-Gutta; Guttaliner mit Pen; 1 Spannrahmen; 1 Pinsel; 1 Gefäß zum Farbemischen; 1 Plastikwäscheklammer; 1 Wattebausch; burda-Fertigschnitt Nr. 8398 und dementsprechend Seide, für Gr. 38 benötigt man z. B. 2,20 m, 90 cm breit (z. B. von Barth & Könenkamp).

Ausführung: Stoffbahn (an einem Ende beginnend) auf den Rahmen spannen. Mit Goldgutta Linien auf der Seide ziehen, entweder unterbrochene, durchgezogene oder gar versetzte. Ist das gespannte Stoffstück mit genügend Goldlinien versehen, Seide abspannen. Stoffbahn weiter schieben, wieder aufspannen und ebenso wie zuvor Goldlinien auftragen. So weiter verfahren, bis die ganze Stoffbahn mit Goldlinien versehen ist. Nun die Farbmischung vornehmen. Sie setzt sich aus 12 Teilen Gelb, 1 Teil Tabak, 1 Teil Clementine und 12 Teilen Wasser zusammen. Mit dem Pinsel verrühren und noch etwas stehen lassen. Es ist darauf zu achten, daß die angesetzte Farbmischung für das ganze Stoffstück ausreicht, denn bei erneuter Farbmischung können Farbunterschiede auftreten. – Wattebausch an der Wäscheklammer befestigen und in die Farbmischung tauchen. Mit dem Wattebausch zügig über die Seide streichen, dabei darauf achten, daß der Wattebausch immer nur in einer Richtung über die Seide streicht und Streifen an Streifen setzt (entweder längs oder quer). Ist die Farbe angetrocknet, Seide abspannen, weiterschieben und erneut aufspannen und mit Farbe bestreichen usw., bis die ganze Stoffbahn gefärbt ist. Ist die Farbe getrocknet, die Stoffbahn unter Dampf fixieren. Aus der gefärbten und fixierten Stoffbahn nach burda-Fertigschnitt Modell 8398 den Rock anfertigen. Gute Näherinnen können auch ohne Schnittmuster den Rock nähen. Die Stoffbahn auf entsprechende Taillenweite in Falten legen, Seitennaht schließen. Reißverschluß einarbeiten, Bund ansetzen und säumen.

152 Blumengesteck im Korb

Musterzeichnung auf Bogen K

Größe: ca. 70 x 48 cm

Material: Savoir Faire Seidenmalfarben (von Hobbidee) in Gelb, Aprikose, Venus, Nerz, Flaschengrün, Banane, Djerba, Mausgrau, Türkis und Atlantik; farblose Gutta mit Liner und Pen; Spannrahmen; ca. 75 x 53 cm reine Seide (Pongé-Seide); Pinsel und Wattebausch; Transparentpapier; Deka-Bügelmusterstift.

Ausführung: Musterzeichnung vom Bogen auf Transparentpapier übertragen und auf der Rückseite mit dem Bügelmusterstift die Konturen nachfahren. Seide waschen und bügeln, Musterzeichnung aufbügeln. Seide auf den Rahmen spannen. Gutta mit etwas Nerz zu einer beigen Flüssigkeit mischen, gut durchschütteln. Mit Gutta aus dem Liner mit aufgestecktem Pen die Konturen nachfahren, Gutta trocknen lassen. Nun die Farben lt. Modellbild einsetzen. Bei den Blüten die Farben nur sparsam und verlaufend auftragen, d. h. am Rand bzw. im unteren Blütenteil etwas konzentrierte Farbe auftupfen und mit etwas Wasser zur Blütenmitte „hochziehen", laufen lassen. Das große Blatt wird mit verschiedenen Grüntönen schattiert, d. h. auf helle Flächen etwas dunklere Farben auftragen. Zum Schluß den Hintergrund mit einem in Grau getränkten Wattebausch in Streifen einfärben (Grau mit etwas Wasser verdünnen), kleine Flächen mit dem Pinsel ausfüllen. Farben gut trocknen lassen und unter Dampf fixieren.

153 Blumengesteck

Musterzeichnung auf Bogen K

Größe: ca. 50 x 80 cm

Material: Savoir Faire Seidenmalfarben (von Hobbidee) in Banane, Nerz, Kuba, Flaschengrün, Kirsche, Gelb, Türkis; farblose Gutta mit Liner und Pen; ca. 55 x 85 cm Pongé-Seide; Spannrahmen; Pinsel und Wattebausch; Transparentpapier; Deka-Bügelmusterstift.

Ausführung: Musterzeichnung vom Bogen auf Transparentpapier übertragen und auf der Rückseite die Konturen mit dem Bügelmusterstift nachfahren. Seide waschen, bügeln und die Musterzeichnung auf die Seide bügeln. Seide auf den Rahmen spannen, Gutta mit etwas Nerz in Beige färben. Flüssigkeit gut durchschütteln. Konturen auf der Seide mit der Gutta nachfahren und gut trocknen lassen. Nun die Farben einsetzen. Bei den Blüten die Farbe partienweise und verlaufend auftupfen, d. h. an den Rändern oder im unteren Blütenteil die Farbe auftupfen und mit Wasser die Farbe „hochziehen". Für die einzelnen Farben jeweils Farbproben anfertigen, Farben evtl. mit Wasser verdünnen oder durch mehrmaliges Auftragen intensivieren. Zuletzt den Hintergrund mit verdünnter Banane mittels Wattebausch färben, evtl. mit dem Pinsel kleine Flächen ausfüllen. Farben gut trocknen lassen, Seide vom Rahmen nehmen und Farben unter Dampf fixieren. Selbstverständlich können Sie, wenn Sie ein duftiges Frühlingsgesteck bevorzugen, für das Blattwerk verschiedene Grüntöne einsetzen.

10

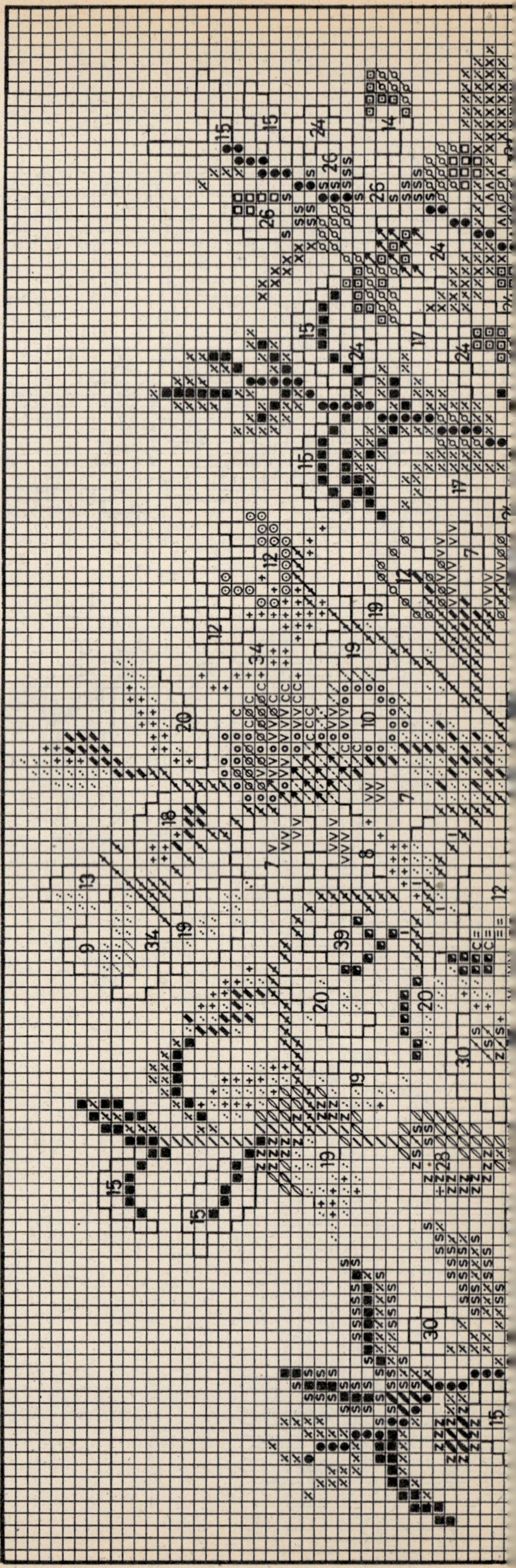